미국의 이라크 전쟁

전쟁과 경제 제재의 참상

Iraq Under Siege

The Deadly Impact of Sanctions and War
was first published in the United States by South End Press,
7 Brookline Street, Suite 1, Cambridge, MA 02139-4146, USA.
www.southendpress.org
Copyright © 2000 and 2002 by Anthony Arnove and the individual authors.
For rights contact: southend@southendpress.org.

미국의 이라크 전쟁

전쟁과 경제 제재의 참상

앤서니 아노브 엮음 / 이수현 옮김

옮긴이 | 이수현

고려대학교 법대 졸업.

민주노동당 당원이며, 좌파 월간지 <다함께>의 기자로 활동하고 있다.

미국의 이라크 전쟁

전쟁과 경제 제재의 참상

지은이 | 노엄 촘스키·하워드 진 외 지음

엮은이 | 앤서니 아노브

옮긴이 | 이수현

펴낸이 | 김희준

펴낸곳 | 도서출판 북막스

초판 1쇄 2002년 12월 10일

초판 2쇄 2004년 7월 30일

등록 2000년 2월 21일(제6-0484호)

주소 서울특별시 중구 필동1가 21-2 대덕빌딩 205호

전화 (02) 2265-6354

팩스 (02) 2265-6395

ISBN 89-951306-6-0 03300

값 14,000원

※잘못된 책은 바꾸어 드립니다.

미국의 이라크 전쟁◇차례

A boy with leukemia
(In the leukemia ward of Mansool Children's Hospital, Baghdad, Dec. 1999)

한국어판 서문

2002년 11월 8일 유엔은 부시 2세 정부에게 이라크를 공격할 수 있는 백지수표를 주었다. <파이낸셜 타임스>는 이렇게 보도했다. "어제 유엔 안전보장이사회[이하 안보리로 줄임]는 이라크에게 무장 해제냐 전쟁이냐를 선택하라는 마지막 기회를 주기로 만장일치로 결정함으로써 미국에게 뚜렷한 승리를 안겨 주었다."[1] 유엔 사무총장 코피 아난은 안보리에서 이번 투표가 "점차 위험해지고 있는 세계에서 평화라는 대의명분을 강화하고 안전을 추구할 새로운 자극제가 됐다."고 열정적으로 말했다. 투표가 끝난 뒤에 영국 총리 토니 블레어는 이라크에게 이렇게 말했다. "유엔의 의지를 거부한다면 우리가 이라크를 강제로 무장 해제 시킬 것이다. 그 점을 명심하라."[2] 안보리 이사국 중에서 유일한 아랍 국가인 시리아조차도 이번 결의안에 찬성했다. 아시아를 "대표하는" 싱가포르와 중국도 찬성했다.

일부 사람들은 중국·프랑스·러시아가 부시 정부한테서 양보를 얻어냈다고 시사했지만, 이번 결의안을 통해서 워싱턴은 또 다른 유엔 결의안이 있든 없든 이라크 전쟁을 감행하는 데 필요한 구실을 확보한 것만은 분명하다. "이번 결의안의 언어는 너무 모호해서 이라크의 하찮은 실수라도 그것은 곧바로 유엔 의무를 위반한 것으로 간주될 수 있다. 다른 안보리 이사국들이 그것이 전쟁을 보증할 만큼 심각한 것이라고 판단하지 않아도 말이다."고 로울라 칼라프는 지적했다.[3] "미국과 영국의 관리들은 이라크가 유엔 의무를 위반하면 유엔이 또 다시 승인하지 않더라도 전쟁을 시작할 수 있다고 말했다."[4] 더욱이 부시 정부는 이라크가 비밀 무기를 보유하고 있다는 증거를 찾아낼 필요도 없다. 유엔 결의안에 따라 [이라크가 대량 살상 무기 보유 현황을 보고해야 하는] 마감 시한인 2002년 12월 8일까지 이라크가 무기 프로그램을 "완전히 공개"하지 않았다는 증거만 있으면 그만이다. 또는, 이라크가 유엔 무기사찰단의 "적극적인" 사찰 활동을 어떻게든 방해했다는 증거만 있어도 된다. 어떤 미국 관리는 이렇게 말했다. "저들[이라크]이 우리에게 제공한 것 중에 사실이 아닌 것을 우리가 찾아내기만 하면, 그것은 전쟁의 방아쇠가 될 것이다. 저들이 시간을 끌거나 방해하거나, 아니면 공개한 것 중에 거짓이 있거나 한다면, 바로 전쟁이 시작될 것이다."[5] (부시의 말을 빌리면, "[사담 후세인이] 이런 무기고가 [이라크에] 있다는 사실을 또 다시 부인한다면, 그는 거짓말의 최종 단계로 들어선 것이며 이번에는 그런 속임수가 용납되지 않을 것이다. 후세인이 거부하거나 도전한다면, 엄중한 결과를 초래할 것이다."[6])

미국은 이라크에 치명적인 폭격을 가하고 있을 뿐 아니라 중동 지역에서 계속 군비를 증강하고 군사 기지를 건설하고 있다. 런던의 <가디언>은 다음과 같이 보도했다.

지난 몇 달 동안 영국과 미국의 폭격기들이 이라크 남부에 퍼부은 폭탄의 양은 엄청나게 늘어났다. 그것은 [미국과 영국이] 전면적인 공격을 앞두고 이라크의 방공망을 파괴하기 위해 비행 금지 구역을 이용하고 있다는 것을 분명히 보여 준다.

[영국의] 자유민주당 외교부 대변인 멘지스 캠벨의 질의에 대해 외무부가 오늘 내놓은 자료에 따르면, 올해 3월 이후 [이라크의] 위협에 대응하여 이라크 남부에 쏟아 부은 폭탄은 3백 퍼센트 증가했다.

올해 3월 1일부터 11월 13일까지 이라크에 쏟아진 폭탄은 모두 126.4 톤이었다. 이것은 매달 평균 거의 15톤의 폭탄을 투하한 것으로, 지난해보다 60퍼센트 증가한 것이다. 2002년 4월과 5월에는 [이라크의] 위협이 발견될 때마다 약 3분의 1톤의 폭탄이 이라크에 떨어졌다. 9월부터 11월까지는 위협이 있을 때마다 평균 1.3톤의 폭탄을 투하했다.

4월에는 0.3톤의 폭탄이 투하됐는데, 이 수치는 9월에 54톤 이상으로 크게 올라갔다.

화이트홀[런던의 관공서 밀집 지구]의 관리들이 개인적으로 인정한 사실은 쿠웨이트의 미군 기지에서 발진한 미국과 영국 전투기들이 '비행 금지 구역'을 순찰하는 목적은 이라크의 방공망을 무력화시키는 것이며 이라크 남부의 늪지대나 시아파 주민들을 방어한다는 원래의 목적과는 아무 상관도 없다는 것이었다.

어제 캠벨은 이렇게 말했다. "그 수치들은 더 자세히 설명할 필요가 있다. [이라크의] 위협 횟수는 전과 다름없이 여전히 그대로인 반면, 투하된 폭탄의 파괴력은 엄청나게 증가한 것처럼 보인다." 그는 이렇게 덧붙였다. "이런 작전들은 인도주의적인 목적과는 거의 무관하고 이라크의 방공망을 약화시키려는 것이다."

이라크 전쟁은 이라크 국민들을 도탄에 빠뜨릴 것이다. <보스턴 글로브>의 앤서니 샤디드는 다음과 같이 보도했다. "국제 구호 요원과 전문가 들은 미국 주도의 이라크 공격이 십중팔구 이미 망가진 이라크의 사회 기반시설을 파탄낼 것이라고 말한다. 병원의 전기가 끊어지고 상하수도 시설이 파괴돼 바그다드와 기타 지역의 주민 수백만 명은 물도 마실 수 없게 될 것이며 거리는 몇 시간 만에 오염된 물로 넘쳐날 것이라고 한다. 8년 동안 이란과 전쟁을 했음에도 불구하고 이라크의 사회 기반시설이 거의 망가지지 않았던 1991년 걸프전 전야와 달리, 지금 이라크의 상하수도와 전기 시스템은 훨씬 더 취약하다는 것을 유엔 보고서는 보여 준다."[8]

이라크에서 활동하는 가장 큰 국제 구호기구인 '프리미어 어전스'의 지도자인 빈센트 허빈은 <파이낸셜 타임스>에서 이렇게 말했다. "저들이 시작하려는 것은 전쟁이 아니라 학살이다. 그것은 재앙이 될 것이다."[9] 보건 장벽에 도전하는 보건 전문가들의 조직인 메닥트(본부는 영국에 있다.)가 새로 내놓은 보고서의 추산에 따르면, 핵무기가 사용되지 않더라도 이라크 공격이 시작되면 첫 3개월 동안 4만 8천 명에서 26만 1천 명이 사망할 것이다. 물론 핵무기가 사용되면 사망자 수는 엄청나게 증가할 것이다.[10]

그러나 그 결과는 이라크와 중동 사람들이 치르게 될 대가 이상으로 훨씬 더 심각하다. 미국과 그 동맹국들이 유엔의 외피를 쓰고 이라크를 선제 공격한다면, 훨씬 더 노골적이고 공격적인 제국주의의 시대가 열릴 것이다. 미국 정부는 이라크의 "정권 교체"만을 추구하는 것이 아나라 중동의 지도를 다시 그리려 하고 정치적·군사적 힘을 이용해 세계 자본주의 체제에 대한 미국의 경제적 지배를 더 강화하려 한다.

미국은 아시아, 특히 중국이 카스피해 연안의 풍부한 에너지 자원은 물론 중동산 석유를 포함해 더 많은 에너지 자원을 수입해야 한다는 사실을 깨닫고 있다. 카스피해 인근 지역에서 미국은 군사 기지를 많이 늘렸으며 구 소련 위성국들의 억압적인 정권과 유대 관계도 강화했다. 그것은 석유와 천연가스 파이프라인의 노선에 영향을 미치게 될 것이다.

미국은 또 이라크 전쟁이 "시위 효과"를 내기를 바라고 있다. 즉, 미국이 군사적으로 얼마나 강력한가를 보여 주고 미국이 영향을 미치고 싶어하는 국가들, 특히 다른 '악의 축' 국가들(북한과 이란)과 사우디아라비아에 대한 영향력을 강화하고 싶어한다. (미국은 1991년 걸프전에서도 똑같은 "시위 효과"를 노렸었다. 당시는 미국 제국주의를 정당화하는 근거였던 냉전이 붕괴했을 때였다. 최근에는 아프가니스탄 공격에서 그런 "시위 효과"를 노렸다. 2002년 4월 사우디아라비아의 왕세자 압둘라가 부시를 만나기 위해 텍사스의 휴스턴에 왔을 때, 국방장관 도널드 H 럼스펠드와 합참의장 리처드 B 마이어스 장군은 압둘라에게 퉁명스러운 메시지를 전달했다. 부시 정부의 한 고위 관리는 이렇게 설명했다. "[럼스펠드와 마이어스의] 의도는 사막의 폭풍 작전 당시 우리가 강력했다고 압둘라가 생각한다면 지금은 우리가 그보다 열 배나 더 강해졌다는 것을 보여 주려는 것이었다. … 이것은 아프가니스탄 [전쟁]이 우리의 능력을 보여 주었다는 사실을 그에게 깨우치기 위한 것이었다."[11]

미국 정부는 이라크 전쟁과 더 광범한 '테러와의 전쟁'을 이용해 중동을 뛰어넘는 일련의 외교 정책 목표들을 추구하고 있다. 인도네시아 정부가 아체 주민들에 대한 잔인한 공격을 더욱 강화하고 있는 이때, 미국은 인도네시아에 대한 군사 원조를 재개하려 한다. "필리핀에 대한 군사 원조를 증강하는 새로운 5개년 계획"에는 미군 파병과 합동 군사 훈련도 포함돼 있다. 미국은 남한과 다른 "우방국들"을 회유해 미국의 군사 작전 비용을 치르게 하려 한다.[12]

라울 베에디가 <아이리시 타임스>에 썼듯이,

미국에 대한 끔찍한 자살 공격이 워싱턴에게는 전략적 보너스가 돼 버렸다는 사실은 아이러니이다. 그것은 독수리가 날개를 펴고 아시아 전역에서 미군 주둔을 확대할 수 있게 도와주었다.

세계의 유일 초강대국은 겉보기에 이슬람주의 테러리즘의 재앙에 맞서 싸우는 복잡한 동맹 관계 — 그 배후에는 경제적 미끼와 교묘한 전략적 협정들이 숨어있다 — 를 이용해 중앙아시아 공화국들(CARs)의 막대한 에너지 자원을 개발하려 할 뿐 아니라 잠재적인 경제적·군사적 경쟁국인 중국을 포위하려 하고 있다.

9·11 1년 뒤인 지금, 미군은 카불, 이슬라마바드와 전략적으로 중요한 우즈베키스탄, 타지키스탄, 키르기스스탄 같은 중앙아시아 — 공화국들 — 아라비아해로 나가는 파이프라인을 건설하고 싶어 안달이 난 미국의 거대 석유회사들에게 극히 중요한 지역 — 에 주둔하고 있을 뿐 아니라 규모는 다양하지만 인도, 스리랑카, 미얀마에도 진출해 있다. 더 동쪽에서는 미군이 필리핀에서 알 카에다 대원들과 싸우고 있고, 인도네시아와 남중국해에 주둔하는 미군이 증강되고 있다.

그리고 미국은 장기적으로 에너지와 안보 이익을 획득할 수 있는 기회를 포착하는 동안, 개입의 모든 규칙은 변경했다. 특히 중앙아시아 공화국들에서 미국은 그 새로운 동맹국들이 인권을 전혀 고려하지 않는 나라들이라는 사실을 무시하거나 외면하고 있다.[13]

아시아, 중동, 유럽 — 그리고 미국 국내 — 에서 대규모 저항이 없다면, 미국의 군사 기구들은 전 세계를 계속 누비고 다니면서, 사람들의 생명을 앗아가고, 세계 군비 경쟁을 불붙이고, 정부가 노동자들을 공격하고 사회복지비를 감축해 군사대국화를 추구하게 하는 "바닥으로의 질주"를 격화시키고, "테러와의 전쟁"이라는 미명 아래 공민권 침해와 반대파 억압을 정당화할 것이다.

우리는 부시의 전쟁몰이에 반대하는 최대한 광범한 저항을 시급히 조직해야 한다. 동시에, 우리의 투쟁을 고무할 수 있는 비전을 제시하는 것도 필수적이다. 우리는 전 세계 노동자들의 자주적인 아래로부터 투쟁이 자본주의의 야만적인 전쟁을 끝장내고 협력에 기초한 인간적·민주적 세계를 조직해 인간의 필요를 충족시키고 창의성을 해방시킬 수 있다는 것을 설명해야 한다. "낡은 부르주아 사회가 사라지고 그와 함께 부르주아 계급과 계급 적대감도 사라지면, 개인의 자유로운 발전이 사회 전체의 자유로운 발전의 조건이 되는 그런 사회가 열릴 것이다."[14]

2002년 12월 5일
앤서니 아노브

1. Carola Hoyos, "US Wins Unanimous UN Backing over Iraq," Financial Times (London), November 9, 2002, p. 1.

2. Hoyos, "US Wins Unanimous UN Backing over Iraq," p. 1.

3. Roula Khalaf, "Saddam Given One Last Chance," Financial Times (London), November 9, 2002, p. 8.

4. James Drummond and Roula Khalaf, "Arab States See Resolution as Best Way of Avoiding War," Financial Times (London), November 11, 2002, p. 6.

5. Michael R. Gordon, Julia Preston, Craig S. Smith, and Sabrina Tavernise, "U.S. Plan Requires Inspection Access to All Iraq Sites," New York Times, September 28, 2002, p. A1.

6. James Harding and Peter Spiegel, "Bush Warns Against Arms 'Lies,'" Financial Times (London), November 21, 2002, p. 1.

7. Richard Norton-Taylor, "Britain and US Step Up Bombing in Iraq," The Guardian (London), December 4, 2002, p. 17.

8. Anthony Shadid, "War Would Crush Iraqi Cities, Analysts Say," Boston Globe, October 20, 2002, p. A1.

9. Nicolas Pelham, "Iraq Stocks Up on Blood and Bullets," Financial Times (London), October 19, 2002, p. 9.

10. Medact, "Collateral Damage: The Health and Environmental Costs of War on Iraq," November 2002. 전문은 http://www.medact.org/tbx/docs/Medact%20Iraq%20report_final3.pdf 참조.

11. Patrick E. Tyler, "Saudi to Warn Bush of Rupture Over Israel Policy," New York Times, April 25, 2002, p. A1.

12. Bradley Graham, "Washington, Manila Set Up Group to Coordinate Military Policy," Washington Post, August 13, 2002, p. A10. "US Defense Undersecretary to Visit Seoul Wed.," Korea Times, November 2, 2002;

"US Seeks Seouls Assistance in Possible Iraq War," Korea Times, November 22, 2002; "Defense Chiefs of ROK, US to Meet Dec. 6," Korea Times, December 4, 2002.

13. Rahul Beedi, "Washington Forges Strategic Friendships in Asia," Irish Times, September 13, 2002, p. 10.

14. Karl Marx and Frederick Engels, The Communist Manifesto. [국역: ≪공산당선언≫, (책세상, 2002년) p. 44 참조. 이 글에서는 옮긴이가 문맥에 맞게 고쳐 씀.]

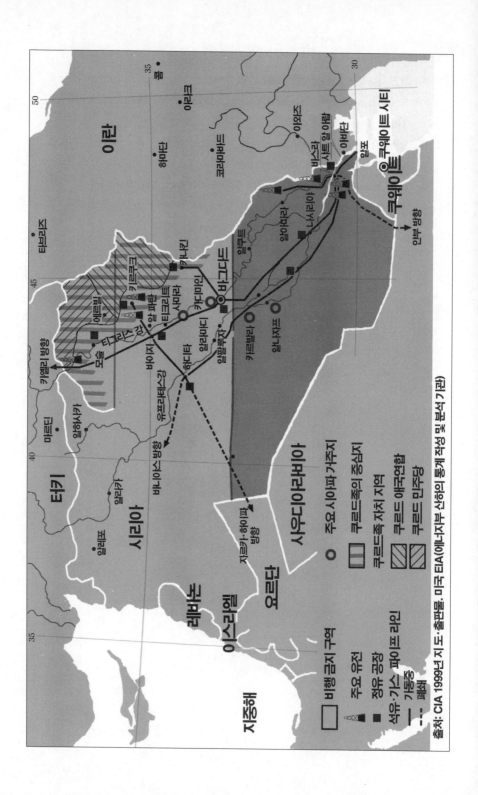

출처: CIA 1999년 지 도·출판물. 미국 EIA(에너지부 산하의 통계 작성 및 분석 기관)

감사의 글

사람들이 나에게 이 책의 2002년판을 편집할 것이냐고 물었을 때, 내 대답은 언제나 "아니오"였다. 나는 이 책이 금방 역사적 퇴물이 되어 도서관 서가에 꽂힌 채 먼지만 잔뜩 뒤집어쓰기를 바랐던 것이다. 그러나 비극이게도, 이라크 사람들뿐 아니라 이 세계의 일상적인 폭력을 반대하는 전 세계 사람들에게도 이 책은 처음 출간됐을 때보다 오늘날 더 적절한 책이 돼 버렸다. 지금 [이라크 영토] 점령까지 고려한 전쟁 확대 노력이 더욱 강화되고 있다. 2002년 10월 미국 의회는 대통령 조지 부시에게 이라크를 "선제 공격"해도 좋다는 백지수표를 주었다. 그 때문에 전쟁의 가능성은 훨씬 더 커졌다. 경제 제재는 계속되고 있다. 비행 금지 구역에 대한 폭격도 계속되고 있다. 이라크 국민들의 인간성 말살과 파괴를 정당화하는 데 이용되는 거짓말도 계속되고 있다. 이 책의 저자들은 그런 거짓말에 효과적으로 도전하고 있다.

아들 부시 정부가 (끝없는 '테러와의 전쟁'이라는 미명 아래) 전 세계에서 전쟁을 시작하자, 이 책을 출판하는 데 참여했던 많은 사람들은 새로운 2002년판의 필요성을 분명히 깨달았다. 앨릭샌더 드윈넬, 질 페티, 로이 헤이즈, 티나 베인, 비제이 샤는 토론 끝에 이 2002년판을 내기로 결정했다. 특히, 앨릭샌더와 티나는 오랜 시간 편집과 제작 과정에 참여해 새 책이 나올 수 있도록 도와주었다. 편집 과정에서 귀중한 제안과 도움을 준 앨릭샌더에게 특히 감사한다.

나는 이 책의 초판 저자들 모두에게 많은 빚을 졌다. 시간이 더 많왔다면, 당연히 그들 모두 이 2002년판에 새로운 내용을 덧붙일 수 있었을 것이다. 그리고 지면에 여유가 더 있었다면, 더 많은 목소리들을 이 책에 담았을 것이다. 그러나 2002년판 출간 작업이 워낙 긴급하다 보니 여섯 장(章)을 새로 고치는 데 집중하기로 결정했다. 그래서 서문, 1장, 5장, 6장, 12장, 15장이 개정됐다. 유엔의 이라크 구호담당 조정관을 사임한 뒤 경제 제재 반대 운동과 반전 운동에 적극 참여해 온 데니스 핼리데이는 친절하게도 후기를 새로 써서 보내 주었다. 짧은 시간 동안 각 장(章)의 2002년판을 써서 보내 준 필자들에게 감사한다. 특히 '황야의 목소리'의 제프 건첼과 세계정책포럼의 사무국장 제임스 A 폴에게 감사한다. 제임스 A 폴은 친절하게도 황야의 목소리와 사우스엔드 출판사가 이라크와 중동의 석유에 얽힌 이해관계에 대한 중요한 연구 결과를 "이라크 경제 제재의 신화와 현실"에서 발췌할 수 있도록 허용해 주었다.

사우스엔드와 플루토 출판사는 항상 긴밀하게 협력해 왔다. 이 책은 아마도 평상시보다 더욱 긴밀한 협력의 결과일 것이다. 이 책의 초판 편집 과정에서 나를 격려해 준 소니아 샤에게 특별히 감사한다. 로이 헤이즈와 소니아 샤는 귀중한 조언을 해 주었고 린 루, 앤 비치, 캐슬린 메이 역시 초판을 편집할 때 많은 도움을 주었다.

각 장의 필자들에게 특별히 감사하는 이유는 글을 써 주었을 뿐더러 이라크 전쟁 반대 운동을 건설하는 데 많은 도움을 주었기 때문이다.

로버트 젠슨, 라울 마하잔, 스테이시 고틀리브, 나제쉬 라오, 에리카 루빈, 샌디 아들러, 조 리치, 닉 애런스, 척 퀄티가 몇몇 장들을 준비하는 데 결정적으로 도움을 주었다.

<프로그레시브>의 매튜 로스차일드, <인디펜던트>의 로버트 피스크, 보스턴의 생존을 위한 동원, 데이비드 바사미언, <링크>는 너그

럽게도 우리가 이 빼어난 글들을 이용하거나 다시 펴낼 수 있도록 허가해 주었다.

필리프 레카체비츠와 <르 몽드 디플로마티크>는 어렵게 만든 지도를 이 책을 위해 제공해 주었다. <뉴 인터내셔널리스트>의 직원인 니키 반 데어 가그, 포맷의 앨리슨 리드, 카렌 로빈슨, 앨런 포그는 이 책에 실린 사진들을 이용할 수 있게 해 주었다. 표지 디자인은 엘렌 P 샤피로가 맡았다.

셰이 딘은 이 책의 초고를 정리해 주었고 편집 과정에서 많은 유용한 제안을 해 주었다. 라니아 마스리, 알리 아부니마, 새미 딥, 닉 애런스, 글렌 캠프, 리처드 폰드, 케시 켈리, 빌랄 엘-아민, 조지 카파치오, 아프루즈 아미기, 드류 해머, 엘렌 레팔다, 질리언 루섬, 데이비드 피터슨, 애슐리 스미스, 스테이시 고틀리브는 후주의 중요한 참고 문헌들을 알려 주었다. 경제 제재 반대 운동에 유용한 정보를 정기적으로 퍼뜨리는 많은 사람들이 그랬듯이 말이다.

내가 열화우라늄을 이해하는 데 결정적인 도움을 준 사람들은 로절리 버텔, 베아트리스 박터, 댄 파헤이였다.

나의 가족, 친구, 동료 들은 프레드릭 더글라스의 슬로건, 즉 "투쟁 없이 진보 없다."는 구호의 의미를 나에게 가르쳐 주었다. 감사를 표하고 싶은 사람들이 너무 많지만, 특히 니타 리바이슨, 로버트 아르노브, 하워드 진, 노엄 촘스키, 에드워드 W 사이드, 제이슨 야노위츠, 애니 지린, 새런 스미스, 아메드 쇼키, 질리언 루섬, 엘리자베스 테자키스, 보 에켈런드, 필 개스퍼 아룬다티 로이에게, 그리고 국제사회주의자단체(ISO), 로드 아일랜드[미국에서 가장 작은 주] 긴급 구조 네트워크, 경제 제재 반대 운동의 많은 동지들에게 특별히 감사하고 싶다.

2002년 말 이 힘든 시간 동안 나에게 영감을 주었고, 항상 내 마음속을 떠나지 않는 지나 네프에게 특별히 감사한다.

서문

앤서니 어노브

    부시 행정부는 이라크와 9·11 테러 사이의 연계가 전혀 드러나지 않았는데도 '테러와의 전쟁'을 새로운 나라들로 확대해 이라크를 또다시 침공할 것이라는 의사를 강력하게 내비쳤다.

    토드 S 퍼둠은 <뉴욕 타임스> 2월 17일치 "주간 평론"에서 "싫든 좋든 부시 행정부와 의회는 미국이 더 이상 이라크의 사담 후세인 정권을 용납할 수 없다는 데 초당적으로 합의했다."고 썼다.[1] 그 뒤로 분위기는 더욱 강경해졌다. 몇 가지 전쟁 계획들이 언론에 누설됐고, 신문사 주필·정치인·전문가 들은 "사담 후세인을 타도해야" 한다고 거듭 주장했으며, 미국 대통령 조지 W 부시는 유엔 연설에서 "사담 후세인이 미국이 주도하는 군대에게 전복되지 않으려면 몇 가지 조치들을 즉각 실행해야 한다"고 지적했다. 의회는 전쟁에 찬성하는 결의안을 통과시켜 주었다.[2]

    2002년 9월 7일 <뉴욕 타임스>는 부시 행정부가 "사담 후세인의 위협에 대응할 필요가 있다는 점을 대중과 국회 그리고 우방국들에게 설득하기 위해 신중하게 고안된 전략에 따라 움직이고" 있다고 보도했다. 대통령 비서실장 앤드루 H 카드 주니어는 부시 행정부가 올 가을에 전쟁 계획을 어떻게 단계적으로 높일지 냉소적으로 묘사하면서 "마케팅의 관점에서 보자면 …… 우리는 8월에 신제품을 출시하지 않는다[8월에는 이라크 전쟁을 시작하지 않는다는 뜻]."[3]고 설명했다.

"우리는 여전히 이라크의 정권 교체를 강력하게 지지합니다." 하고 국무장관 콜린 파월이 말했다. 콜린 파월은 일부 사람들이 행정부 내에서 이성적이고 온건한 목소리를 내는 인물로 잘못 이해하고 있는 인물이다.[4] 몇몇 비판가들이 부시 행정부의 이라크 침공 계획에 의문을 제기하자 부통령 딕 체니는 "사담 후세인이 대량 살상 무기를 가지고 있다는 사실은 의심의 여지가 없다. 후세인이 그 무기를 우리의 우방들과 동맹국들, 그리고 우리에게 사용하기 위해 축적하고 있다는 점도 불을 보듯 분명하다."[5]고 말했다. 그런 주장들을 뒷받침할 증거가 없는데도 체니는 이렇게 덧붙였다. "아무런 행동을 하지 않을 경우 생길 위험이 그렇지 않을 때의 위험보다 더 크다."[6] 국무부 대변인 리처드 A 바우처가 체니의 견해를 되풀이했다. "(이라크) 문제를 해결할 수 있는 유일한 길은 그 정권을 교체하는 것이다."[7]

<뉴욕 타임스> 칼럼니스트 윌리엄 새파이어는 이라크를 제재하지 않고 그대로 내버려둔다면 이라크는 미국의 주요 도시에 미사일을 발사할 수 있을 것이라고 주장했다. 새파이어에 의하면, 후세인은 "우리의 도시들을 완전히 파괴할 수 있는 무기를 보유하고" 있다. 따라서 우리가 "이라크를 해방시켜야" 한다. 새파이어는 계속 주장하기를, 부시 행정부는 "세계 패권을 향한 욕망이 아니라 철저한 윌슨주의적 이상주의에 따라 움직인다. 우리는 민주주의를 위해 중동을 안전한 곳으로 만들 필요가 있다."[8]

새파이어는 <타임스>가 같은 날 기사에서 보도한 다음과 같은 사실을 인정하지 않았다. "(부시) 행정부 관료들은 이라크가 알 후세인 스커드 미사일을 얼마나 많이 갖고 있는지 알지 못한다. 관료들의 말에 의하면, 단 몇 개에서 많게는 40개에 이를 것이라고 추정할 뿐이다. 사정거리가 390마일인 후세인 미사일 외에도 이라크는 사정 거리

가 90마일인 알 사무드 미사일을 만들었다." 그 정도로는 미국 국경에 미치려면 몇 마일 모자란다.[9] 새파이어는 2002년 3월 CIA가 펴낸 평가서도 애써 무시했다. "대부분의 정보기관들은 몇 년 내에 유엔의 제재 조치를 해제하거나 대폭 완화한다 할지라도 이라크는 미국을 위협할 수 있는 그 어떤 (대륙간탄도 미사일) 실험도 2015년까지 할 수 없을 것이라고 믿고 있다."[10]

유럽과 중동 국가들은 '테러와의 전쟁'에서 이라크를 다음 표적으로 삼으려는 미국의 시도를 지지하지 않는다고 표명했지만, 워싱턴에서 그리고 국제적으로 벌어지는 논쟁은 이라크를 공격할 것인가 말 것인가가 아니라 이라크를 어떻게 공격할 것인가에 관한 것이다. 영국 총리 토니 블레어는 대중적 반대 — 9월 28일 수십만 명이 참가한 런던의 시위에서 드러나고 여론조사나 그의 당 내에서도 표출된 — 에도 불구하고 미국이 이라크에 대한 주요 공격을 감행한다면 부시를 지지할 것이 거의 확실하다. 블레어는 BBC와의 인터뷰에서 영국은 "미국과 특별한 관계를 지키기 위해" 이라크에서 "피의 대가"를 치를 준비가 돼 있어야 한다고 말했다.[11] <가디언>이 지적하듯이, "다우닝가의 어떤 이들은 미국이 언제라도 공격을 결정하면 영국은 이를 지지해야 한다는 생각을 굳힌 것이 분명하다."[12]

9·11 공격 직후 미국 정부는 자신의 현실 철학을 반영해 이라크에 "개입할 권리"에 관한 공식 입장을 널리 천명하는 것을 논의했다. "부시 행정부는 시한폭탄 같은 테러리스트들과 대량 살상 무기의 확산을 경고하면서 더욱 무제한적이고 전면적인 선제 공격을 제안했다. …… 행정부는 선제 공격 주장을 노골적으로 펼치고 있다."고 <크리스천 사이언스 모니터>는 보도했다. 국방장관 럼스펠드는 국방대학교 강연에서 "21세기에 제기되는 위협은 우리가 적과 전쟁을 하지 않을 수 없도록 만들고 있습니다." 하고 말했다.[13]

2월 14일 <보스턴 글로브>는 이렇게 보도했다. "CIA는 최근 테러와의 전쟁에서 비밀 작전을 수행하기 위해 백악관한테서 10억 달러를 더 받았다. 익명을 요청한 정보기관 관리에 따르면, 그 돈의 일부는 '이라크 문제'를 해결하는 데 쓸 것이다."[14]

언론과 워싱턴의 '이라크 폭격'파들은 아프가니스탄 전쟁에 고무받아 이구동성으로 미국 군대가 사용 가능한 모든 수단을 동원해서 이라크를 침공해 후세인을 타도해야 한다고 주장하고 있다. 부시의 패거리 중 몇몇은 아프가니스탄 전쟁과 유사하다는 억지 주장을 펴면서 '아프가니스탄 모델'을 이라크에도 적용해야 한다고 촉구하고 있다. 이 시나리오에 따르면, 이라크 국민의회('이라크 야당'을 자처하는 이들은 주로 런던에서 활동하고 있으며, 이라크 국내에는 어떤 사회적 기반도 갖고 있지 않다.), 이라크 북부의 서로 반목하는 쿠르드족 조직들, 남부의 시아파 반군이 공중과 어쩌면 지상에서도 미군의 지원 아래 서로 협력하여 바그다드로 진군해서 정부를 전복한다는 것이다. 군사 전문가들은 이런 작전을 위해서는 약 10만에서 25만에 이르는 보병이 필요할 것으로 예상하고 있지만 어쩌면 수만 명이 더 필요할 수도 있다.[15]

부시 행정부 안팎의 많은 강경파들은 9·11 훨씬 전부터 미국의 힘을 확대하고 미국 패권에 대한 잠재적 위협을 포함한 어떤 위협도 제거해야 한다는 주장을 펴기 위해 이라크를 핑계로 삼아 왔다.

최근 <내셔널 리뷰>의 편집자 리처드 로리가 후세인의 타도뿐 아니라 이라크 점령까지 제안한 것은 부시 행정부의 이런 견해를 반영한 것이다.

맥아더의 일본 군정 모델에 비추어 봤을 때, 미국의 지배는 오래가지 않을 것이다. 오히려 미국은 반감을 누그러뜨리기 위해 1년 안에 아랍 인사들이나 또는 미국인이 아닌 스웨덴 같은 유럽의 중립국 인사 중 한 명을 유엔 위임 통치관으로 선정해, 그에게 통치권을 재빨리 넘겨주고 그가 통치하는 모양새를 취할 것이다. 이 위임 통치관은 실제로 이라크의 독재자처럼 행동하겠지만 실권은 갖고 있지 않을 것이다. 5년쯤 뒤에 이라크의 공공 기관들이 자리를 잡으면 통치권은 이라크 정부에게 넘어갈 수 있을 것이다. 사람들은 이 정부가 철저히 민주적인 정부일 것이라고 기대하지만 기껏해야 친서방적이고 자본주의적인 정부에 불과할 것이다. 이런 모든 노력은, 안타깝게도 아랍인들은 자주적인 정부를 가질 수 없기 때문에 새 출발해야 한다는 생각에 기초하고 있으며 제3세계에 대한 계몽적인 간섭주의로 회귀하는 것을 의미할 것이다.

이 목표는 …… 완벽하지는 않을지라도 친서방적이고 그런대로 성공적인 정부, 즉 이란의 샤와 현 터키 정부 사이의 중간쯤 되는 그런 정부가 될 것이다.

이 정부는 서방의 석유 통제권을 보장할 것이며 아마도 석유수출국기구(OPEC)를 해체하는 데 도움을 줄 수 있을 것이다. 그리고 이 정부는 미국에게 경제적으로 큰 이득이 될 것이다. 팀스터즈가 북극야생동물보호구역(ANWR)에서 석유를 채굴하는 것을 좋아한다면 이라크 점령도 기뻐해야 할 것이다.[16]

로리가 석유와 경제적 이득을 옹호한 것은 그의 전략이 실제로 어떤 것인지를 보여 준다. 그것은 바로 21세기에 "백인의 의무"를 다시 한번 정당화해 미국 제국주의가 중동의 석유 이윤과 여기에서 생겨나는 지정학적 패권을 계속 장악할 수 있도록 하는 것이다. 그가 억압적인 터키 정권이나 샤 치하의 이란 정권을 모델로 삼았다는 것은 결코 우연이 아니다.

어느 정도 제한된 치어리더 역할을 받아들일 영국과 함께 미국이 어떻게 이라크를 요리할까? 가능성이 커지고 있는 한 시나리오는 부시 행정부가 유엔 무기사찰단을 이라크에 보내 교착 상태를 만드는 것이다.(국제 사찰단이 미국 생화학 무기 관련 시설 — 미국인 5명을 죽인 소위 아메스(Ames) 탄저균의 출처임이 거의 확실한 — 에 접근하는 것을 부시 행정부가 거부한 사실은 무시하라. 부시 행정부는 "독점적인 상업 이윤"[17]을 위반할 수도 있다는 이유로 이를 거부했다) 이 시나리오는 부시의 우파 비판가 일부뿐 아니라 블레어도 선호하는 것이다. 그들은, <파이낸셜 타임스>의 표현을 빌리면, "바그다드가 (무기사찰단을) 거부하는 것은 워싱턴의 군사 행동을 정당화할 것"[18]이라고 주장한다.

"사찰단은 바로 우리가 제시한 조건에서 활동해야 한다."고 콜린 파월은 상원 외교관계 위원회에서 말했다. 이것은 지난번 이라크 무기 사찰단이 자신의 본분을 어기고 미국 정부에게 기밀 정보를 넘겨줬다는 면밀하게 밝혀진 사실에 대한 이라크의 우려를 언론과 마찬가지로 무시하는 것이다.[19] 이런 우려에도 불구하고 2002년 9월 16일 이라크가 "유엔 무기사찰단의 무조건 사찰"에 동의했을 때 백악관은 이를 무시했으며, 부시의 대변인 스콧 맥클레란은 "이것은 실패할 전술이다."[20] 하고 말했다.

부시는 유엔 안보리가 미국의 전쟁 계획에 찬성하도록 하기 위해 분명 경제적 · 정치적 · 군사적 압력을 넣을 수 있을 것이다. 결국 1991년 걸프전도 유엔의 이름으로 치렀으며, 지난 12년간의 가혹한 경제 제재도 유엔이 부과한 것이었다. 미국은 유엔, 특히 안보리를 장악하고 있으며 안보리 회원국인 다른 열강들도 자국의 이익을 추구할 뿐 평범한 이라크 사람들은 안중에도 없다.

가능한 또 다른 시나리오는 이라크와 알 카에다 사이의 그럴 듯한 연관성을 발견하지 못했는데도 미국이 그런 연관성을 조작하는 데 성공하는 것이다. 9 · 11 테러 공격 겨우 이틀 뒤 이라크 공격을 주창한 인물인 국방부 부장관 폴 D 울포위츠는 명확히 이라크를 겨냥해 "이 것은 단지 용의자들을 체포해서 책임을 지게 하는 문제가 아니라 그 비호 세력과 후원 체계를 제거하고 테러를 지원하는 국가를 끝장내는 문제다."[21] 하고 말했다. 2002년 3월 중앙정보국(CIA) 국장 조지 테닛 은 "바그다드는 오래 동안 테러를 후원해 왔으며, 알 카에다와 접촉한 사실도 있다."[22]고 말했다. 그리고 물론 조지 W 부시도 이란, 북한과 함께 이라크를 미국에 맞서고 있는 '악의 축' 가운데 하나로 지목했 다.[23]

배경

이라크 침공과 점령 자체도 매우 유혈낭자 하겠지만, 사실 1990년 8월 6일부터 역사상 가장 포괄적인 경제 제재가 시작된 이래 이라크 민중에 대한 전쟁이 지금까지 12년 동안 계속되어 왔다.

이 책의 저자들이 지적한 바처럼, 이라크 민중은 경제 제재가 낳은 치명적인 영향, 걸프전의 후유증, 계속되는 미국의 폭격으로 계속 고 통을 겪어 왔다. 이런 상황에서 더욱 격렬한 새로운 전쟁의 인도주의 적 피해가 어느 정도일지는 상상하기조차 힘들다.

이라크 공습을 알고 있는 사람은 별로 없다. 그런데 일년에 대략 10 억 달러가 드는 이 공습으로, "민간인 사상자가 [생기는 일이] 일상사 가 됐다."[24] <워싱턴 포스트>는 이런 공습이 사람들에게 미치는 영 향을 다룬 매우 드문 기사 중 하나에서 어떤 이라크인의 죽음을 이렇 게 묘사했다.

5월 17일 오전 10시 30분쯤, 미국과 영국이 이라크를 상대로 벌이는 잊혀 진 전쟁이 일상사에 젖어 있던 토크 알-가잘라트의 양치기와 농부들에게 마른하늘의 날벼락처럼 찾아왔다.

열세 살인 옴란 하르비 자와이르는 그 때 풀을 찾아 단단하고 편편한 땅에 코를 박고 있는 양들을 지켜보며 웅크리고 앉아 있었다. 강렬한 햇빛이 내리쬐는데도 하얀색 로브를 입은 그는 머리에 아무것도 쓰고 있지 않았다. 그 마을에서 먼지를 뒤집어쓰며 공차기를 즐겼던 옴란은 그의 진흙 벽돌집에서 15분 정도 떨어진 작은 학교에 다니고 있었다. 5학년을 마친 이 양치기 소년의 여름 방학이 다가오고 있었다.

미사일이 떨어진 것은 바로 그때였다. 근처에 있던 몇몇 젊은이들에 의하면, 아무 경고도 없었는데 토크 알-가잘라트의 십여 채 집들이 있는 곳에서 200야드쯤 떨어진 벌판에 폭탄이 떨어졌다. 귀를 멍하게 만드는 폭발로 조용하던 땅에 금이 갔다. 파편이 사방으로 날아갔다. 목동 네 명이 부상당했다. 그리고 다른 사람들의 회상에 의하면, 옴란은 머리는 찢겨나가고 흰색 로브가 빨갛게 물든 채 진흙더미 속에 죽어 있었다. "그 앤 겨우 열 세 살짜리 착한 애였습니다."라고 말하면서 61세인 옴란의 아버지 하비 자와이르는 흐느껴 울었다.

남부 이라크 나자프에서 남서쪽으로 35마일 떨어진 토크 알-가잘라트에서 벌어진 사건은 이라크 농촌에서 반복해 일어나는 일이 됐다. 나자프와 북부 이라크의 모술 주변에 사는 부상당한 사람들이나 사망자 가족들과 한 주 동안 대화를 하면서 드러난 사실은 미국과 영국의 이라크 공습 작전이 민간인 사망자와 부상자를 거의 고려하지 않아 이런 피해가 정기적으로 일어난다는 점이다.[25]

미국 군대는 치명적인 집속탄[하나의 폭탄 속에 여러 개의 소형 폭탄이 들어 있는 폭탄]까지 이라크에 투하했는데, 군사 전문가 윌리엄 아킨에 의하면 "이 폭탄은 민간인들에게 특별히 치명적이다." 집속탄에 대한 아킨의 끔찍한 설명은 <워싱턴 포스트>의 웹사이트에는 나왔지만, 인쇄판에서는 빠졌다.

미국 폭격기들은 특별한 표적이 없는 곳에도 집속탄을 마구 투하했으며, 그 때문에 앞으로 몇 년 동안 무고한 민간인들이 죽거나 다치게 됐다. 이것은 내부 사정에 밝은 몇몇 사람들만의 생각은 아니다. 미국 언론이 전혀 관심을 기울이지 않고 있지만, 집속탄을 선택한 것은 논란을 불러 일으킬 공산이 크다.

무게가 1천 파운드나 되고 길이가 14피트인 이 무기는 방화복을 뚫을 수 있고 인명을 살상하는 소형 소이탄을 145개나 담고 있으며, 대략 가로 100피트, 세로 200피트의 지역으로 흩뿌려진다. 1천 입방피트마다 집속탄 6발이 떨어지기 때문에 이 무기는 한마디로 …… 축구 경기장 크기의 지역에 치명적인 소형 소이탄을 쏟아 붓는 격이다. 정확성은 말할 것도 없다.

이 폭탄이 터지면 사이다 캔 크기의 소형 소이탄이 바람의 방향에 따라 제멋대로 떨어진다. 소형 소이탄 몇 개는 축구 경기장 크기의 주 목표물 바깥에 떨어지기도 한다. 평균 5퍼센트는 불발탄이다. 폭발하지 않고 땅에 떨어진 소형 소이탄은 폭발하기 쉬워 매우 위험하다.[26]

1999년 10월 미국 정부는 이라크 공습이 '딜레마'에 직면했다고 밝혔다. "이라크 북부(와 남부)를 '비행 금지 구역'으로 지정한 지 8년째 되는 지금 군사 목표물이란 게 거의 남아 있지 않다."고 <월스트리트 저널>은 설명했다. 익명을 요구한 한 미국 관리는 "우리는 마지막 남은 헛간에까지 폭탄을 떨어뜨리고 있다."고 말했다. 미국 국방부의 또 다른 소식통은 "무언가가 남아 있기는 하지만, 많지는 않다."고 밝혔다.[27] 그러나 공습은 계속됐고, 2002년 9월 초 미국과 영국은 1998년 12월의 주요 공습("사막의 여우 작전") 이래 처음으로 이라크 서부까지 폭격했다.[28]

1998년 12월 이후로 영국과 미국이 일방적으로 이라크를 폭격 — 그것도 거의 이틀에 한 번씩 — 한 사실이 <뉴욕 타임스> "국제"면에서는 겨우 한 단을 차지했다. 매우 드물게도 폭격 관련 기사를 1면에 실었을 때 <뉴욕 타임스>는 다음과 같이 시인했다.

미국 폭격기들이 조직적으로 폭격하고 있지만 이라크 공습에 대한 대중적 논의는 사실상 거의 이루어지지 않는다. 지난 8개월 동안 미국과 영국 조종사들은 이라크의 359개 표적을 향해 미사일을 1100회 이상 발사했다. 이것은 (1998년) 12월 (이라크에 대한) 4일 간의 격렬한 공습 당시 표적과 비교해 봤을 때 세 배나 많은 수치다. ……

다른 추정치에 의하면, (1999년에) 나토 조종사들이 유고슬라비아에서 78일 동안 24시간 내내 비행했던 것의 3분의 2를 미국과 영국 조종사들이 [이라크에서] 비행했다.[29]

1999년 말까지 미국과 영국 공군은 6000회 이상 출격했으며, 1800개 이상의 폭탄을 투하했고, 450개 이상의 표적을 맞췄다.[30] 1999년에 미국 국방부는 그런 작전의 일부로 200대의 비행기, 19척의 군함, 2만 2000명의 군대를 유지하기 위해 국방부 혼자서만 10억 달러 이상을 썼다.[31] 2000년 미국과 영국은 1999년보다 더 많이 출격했다. 이 횟수는 2001년과 2002년 초에는 감소했지만, 2002년 여름에는 눈에 띄게 증가하기 시작했다.[32]

대이라크 전쟁은 "베트남 전쟁 이후에 가장 오래 지속된 미국의 공습 작전"이다.[33]

비행 금지 구역 순찰은 미국이 이라크에 대한 강력한 공격 능력을 유지하려는 노력의 일환이었다. 2002년 8월 <워싱턴 포스트>는 다음과 같이 보도했다.

국방부 관리의 말에 따르면, 펜타곤이 이라크 북부와 남부를 '비행 금지'

구역으로 계속 지정하는 것은 부시 행정부가 이라크 침공을 저울질함에
따라 정보의 가치에서나 이라크 공군력을 저하시키는 수단으로서 더욱
중요해졌다.

2001년 봄 일부 공군 장교들이 전투 순찰을 그만두자고 건의했지만,
국방부 고위 관리는 이 임무를 중동의 핵심 동맹 국가인 사우디아라비아
나 터키와 함께 군사 개입을 할 수 있는 보루로 여기고 있었다.

(펜타곤의 한 관리는) 비행 금지 구역의 강제 지정은 "그 지역에 대한
우리의 정보 획득과 비행 능력을 높여 준다. 군사적 행동을 결정해야 할
때 거기에서 얻는 이득은 엄청나다." 실제로 최근 그 지역에서 돌아온 한
장교는 비행 금지 구역은 미국에게 또 하나의 "전쟁터"가 됐다고 말했다.
국방부 관리들은 10년 넘게 비행 금지 구역을 지정함으로써 군사 전략가
들이 이라크에 대한 군사 전략을 작성하는 데 필요한 매우 귀중한 정보
를 얻었다고 말한다.[34]

왜 이라크인가?

세계 석유 매장량의 11퍼센트가 묻혀 있는 이라크는 사우디아라비
아에 이어 세계 2위의 석유 매장량을 자랑한다.[35]

미국과 영국이 중동을 지배하기 위해 그토록 애를 쓰는 것은 민주
주의에 대한 관심 때문이 아니라 이 핵심 자원[석유]에서 나오는 이윤
을 통제하기 위해서다. 석유는 세계 자본주의에 꼭 필요한 자원이기
때문이다.

이미 1945년에 미국 국무부는 석유가 "역사적으로 다른 어떤 상품
보다도 미국의 대외 관계에서 커다란 역할을 해 왔다."[36]고 언급했다.
제2차세계대전 이래로 중동은 영미의 정책 입안자들에게 비할 바 없
이 전략적으로 중요했다. 1950년대에 이라크는 이런 상황에서 핵심 부
분이 되었다. 당시 사미라 하지는 "상황이 극적으로 바뀌었다. 생산

속도가 빨라지고 로열티가 급격히 증대하면서 석유는 (이라크) 경제를 주도하는 부문이 됐다."[37]고 쓰고 있다.

미국은 재빨리 영국을 몰아냈으며, 영국은 이라크뿐 아니라 중동 전역에서 하위 협력자로 전락했다.[38]

1948년에 국무부 정책 입안자인 조지 키넌은 중동에 대한 미국의 외교 정책을 이해하는 기본 틀을 만들었다.

우리는 전 세계 부의 약 50퍼센트를 가지고 있지만 인구는 겨우 6.3퍼센트다. ······ 이런 상황에서 우리는 반드시 질시와 원한의 대상이 될 수밖에 없다. 앞으로 우리의 진정한 임무는 국가 안보를 해치지 않으면서도 이러한 불균형 상태를 유지할 수 있는 특정한 관계를 고안하는 것이다. 이렇기 하기 위해 우리는 모든 종류의 감성과 몽상을 버려야 하며, 어디에서나 우리의 관심을 우리의 즉각적인 국가적 목표에 집중해야 한다."[39]

1999년 <뉴욕 타임스> 칼럼니스트 토머스 프리드먼은 더욱 현대적 언어로 이와 똑같은 주장을 했다. "시장의 보이지 않는 손은 보이지 않는 주먹 없이는 결코 작동하지 않는다. 맥도널드는 맥도널 더글러스 없이는 번영할 수 없다. ······ 그리고 실리콘 밸리의 기술이 번영할 수 있도록 세계를 안정시키는 보이지 않는 주먹을 미국 육군·공군·해군·해병대라고 부른다."[40]

키넌이 말한 '특정한 관계'에는 중동에서 서방의 이익에 봉사하는 몇몇 종속 정권들, 특히 이스라엘, 이집트, 사우디아라비아 같은 국가와 맺는 유대 관계가 포함돼 있다. 이라크 역시 1990년 쿠웨이트 침공 전까지는 서방의 이익에 봉사했는데, 쿠웨이트 침공을 계기로 후세인은 런던과 워싱턴의 동맹이자 친구에서 "새로운 히틀러"로 바뀌었다. 후세인은 독재자이지만 미국과 영국은 후세인이 자국민들을 탄압하는 수년 동안 후세인과 동맹 관계였다. 미국과 영국은 후세인과 비슷하거나 더 심한 독재자들인 인도네시아의 수하르토, 자이르의 모부투 세세 세코와 라틴 아메리카의 여러 독재자들을 지원해 왔다.

사실 쿠르드족과 시아파가 1991년 걸프전이 끝난 뒤 사담 후세인 정권에 민주적으로 도전했을 때, 미국 정부는 후세인이 민중 혁명으로 위험에 처하는 것보다 그 봉기를 깨부수기를 바랐다. 노엄 촘스키가 3장에서 토머스 프리드먼을 인용하면서 지적하듯이 워싱턴은 "이라크 군사 정권의 철권 통치"가 계속되기를 바랐다. 국가안보위원회 중동 담당이었던 리처드 하스는 "우리의 정책은 사담 (후세인)을 제거하는 것이지, 그 체제를 제거하는 것이 아니다."라고 설명했다.[41]

미국이 이라크의 민주주의에 관심을 갖고 있는지 알고 싶다면, 이라크를 점령하고 "미국 주도의 군사 정부를 세우려는"[42] 백악관의 계획을 살펴보기만 해도 된다.

이 책의 여러 저자들이 밝혔듯이, 사실 경제 제재와 공습은 많은 측면에서 후세인 바트당[아랍사회주의부흥당] 정부의 힘을 강화시켜 주었다. 경제 제재는 이라크 민중의 10분의 1 가량을 죽였고, 대다수 이라크인들이 정부에 의존하도록 만들었으며, 반대파가 유지할 수 있는 기구들을 해체시켰고, 민족주의를 강화시켰다. 한 이라크인은 <유에스에이 투데이>에 다음과 같이 말했다. "내가 사담 (후세인)에 대해 가졌던 모든 의심이 사라졌습니다. …… 이제 나는 그가 나의 힘과 먹을 물과 내 딸의 어린 시절을 빼앗아 간 미국에 맞서길 원합니다."[43]

'대량 살상 무기'

이라크에 대한 미국과 영국의 정책은 무기 확산, 특히 '대량 살상 무기' 사용을 금지하는 조치로 거듭 옹호되고 있다. 그러나 미국과 영국은 우방국들과는 대량 살상 무기 개발이나 확산 문제로 특별한 갈등을 일으키지 않는다. 이스라엘은 세계에서 여섯 번째로 큰 규모의 핵무기 프로그램 개발을 용인 받았을 뿐 아니라 아파르트헤이트 정책을 펼치던 남아공의 핵무기 개발에도 협력했다.[44]

<핵 과학자 회보>는 미국이 "냉전 시기에 23개국과 미국 국내의 다섯 곳에 1만 2천 기의 핵탄두와 부품을 보관하고 있었다."고 최근 폭로했는데, 이를 볼 때 미국이야말로 최대의 핵무기 확산 국가다.[45]

미국과 영국은 사우디아라비아, 콜롬비아, 터키 — 쿠르드족(미국과 영국 비행기들이 이라크 북부 '비행 금지' 구역에서 보호하고 있다고 주장하는 그 민족)을 대대적으로 탄압하는 — 를 포함해 전 세계의 폭력 정권에 무기를 공급하고 있다.[46]

그러나 터키가 "이 지역에서 미국의 안보 이해를 보호하는 데 결정적인 역할을 하기"[47] 때문에 쿠르드족에 대한 터키의 탄압은 용인 받고 있다. 이라크 상공을 정기적으로 비행하는 전투기들은 쿠웨이트나 사우디아라비아 같은 여타 '민주주의의 횃불'뿐 아니라 터키의 인시리크에서도 출격하고 있다.

미국과 영국의 전략적 목적에 부합하는 한 어떤 나라가 다른 약소국을 침공하거나 주변국들을 위협하는 것도 용인된다. 인도네시아가 동티모르를 잔혹하게 침공하고 23년 동안 점령하면서 20만 명 이상을 살해했는데도, 미국과 영국은 마지막 순간까지 인도네시아를 지지했다. 심지어 훨씬 더 사악한 악마로 묘사된 유고슬라비아의 슬로보단 밀로셰비치도 그가 서방 후원자들을 불쾌하게 만들기 전까지는 "지역 안보를 위해 미국에게 꼭 필요한" 존재였다.[48]

미국과 영국이 이라크에서 대의제에 기초한 정부를 원한다는 주장은 웃기는 이야기다. 그들은 과거에 이 지역에서 자행된 탄압을 지원했었고 그 결과는 재앙적이었다. 작가 사이드 K 아부리쉬는 이렇게 지적했다.

> (미국이) 중동 국가를 우호적인 정부와 비우호적인 정부로 나누는 현재
> 의 구분은 그 정부의 진정한 본질과 아무런 관련이 없다. 역사적 경험을
> 보면, (미국은) 서방의 이해에 위협이 된다고 생각되면 아무리 합법적인
> 민족주의 정부라도 거부한 반면, 서방의 이해에 우호적이라면 불법적인
> 정부라 할지라도 후원했다. 실제적 또는 가상의 위협에 맞서 서방의 패
> 권을 영속화하고 경제적 이해를 보호하는 것이 …… (모든 고려 사항 중
> 에서) 최우선이다.[49]

아부리쉬의 재치 있는 어구처럼, "미국은 …… 중동의 민주주의를
위험에 빠뜨렸다." 왜냐하면 민주주의는 런던, 워싱턴, 다국적 석유회
사가 아니라 평범한 사람들이 그 지역의 자원을 통제할 수 있는 위험
을 수반하기 때문이다.[50]

반아랍·반무슬림 인종차별주의

에드워드 W 사이드가 썼듯이, 서방이 "자신의" 중동산 석유 자원
에 대한 통제를 정당화할 필요가 있었기 때문에 여러 해 동안 "'이슬
람의 위협'이라는 광기가 …… 서방의 정책과 언론의 논평을 지배해"
왔다.[51]

아랍 민족에게 전통과 문화가 있고 그들 나름의 정체성이 있다는 생각은
미국에서는 받아들여지지 않고 있다. 아랍인들은 인간성이 없을 뿐 아니
라 항상 살인과 폭탄 테러 기회를 노리는 폭력적이고 비이성적인 테러리
스트로 묘사됐다. …… 아랍인에 대한 이런 병적이고 강박관념에 사로잡

헌 공포와 증오는 제2차세계대전 이래 미국 외교 정책의 일관된 기조였다.[52]

"현재 전 세계에서 벌어지는 무슬림과 비무슬림 민족 사이의 분쟁"에 관해 정기적으로 글을 쓰는 보수 학자 새뮤얼 헌팅턴의 입장이 2001년 9·11 테러 공격 이후 더 많은 청중을 얻었다.[53]

<뉴욕 타임스> 칼럼니스트 니콜라스 크리스토프는 이러한 반이슬람 증오의 가장 나쁜 사례 몇 가지를 기록했는데, 그는 이것뿐 아니라 더 많은 사례를 덧붙일 수 있었다.

미국의 주도적인 보수주의자인 폴 베이리치와 윌리엄 린드는 <왜 이슬람이 미국과 서방에게 위협인가>라는 제목의 새 소책자에서 "이슬람은 바로 전쟁의 종교다."라고 썼다. 린드는 미국 무슬림에 대해 "그들이 미국을 떠나도록 해야 한다. 그들은 우리 나라에 있는 스파이다."라고 말했다.

칼럼니스트인 앤 쿨터는 "우리는 저들의 나라를 침공해서 그 지도자를 죽이고 그들을 기독교로 개종시켜야 한다."고 주장했다.

빌리 그레엄 목사의 아들이자 아버지 덕분에 저명한 복음 전도사가 된 프랭클린 그레엄은 이슬람에 대해 이렇게 말했다. "나는 이슬람이 악마이자 사악한 종교라고 믿습니다." 남부 침례교 총회 의장이었던 제리 빈스 목사는 예언자 무함마드는 "악령에 씌인 페도필[어린이에 대한 변태 성욕자]"이라고 단언했다.[54]

알리 아부니와와 라니아 마스리가 이 책에서 지적하듯이, 언론과 정치인들은 이라크에는 미친놈 한 명만 — 사담 후세인 — 이 살고 있는 것처럼 말한다. 이라크에 관한 뉴스들도 미국 국무부와 국방부, 영국 외교부의 보도 자료와 구분되지 않는다.

군사적 이해관계와 행정적 이해관계가 얼마나 잘 수렴되는지를 <뉴욕 타임스> 칼럼니스트 토마스 프리드먼보다 더 잘 보여 준 사람은 없다.

예를 들면, 프리드먼은 "이라크 폭격을 거듭거듭" 옹호했다.[55] "미치광이는 대가를 치른다."라는 제목의 기사에서 프리드먼은 이렇게 설명하고 있다. "미국은 이라크와 미국의 동맹국들에게 …… 미국은 어떤 타협과 주저함도 없이, 그리고 유엔의 승인 없이도 무력을 사용할 것이라는 점을 명확히 해야 한다."[56]

그는 영화 <닥터 스트레인지러브>에 나오는 등장 인물처럼 이렇게 덧붙였다. "신이 크루즈 미사일을 창조하신 이유는 바로 사담 후세인 때문이다. 그를 다룰 유일한 방법이 바로 크루즈 미사일이다." 또 다른 칼럼에서 그는 "사담 후세인이 수틀리게 나오거나 우리가 한 방 먹여야 할 때는 확실하게 치명타를 먹여야 한다."고 주장했다.[57]

그러나 이것도 프리드먼의 칼럼 '말썽쟁이 뒤흔들기'에 비하면 약과다.

사담 후세인이 흔들리는 지금이 바로 그의 새장을 흔들 적기다. 자유 이라크 라디오 방송의 볼륨을 최대한 높여서 하루 24시간 내내 그의 축출을 요구하자. "사담은 당장 꺼져라." 유엔이 사담을 전범으로 몰도록 모든 조치를 취하라. 매주 이라크에 있는 **각종 발전소를 폭파해 언제 전기가 나갈 것인지 그것이 누구의 책임인지 아무도 모르게 하라.** 사담을 권좌에서 몰아낼 경우 보상금을 주겠다고 제안하라. 또 다른 이라크 군장성의 집을 폭파해 사담이 분개하는 것을 이용하라.[58]

프리드먼이 발전소를 표적으로 삼는 전쟁 범죄(코소보를 폭격하는 동안에도 그가 주장했던 전략)를 수행하라고 공개적으로 호소할 수 있다는 사실은, 이라크에 대한 주류 언론의 보도가 얼마나 타락했는지를 보여 준다.[59] 모든 발전소가 표적이 되면 더 많은 식량과 약품을 냉장 보관할 수 없으며, 병원에서는 전기가 부족하게 되고, 물은 오염될 것이며, 사람들이 죽게 될 것이다. 우리는 이 모든 것이 민주주의와 인권의 이름으로 행해진다고 믿게 된다.

최근에 프리드먼은 부시에게 이라크에 보내는 메시지를 정교화하라고 촉구했다. "부시 팀이 이라크에 대해 진지하다면, 하나의 분명한 목표를 정하고 이를 위해 매우 치밀한 전쟁 계획을 세운 다음 그것을 간단한 차량 부착용 스티커로 만들어 미국과 전 세계에 뿌려야 한다."[60] 이라크 사람들의 생명이 캐치프레이즈로 전락하는 것이다. 이런 것이 이라크 선제 공격에 관한 '논의'의 핵심이다. 오늘날 엘리트들이 논의하는 주된 주제는 이라크를 공격할지 말지가 아니라 전쟁을 어떻게 '판매할지'의 문제다.(또는 앤드루 카드의 말에 의하면, 어떻게 "신제품을 만들어낼지"의 문제다.)

책임 전가하기

경제 제재로 생긴 사망자에 관한 증거가 계속해서 확인되었고 정부 최고위 관리들이 여러 번에 걸쳐 그 사실을 공개적으로 시인했다. 그 가운데 가장 잘 알려진 것은 매들린 올브라이트다. 그녀는 경제 제재의 결과로 이라크 어린이 50만 명이 죽은 것이 정당화될 수 있겠느냐는 질문을 받았을 때 "우리는 그런 희생을 치를 만한 가치가 있다고 생각한다."고 말했다.[61]

미국과 영국은 경제 제재가 전적으로 사담 후세인의 책임이라는 식으로 논의를 몰고 간다. 그들이 사용하는 주요 전술은 (대통령 후세인이 무기사찰의 합리적 조건을 받아들이기만 한다면) 런던과 워싱턴이 경제 제재를 풀기 위해 최선을 다 하는 것처럼 보이도록 하는 것이지만, 실제로는 경제 제재와 현 상황을 유지하기 위해 최선을 다 하고 있다.

경제학자이자 비평가인 에드워드 S 허먼은 이렇게 말한다.

제국주의의 속임수 가운데 하나는 표적이 된 적에게 타협 선택권을 준 것처럼 한 다음 재빨리 그 선택권이 거절당했다고 주장하고는 가차없이 공격하거나 엄청난 인명 희생을 부를 경제 제재를 계속하는 것이다. 이 시스템의 장점은 폭격으로 아무리 많은 사람들이 죽고 경제 제재로 아무리 많은 아이들이 죽더라도 그것은 우리의 잘못이 아니기 때문에 상관없다는 점이다. 그들이 우리의 (정의상) 합리적인 '타협' 제안을 거부했기 때문이다. 그것은 그들의 자업자득이 되는 것이다.[62]

[그들이] 크게 칭송하고 있는 '융통성 있는 경제 제재'는 이러한 전략을 분명하게 보여 주는 사례다. 2002년 5월 14일 부시 2세 정부의 사주를 받은 유엔 안전보장이사회는 결의안 1409호를 채택했다. 그 결의안은 이라크의 생필품 수입 제한을 완화하지 않고 오히려 이라크의 대량 살상 무기 제조와 수출을 제한하는 데 초점을 맞춘 것이었다. 아이슬란드의 레이캬비크에서 한 연설에서 콜린 파월은 이렇게 말했다. "그 결의안은 (안전보장)이사회가 이라크 국민의 필요를 충족시키려는 지속적인 의지를 보여 준다."[63]

그러나 그 결의안의 진정한 효과는 이라크 민중의 고통을 지속시키는 것이다. 그 결의안은 실질적인 것이 아니라 상징적인, 경제 제재의 변화를 표현하고 있다. 그 결의안은 유엔의 외피를 쓰고 있는 미국 정부가 국제적으로 인기를 잃은 경제 제재를 계속할 수 있도록 해 주고 이라크에 대한 대규모 군사 공격을 이데올로기적으로 지지할 수 있게 해 준다.

소미니 센굽타는 <뉴욕 타임스>에서 "그 결의안은 경제 제재를 끝내려는 움직임을 무디게 하고 경제 제재 조치가 이라크의 지도자들보다는 평범한 사람들을 괴롭히고 있다는 비판을 잠재우기 위한 것이었다."고 보도했다. "또한 그것은, 아마도 부시 행정부가 무력으로 후세인을 권좌에서 물러나게 해야 한다는 주장을 강조하기 위한 외교적 토대의 일부로 보였다."[64]

한 고위 관리는 <파이낸셜 타임스>에서 "이것은 이라크에서 벌어지고 있는 인도주의적 문제에 누가 책임이 있는지 선전하기 위한 전쟁이다. (유엔) 결의안에 담긴 것은 그 비난을" 워싱턴에서 바그다드로 "옮기는 것을 목적으로 하고 있다"고 말했다.[65]

이라크와 벌이는 "선전 전쟁"의 목표는 지금까지 12년 넘게 지속되어 온 경제 제재가 시민들에게 끔찍한 영향을 미쳐 왔으며, <월스트리트 저널>의 기사에도 나오듯이, "실제로 (사담 후세인)의 권력 장악을 강화해 왔다."[66]은 분명한 사실을 부인하는 것이다. 클린턴, 블레어, 부시, 그리고 그 일당이 경제 제재는 이라크 민중이 아니라 그 정권을 겨냥한 것이라는 말을 여러 해 동안 떠들어 댄 뒤에도, 우리는 [여전히] 유엔의 새로운 경제 제재(이 말은 친숙하게 들리는가?)가 이라크 민중이 아니라 그 정권을 겨냥하고 있다는 말을 믿도록 강요받고 있다.

그러나 융통성 있는 경제 제재 시기에도 미국은 유엔에서 자신의 권한을 이용해서 '민군 겸용'과 관련된 물품을 언급함으로써 생필품의 반입을 막을 수 있다. 그리고 경제는 계속 어렵다. 유엔 표결 이후 미국 대표가 강조했듯이, "유엔 증서는 이라크의 석유 수입에 대해 고려하는 동시에 잠재적인 군사적 품목이나 군사 관련 품목의 사용을 금지하는 것을 염두에 두고 있다."[67]

미국이 러시아에 압력을 넣은 뒤에 유엔은 민군 겸용에 해당하는 물품 목록을 승인했고(그것은 수백 페이지에 달했다.) 이라크가 그 물품들을 구입하려면 (유엔 증서에 기재되어 있는) 석유 수입을 사용하기 전에 승인을 받도록 하고 있다.

과거에 미국 정부는 유엔 경제 제재 위원회에 대한 거부권을 이용해서 '민군 겸용' 관련 조항을 언급하면서 구급차, 염소 처리제, 백신, 심지어 연필을 구입하려는 계약도 방해했다. 2002년 5월 당시 50억 달러의 계약이 미국 때문에 '보류'되었다. 이것은 유엔 주재 미국 대사 존 D 네그로폰트의 다음과 같은 주장을 완전히 뒤집는 것이었다. "석유-식량 교환 프로그램에서 인도주의적 생필품을 이라크로 반입하는 것은 언제나 가능했고, 이라크 정권이 이러한 품목의 수입을 위해 그 자신의 자원을 쓰는 것을 거부한 것이 주요 장애물이다."[68]

네그로폰트의 주장은 이라크에서 활동하고 있는 유엔 관리의 말을 들어 봐도 그 근거가 없다. 최근 식량을 위한 석유 분배 네트워크를 칭찬했던 이라크 주재 유엔 대변인 애드난 자라는 <월스트리트 저널>에서 "그들(이라크인들)은 매우 유능합니다. 우리는 엉뚱한 곳으로 식량이 배분된 경우를 본 적이 없습니다."[69] 하고 말했다.

유엔의 석유-식량 교환 프로그램 집행관인 툰 미야트에 따르면, "이라크의 식량 배급 체계는 십중팔구 세계 최고일 것입니다. 이 나라에서는 식량이 필요한 모든 사람이 그것을 받고 있습니다." 그러나 미야트는 다음과 같이 강조했다. "사람들은 너무나 가난해서 어떤 경우에는 심지어 자신에게 공짜로 주어진 식량조차 먹을 수 없습니다. 왜냐하면 그들 중 많은 사람들에게는 배급 식량[을 판매하는 것]이 주된 수입원이기 때문입니다."[70]

융통성 있는 경제 제재는 완전히 파괴된 이라크 경제를 되살리는 데 어떤 도움도 되지 않았다. 이라크 경제 제재 반대 운동(CASI)이 지적하듯이, "이라크의 박살난 사회 기반시설을 재건하는 데 필요한 해외 투자가 여전히 금지되고 있고 …… 이라크가 석유 이외의 다른 물품을 수출하는 것도 허용되지 않을 것이다."[71] 심지어 안전보장이사회 산하 인도주의 심사단조차 1999년 3월, 이라크가 회복하기 위해서는 "석유-식량 교환 프로그램 하나만으로는 충분하지 않으며 석유를 포함해 에너지, 농업, 위생 같은 수많은 핵심 분야에 대규모 투자가 이루어져야 한다."[72]고 보도했다.

경제 제재에 도전하기

이라크를 또다시 공격한다면 그 결과는 이라크 국민뿐 아니라 중동 전체의 민중들에게도 재앙이 될 것이다. 이라크 공격의 파장은 예측할 수 없다. 물론 이 공격이 중동에서 핵무기 사용을 포함한 더 광범한 전쟁을 촉발시킬 위험이 실질적이지만 말이다.

이라크 공격은 부시의 선제 공격 독트린을 본받고 싶은 국가들에게 자신감을 줄 것이다. 이미 이스라엘, 파키스탄, 인도, 러시아, 말레이시아, 콜롬비아는 부시를 본받아 '테러와의 전쟁'을 명분으로 교전수칙의 확대를 정당화하기 시작했다. 우리는 전 세계에서 테러 방지라는 가면을 쓴 국가 테러리즘이 거대하게 확장되는 것을 목격하고 있다.

이라크 전쟁을 미국 '혼자' 수행하든 아니면 유엔의 기치 아래 수행하든지 간에, 그 전쟁은 중동과 전 세계에서 미국의 패권이 더 한층 확장되는 것을 의미할 것이다. 미국의 목표는 민주주의의 확립이 아니라, 지정학적으로 중요한 지역에서 세력 균형을 통제하고 '안정을 유지하는 것'이다. 그 말은 미 제국으로 유입되는 부와 권력을 극대화하기 위해 세계 자본주의 체제를 호령하는 것을 완곡하게 표현한 말이다.

우리는 부시의 야만적인 이라크 전쟁 몰이를 중단시키기 위해 시급히 온 힘을 다해야 한다. '테러와의 전쟁'은 여러 전선에서 전개되고 있다. 그것은 점차 늘어나는 전쟁 비용의 지불을 강요받고 있는 국내외 수많은 사람들과 전 세계의 미래에 중요한 영향을 미칠 것이다. 국제 반전 활동은 더욱 긴요해졌다. 그 중요성은 아무리 과장해도 지나치지 않다. 노엄 촘스키가 2002년 포르투 알레그레에서 열린 세계사회포럼에서 말했듯이, "우리가 전쟁 없는 세상을 만들 것인가 아니면, 세상 자체가 사라질 것인가 둘 중 하나다."[73]

오늘날 [반전 운동의] 조직화를 위한 환경은 도전받고 있다. 정부에 대한 비판을 주변화하기 위해 [지배자들이] 애국주의를 이용하고 있으며 시민적 자유를 위협하고 있다. 그러나 샤론 스미스가 이 책에서 썼듯이, 특히 미국, 영국, 유럽, 중동에서 반전 운동이 성장한다면 대중은 이라크에 대한 선제 공격을 포함해서 테러와의 전쟁을 확대하는 것에 반대하는 쪽으로 급속히 돌아설 수 있다. <뉴욕 타임스>는 블레어가 "미국의 이라크 침공 전망에 대한 국내의 반대 여론이 높아지는 상황"[74]에 직면하고 있다고 퉁명스럽게 보도했다. 채널 4의 여론조사는 영국 국민 대다수가 미국이 벌이는 이라크 전쟁을 영국이 지지하는 것에 반대한다는 점을 보여 주었다.[75] CNN 여론조사는 오직 "미국인 중 과반을 조금 넘는 수가 미국 군대를 이라크에 보내 사담 후세인 정권을 전복하는 것을 여전히 선호하고" 있음을 보여 준 반면, <뉴욕 타임스> 여론조사는 많은 사람들이 부시가 말한 전쟁 목표에 회의적이며 70퍼센트가 상하원 선거 입후보자들이 이라크보다는 경제 위기에 대해서 더 많은 말을 하기 바란다는 점을 보여 주었다.[76]

이러한 물결은 바뀔 수 있다. 부시가 애국심으로 단결하자고 역설하고 있을 때 역사가 하워드 진은 이렇게 지적했다.

'테러와의 전쟁'은 이 나라의 많은 사람들이 여전히 곤경에 처해 있다는
사실을 모호하게 만들었다.

우리는 전쟁의 이면을 파헤쳐야 하며, 부시 정부가 전쟁을 이용해 미
국 내 소득 격차의 심화를 은폐하면서 미국인 대다수의 문제에는 전혀
신경 쓰지 않고 기업들을 더욱 살찌우고 있다는 사실을 지적해야 한다.
나는 계급 문제에 집중하는 것, 즉 혜택이 기업들에게 돌아가는 문제에
집중하는 것이 중요하다고 생각한다.

컬럼비아 대학의 세이무르 멜먼은 …… 반전 운동의 전술에 대해 매
우 중요한 지적을 했다. 그는 좌파가 문제의 핵심, 즉 우리가 살고 있는
경제 체제는 전쟁이 필요하고 전쟁을 불가피하게 만든다는 핵심을 건드
리지 않은 채, 이 전쟁에 반대했다가 그 다음에는 저 전쟁에 반대하고 또
다음에는 다른 전쟁에 반대하는 태도를 취하고 있다고 말했다. 그가 말
하는 핵심은 그렇게 애국주의가 고조된 분위기에서는 전쟁을 [반대하는]
투쟁에 집중하는 것은 매우 어렵다는 것이었다. 반면에 전쟁 문제를 무
시하지 않으면서도 경제적 문제에 더 많이 집중하는 것, 즉 인간의 필요
를 충족시키지 못한 이 체제의 실패에 집중하는 것이 우리와 미국인들
사이에 더 강력한 유대 관계를 제공할 것이다. 사실 그렇게 할 때 미국인
들이 우리가 전쟁에 대해 하는 말들에 더 잘 귀를 기울일 것이다.[77]

1967년 4월 뉴욕시의 리버사이드 교회에서 베트남전 반대에 관해
연설하던 마틴 루터 킹 주니어는 "오늘날 이 세계에서 폭력의 가장 큰
조달자는 바로 우리 정부"라고 지적하고는 미국 정부가 끊임없이 "부
자와 안락한 사람들의 편에서" 행동하면서 "가난한 사람들에게는 지
옥을 만들어내고 있다"고 선포했다.[78]

국내의 사회 정의나 불평등은 해외의 군사주의나 인권 유린과 연

관되어 있다는 킹 목사의 통찰력은 경제 제재와 다시 시작될 전쟁에 반대하는 운동에서 꼭 필요한 것이다. 이 책의 저자들이 모두 지적하는 것처럼, 경제 제재를 없애고 이라크 민중에 대한 전쟁을 시급히 막아야 한다. 미국, 영국, 캐나다, 그리고 다른 나라의 활동가들의 투쟁이 경제 제재의 악몽과 이라크 전쟁을 막는 데 도움을 줄 것이다. 이런 노력이 성공한다면 중동에서 진정한 민주적 대안—서방이나 현지 엘리트들이 아닌 그 지역의 민중이 자원을 통제하고 그 자원을 인간의 필요를 충족시키는 데 사용하는—을 위해 싸우는 사람들에게 더 많은 정치적 공간을 제공할 수 있을 것이다.

주

1. Todd S. Purdum, "After Saddam: Now What?" *New York Times*, February 17, 2002, p. 4: 1.

2. James Harding and Carola Hoyos, "Bush Throws Down Gauntlet to Saddam," *Financial Times*, September 13, 2002, p. 1. Alison Mitchell and Carl Hulse, "Congress Authorizes Bush to Use Force Against Iraq, Creating a Broad Man date," *New York Times*, October 11, 2002, p. A1.

3. Elisabeth Bumiller, "Bush Aides Set Strategy to Sell Policy on Iraq," *New York Times*, September 7, 2002, p. A1.

4. Purdum, "After Saddam: Now What?" p. 4: 1.

5. John Donnelly, "Cheney States Case for Action on Iraq," *Boston Globe*, August 27, 2002, p. A1.

6. Donnelly, "Cheney States Case for Action on Iraq," p. A1.

7. Richard A. Oppel, Jr., and Julia Preston, "Administration Seeking to Build Support in Congress on Iraq Issue," *New York Times*, August 30, 2002, p. A1.

8. William Safire, "Of Turks and Kurds," *New York Times*, August 26, 2002, p. A15.

9. Michael R. Gordon, "Iraq Said to Plan Tangling U.S. in Street Fighting," *New York Times*, August 26, 2002, p. A1.

10. Anthony Shadid, "CIA says Risk of Nuclear Attack Greater Than Ever," *Boston Globe*, March 12, 2002, p. A12. CIA의 전략 및 핵 프로그램 담당 국가정보관 로버트 월폴이 상원에서 증언한 내용을 인용.

11. Warren Hoge, "Blair Seeks to Bridge Europe Gap in U.S. Visit," *New York Times*, September 7, 2002, p. A6. BBC, "Protesters Stage Anti-War Rally," September 28, 2002 (http://news.bbc.co.uk/2/hi/uk_news/politics/2285861.stm).

12. Paul Waugh, "Blair Warned: Iraq Attack 'Illegal'," *Guardian*, July 29,

2002, p. 1.

13. Ann Scott Tyson, "Where Antiterror Doctrine Leads," *Christian Science Monitor*, February 7, 2002, p. 1.

14. Bryan Bender, "Bush Sees Military as Option on Iraq But Covert Action May Be the Focus," *Boston Globe*, February 14, 2002, p. A1.

15. 예를 들어 Eric Schmitt and Thom Shanker, "American Arsenal in the Mideast Is Being Built Up to Confront Saddam Hussein," *New York Times*, August 19, 2002, p. A8 참조.

16. Richard Lowry, "End Iraq," *National Review* 53: 20 (October 15, 2001).

17. Judith Miller, "U.S. Explores Other Options on Preventing Germ Warfare," *New York Times*, July 25, 2001, p. A4.

18. Carola Hoyos, "Cheney Pushes for Pre-emptive Strike on Iraq," *Financial Times*, August 27, 2002, p. 1.

19. Colum Lynch, "US Used UN to Spy on Iraq, Aides Say," *Boston Globe*, January 6, 1999, p. A1, and Barton Gellman, "US Spied on Iraqi Military Via UN," *Washington Post*, March 2, 1999, p. A1. 또 Nicholas George, Carola Hoyos, and Roula Khalaf, "Weapons Inspections Were 'Manipulated'," *Financial Times*, July 30, 2002, p. 7 참조.

20. Julia Preston and Todd S. Purdam, "UN Inspectors Can Return Unconditionally," *New York Times*, September 17, 2002, p. A1; Dr. Naji Sarri, Minister of Foreign Affairs, Republic of Iraq, Letter to UN Secretary-General Kofi Annan: "A Letter to the Chief of the U.N.," *New York Times*, September 17, 2002, p. A12.

21. Elisabeth Bumiller and Jane Perlez, "Bush and Top Aides Proclaim Policy of 'Ending' States That Back Terror," *New York Times*, September 14, 2001, p. A1.

22. Richard Wolffe, "CIA Chief Accuses Iraq of Links with al-Qaeda," *Financial Times*, March 20, 2002, p. 1.

23. Julian Borger, "President Broadens War on Terrorism: Bush Pinpoints North Korea, Iran and Iraq as the 'Axis of Evil'," *The Guardian*

(London), January 31, 2002, p. 15.

24. Edward Cody, "Under Iraqi Skies, a Canvas of Death: Tour of Villages Reveals Human Cost of U.S.-Led Sorties in 'No-Fly' Zones," *Washington Post*, June 16, 2000, p. A1.

25. Cody, "Under Iraqi Skies, a Canvas of Death," p. A1.

26. William M. Arkin, "America Cluster Bombs Iraq," special to Washingtonpost.com, February 26, 2001 (http://www.washingtonpost.com/ac2/wpd-yn/A46524-2001Feb23?language=printer).

27. Ronald G. Shafer, "Washington Wire," *Wall Street Journal*, October 22, 1999, p. A21.

28. Roula Khalaf and Alexander Nicoll, "Massed Air Attack Raises the Pressure," *Financial Times*, September 7, 2002, p. 9. Eric Schmitt, "Air Patrols Shift Targets in Iraq, Clearing the Way for Any Attcack," *New York Times*, September 17, 2002, p. A1 참조.

29. Steven Lee Myers, "In Intense But Little-Noticed Fight, Allies Have Bombed Iraq All Year," *New York Times*, August 13, 1999, p. A1.

30. John Donnelly and Jonathan Gorvett, "Air Campaign Over Iraq Called Growing US Risk," *Boston Globe*, November 11, 1999, p. A2, and Jamie McIntyre and James Martone, "Iraq and the Pentagon Look Back on a Confrontational Year," CNN, December 28, 1999.

31. Myers, "In Intense But Little-Noticed Fight, Allies Have Bombed Iraq All Year," p. A6.

32. Vernon Loeb, "'No-Fly' Patrols Praised: U.S. Says Effort Pressures Iraq, Yields Intelligence," *Washington Post*, July 26, 2002, p. A23.

33. Paul Richter, "No End in Sight to US Air Campaign Over Iraq," *Los Angeles Times*, March 3, 1999, p. A1, and Jonathan S. Landay, "Who's Winning Quiet War in Iraq?" *Christian Science Monitor*, March 4, 1999, p. 1.

34. Loeb, "'No-Fly' Patrols Praised: U.S. Says Effort Pressures Iraq, Yields Intelligence," p. A23.

35. Robin Wright, "UN Will Let Iraq Sell Oil for Humanitarian Supplies," *Los Angeles Times*, May 21, 1996, p. A1; Ghassan al-Kadi, "Iraq Wants Active Oil Role," United Press International, November 15, 1999; and Dan Atkinson, "Iraq Set for No. 2 Spot in Oil Export League," *Guardian*, July 27, 1999, p. 20.

36. Gabriel Kolko, *The Politics of War: The World and United States Foreign Policy, 1943~1945* (New York: Vintage, 1968), p. 294.

37. Samira Haj, *The Making of Iraq, 1900~1963: Capital, Power, and Ideology* (New York: SUNY Press, 1997), p. 71.

38. Mark Curtis, *The Great Deception: Anglo-American Power and World Order* (London: Pluto Press, 1998), p. 1 참조. 특히 5장과 6장 참조. 또한 David Hart, "There is Nothing Moral about Our Government Sitting Like a Rabbit in Headlights," *The Times* (London), March 11, 1999 참조. 하트 의 주장은 이렇다. "영국 정부는 되도록 미국과 군비 부담을 나누어지는 것 이 현명하다. …… 사담 (후세인)에 대한 군사 작전을 계속하는 과정에서 영 국 정부는 핵심적인 국익을 보호하고 미국과 특별한 관계를 유지하고 있 다."

39. State Department Policy Planning Study, February 23, 1948, cited in Noam Chomsky, *On Power and Ideology: The Managua Lectures* (Boston: South End Press, 1987), pp. 15~16.

40. Thomas L. Friedman, *The Lexus and the Olive Tree: Understanding Globalization* (New York: Farrar, Strauss, and Giroux, 1999), p. 373. Phil Gasper, "Fool's Paradise," *International Socialist Review* 9 (Fall 1999): 68~69 참조.

41. Andrew Cockburn and Patrick Cockburn, *Out of the Ashes : The Resurrection of Saddam Hussein* (New York : Horper Collins, 1999), p. 37. ABC 뉴스 앵커 피터 제닝스는 이렇게 말했다. "미국은 사담 후세인이 물러나기를 정말로 원하지만, 이라크 국민이 후세인을 타도하는 것은 원하 지 않는다. Peter Jennings, "Showdown with Saddam," ABC, *News Saturday Night*, February 7, 1998. Lance Selfa and Paul D'Amato, "US and

Iraq : Back from the Brink?" *International Socialist Review* 4(Spring 1998): 30~36 참조.

42. David E. Sanger, "US Has a Plan to Occupy Iraq, Officials Report," *New York Times*, October 11, 2002, p. A1.

43. Jack Kelly, "Iraqi's Wrath Intensifies with Their Suffering," *USA Today*, January 18, 1999, p. 12A.

44. Deborah Sontag, "Israel Eases Security Over Nuclear Whistle-Blower's Trial," *New York Times*, November 25, 1999, p. A3, and Jane Hunter, *Israeli Foreign Policy: South Africa and Central America* (Boston: South End Press, 1987), pp. 32~39 참조.

45. Judith Miller, "US Once Deployed 12,000 Atom Arms in Two Dozen Nations," *New York Times*, October 20, 1999, p. A1. Robert S. Norris, William M. Arkin, and William Burr, "Where They Were," *Bulletin of the Atomic Scientists* 55: 6 (November~December 1999): 26~35.

46. 예를 들어 William Greider, *Fortress America: The American Military and the Consequences of Peace* (New York: Public Affairs, 1998), and Tim Webb, *The Armour-Plated Ostrich: The Hidden Costs of Britain's Addiction to the Arms Business* (London: Comerford and Miller, 1998) 참조.

47. Editorial, "Bringing Turkey into Europe," *New York Times*, December 31, 1999, p. A36.

48. Matthew Jardine and Constancio Pinto, *East Timor's Unfinished Struggle: Inside the Timorese Resistance* (Boston: South End Press, 1996). Steven Erlanger, "Ignoring Scars, Milosevic Is Stubbornly Pressing On," *New York Times*, October 31, 1999, p. 1: 1.

49. Said K. Aburish, *A Brutal Friendship: The West and the Arab Elite* (London: Indigo, 1998).

50. Aburish, *A Brutal Friendship*, p. 31.

51. Edward W. Said, *The Politics of Dispossession: The Struggle for Palestinian Self-Determination, 1969~1994* (New York: Pantheon Books,

1994), p. 405.

52. Edward W. Said, "Apocalypse Now," in Noam Chomsky, Edward W. Said, and Ramsey Clark, *Acts of Aggression: Policing "Rogue" States*, ed. Greg Ruggiero and Stuart Sahulka (New York: Open Media Pamphlet Series and Seven Stories Press, 1999), pp. 8~9.

53. Samuel P. Huntington, "A Local Front of a Global War," *New York Times*, December 16, 1999, p. A31.

54. Nicholas Kristof, "Bigotry in Islam — And Here," *New York Times*, July 9, 2002, p. A21.

55. Thomas L. Friedman, "America's Multiple-Choice Quiz," *New York Times*, January 31, 1998, p. A15.

56. Thomas L. Friedman, "Craziness Pays," *New York Times*, February 24, 1998, p. A21.

57. Thomas L. Friedman, "Head Shot," *New York Times*, November 6, 1997, p. A31.

58. Thomas L. Friedman, "Rattling the Rattler," *New York Times*, January 19, 1999, p. A19; emphasis added.

59. Thomas L. Friedman, "Stop the Music," *New York Times*, April 23, 1999, p. A25. 프리드먼은 이렇게 썼다. "그러나 만약 나토가 자력으로 끊임없이 폭격할 수 있다면 하나도 남김 없이 제거해 버려야 한다. 적어도 진정한 공중전을 해야 한다. 세르비아인들이 코소보에서 '인종청소'를 하고 있는 와중에도 베오그라드의 동료 세르비아인들은 록 콘서트를 개최한다거나 일요일에 놀이동산으로 놀러 다니는 것을 생각하면 분통이 터진다. 베오그라드에 대한 전기 공급을 끊어야 한다. 모든 전력망, 수도관, 다리, 도로 그리고 군수 공장을 표적으로 삼아야 한다. …… 당신들이 코소보를 황폐하게 만들 때마다 우리는 당신들을 분쇄해서 당신네 나라를 십 년 전으로 되돌아가게 만들 것이다. 당신들은 1950년을 원하나? 그럼 우리가 당신들을 1950년으로 되돌아가게 해 주겠다. 1939년을 원하나? 그럼 역시 1939년으로 되돌아가게 해 주겠다."

60. Thomas L. Friedman, "Fog of War," *New York Times*, August 18, 2002,

p. 4: 13.

61. Leslie Stahl, "Punishing Saddam," produced by Catherine Olian, CBS, *60 Minutes*, May 12, 1996.

62. Edward S. Herman, "They Brought It on Themselves," Z Net Commentary, December 19, 1999.

63. "Powell Applauds New Export Controls for Iraq," U.S. Department of State, Office of the Spokesman, Press Release, May 14, 2002 (http://usinfo.state.gov/topical/pol/arms/02051425.htm).

64. Somini Sengupta, "U.N. Broadens List of Products Iraq Can Import," *New York Times*, May 15, 2002, p. A1.

65. Carola Hoyos, "UN Revamps Baghdad's Oil-for-Food Programme," *Financial Times*, May 15, 2002, p. 9.

66. Hugh Pope, "Iraq's Economy Shows More Vitality," *Wall Street Journal*, May 2, 2002, p. A12.

67. US Mission to the United Nations (USUN), "Fact Sheet: 'Goods Review List' for Iraq," USUN Press Release 68 (02), May 14, 2002 (http://www.un.int/usa/02_068.htm). •

68. John D. Negroponte, "UN Votes New Export Control Regime for Iraq," U.S. Department of State Press Release, May 14, 2002 (http://usinfo.state.gov/regional/nea/iraq/text/0514ngpt.htm). Reuters, "Russia Delays U.N. Vote on Iraq Penalties," *New York Times*, May 10, 2002, p. A14 참조.

69. Pope, "Iraq's Economy Shows More Vitality," p. A12.

70. Christopher S. Wren, "Iraq Poverty Said to Undermine Food Program," *New York Times*, October 20, 2000, p. 16 참조.

71. Campaign Against Sanctions on Iraq (CASI), "CASI Disappointed at 'Mirage' of Smart Sanctions," Press Release, May 15, 2002 (http://www.cam.ac.uk/societies/casi/briefing/prscr1409.html) 참조.

72. CASI, "CASI Disappointed at 'Mirage' of Smart Sanctions"에서 인용.

73. Tom Gibb, "Forum Protesters Look to Ending War," BBC News, February 1, 2002 (http://news.bbc.co.uk/1/hi/world/americas/1796105.stm).

74. Oppel, Jr., and Preston, "Administration Seeking to Build Support," p. A1.

75. Carol J. Williams, "Allies Cool to Striking Baghdad," *Los Angeles Times*, August 7, 2002, p. 1.

76. Agence France-Presse, "Slight Majority of Americans Favor Intervention Against Iraq: Poll," August 23, 2002. Adam Nagourney and Janet Elder, "Public Says Bush Needs to Pay Heed to Weak Economy," *New York Times* , October 7, 2002, p. A1.

77. Howard Zinn, *Terrorism and War*, ed. Anthony Arnove (New York and London: Seven Stories Press, 2002), pp. 37~38.

78. Martin Luther King, Jr., "Beyond Vietnam," New York, New York, April 4, 1967. 사본은 얼터너티브 라디오(Alternative Radio)에서 구할 수 있다. 자세한 것은 자료 참조.

제1부

미국의 이라크 정책

1장
미국의 이라크 전쟁: 1990~2002

나세르 아루리

부시 2세 정부가 출범하고 나서 2001년 9월 11일 공격이 있었다. 그러자 부시는 '테러와의 전쟁'을 선포하고 그 일환으로 이라크—9·11 테러와 아무 관련도 없는—를 이란, 북한과 함께 '악의 축'으로 규정했다. 그래서 이라크는 또 다른 주요 공격 대상이 됐다. 실제로 전쟁이 벌어진다면, 이 침공은 1990~1991년에 시작해서 1999년 1월 새로운 국면에 진입한 미국의 대이라크 전쟁과 동일한 전쟁의 연속일 뿐 아니라, 중동의 전략적 지형을 재편하는 전쟁이 될 것이다. 펜타곤의 매파들이 포진하고 있는 허드슨 연구소, 미국 기업연구소, 국가안보를 위한 유대인 연구소(JINSA) 등 수많은 친이스라엘 우익 두뇌집단들이 전쟁을 선동해 왔다. 이라크에 친미 정권을 세워 워싱턴이 중동의 정치 지형을 재편성해야 한다는 것이 그들의 주장이었다. 이 전쟁의 목적은 사우디아라비아한테서 석유 가격 통제권을 박탈하고, 시리아와 헤즈볼라를 위협하며, 이란의 국내 세력 균형을 뒤집어 소위 '개혁파'에게 유리한 상황을 조성하고, 아울러 이란이 현대식 무기를 개발하지 못하도록 저지하며, 이스라엘에 완전히 유리한 조건으로 아랍과

이스라엘의 분쟁을 해결하려는 것이다.[1]

비록 낮은 수준이긴 하지만 지금도 전쟁은 계속되고 있다. 이라크의 군사·경제 시설에 대한 공격이 이라크 사회를 붕괴시키고 민간인들의 생명을 앗아가고 있다. 그리고 머지 않아 상황은 더 격화될 가능성이 높다.

부시 2세가 이라크를 상대로 벌이려는 전쟁의 전략적 목표는 1990~1991년 전쟁과 동일하다. 최근 대중 선전용으로 둘러댄 핑계와는 무관하다. 1991년 이후 계속되고 있는 이 전쟁의 전략 방정식에는 세 가지 요소가 있다.

1. 중동 지역에서 미국의 패권이 시비의 대상이 되거나 도전 받지 않도록, 또 정당화할 필요조차 없도록 이를 확고하게 재구성하는 것. 그래서 1991년 걸프전 당시 대통령 조지 허버트 워커 부시(부시 1세)에게 그토록 중요했던 유엔이란 외피를 전 대통령 빌 클린턴은 외면했다. 부시 2세 역시 다른 안보리 이사국들이 반대할까 봐 유엔이라는 외피를 진지하게 추구하지 않고 있다. 이는 미국 정부가 국제법을 준수하는 수준이 어느 정도인지 보여 주는 슬픈 사례다. 부시 2세 정부가 이렇게 의례적인 절차조차 따르려 하지 않는 것을 보면, 유일 초강대국이라는 자신의 신용을 전쟁 수행 능력과 동일시하고 있음을 뚜렷이 알 수 있다. 그들은 국내외에서 승인을 얻든 말든 전쟁을 밀어붙이려 한다.

2. 미국은 자신의 경제적·전략적 이해관계에 이바지하는 지역 안보 환경을 안정되게 유지할 책임이 있다는 가정. 결국 이 가정은 '국제사회의 안정', 곧 탈냉전 시대에 미국이 스스로 선언한 책임론과 일치한다.

3. 따라서 미국 정부는 자신이 천명한 질서에 도전하거나 도전할 가능성이 있는 국가들을 완전히 파괴하지는 않더라도 확실히 제압하

기 위해 필요하다면 두세 개의 전선에서 동시에 무력을 사용할 수 있는 의지와 능력을 계속 유지해야 한다. 그러므로 사담 후세인을 무력화하고 가능하면 전복해야 할 뿐 아니라 더 나아가 이라크의 잠재적인 힘을 초기부터 제거해야 하고 또 지속적으로 제거해야 한다. 결국 부시 1세와 클린턴을 곤란하게 했고 또 지금 현재 부시 2세를 난처하게 만들고 있는 것은 이라크의 어떤 정책이나 이 지역 질서에서 이라크가 차지하는 현재의 중요성이 아니라 이라크의 **가능성**이다. 부시 2세가 이라크에 대한 전쟁 위협을 계속하고 있는 것은 이와 같은 이유 때문이다.

전쟁, 경제 제재, 심지어 핵무기 사용 위협까지 나아간 미국의 대이라크 압박은, 이라크가 미국의 패권을 침해할 가능성이 있다고 주장하는 보고서를 국가 안보 기관들이 계속 작성하는 한 지속될 공산이 크다.[2] 이러한 압박은 사담 후세인이 축출되거나 미국이 이라크 내에서 장기적인 시가전에 말려들 때까지 계속될 가능성이 높다.

부시 1세와 클린턴이 내세운 구실

부시 1세와 클린턴 모두 인권을 들먹이며 미국의 전쟁 수행 노력을 정당화했다. 그러나 한편으로 그들은 자신의 진짜 관심사를 밝히는 데 주저하지 않았다. 부시는 먼저 인권 침해 사례를 꺼내 들었다. 사담 후세인이 1988년에 이라크 내 쿠르드족을 화학 무기로 살상했다는 이야기, 이라크 병사들이 갓난아이를 인큐베이터에서 꺼내 찢어 죽였다는 소문도 퍼뜨렸다. 심지어 부시는 국제사면위원회의 유명한 보고서를 인용하기까지 했다. 그리고 이렇게 잔악한 이라크가 마침내 쿠웨이트를 불법으로 점령했다고 주장했다. (쿠웨이트 정부가 고용한 한 홍보회사가 퍼뜨린 완벽하게 조작된 인큐베이터 이야기를 포함해서[3]) 이런 사례의 상당수가 사실이 아니었다. 오히려 당시 국무장관 제임스 베이커가 진정한 갈등은 "일자리"를 둘러싼 것이라고 말하고, 부시 대통령이 그것은 "에너지 자원에 대한 접근권"과 "우리의 생활 방식"에 관한 것이라고 말했을 때에야 워싱턴의 진짜 속셈이 드러났다. 베이커는 미국을 괴롭히는 경기후퇴를 이라크 탓으로 돌리기까지 했다. "이것은 단순히 휘발유 가격 상승에 관한 문제가 아니다. …… 세계 경제 질서를 교살할 수도 있는…… 독재자에 관한 것이다. 그의 명령 한 마디면 우리는 모두 경기 후퇴나 심지어 공황의 암흑 속에 빠질 수 있다."[4]

사실, 이런 발언이 선언한 정책적 원칙은 다음과 같은 것이다. 즉, 야심 찬 제3세계 지도자가 전략적으로 중요한 지역을 지배하도록 허용해서는 안 된다는 것이다. 따라서 걸프 지역의 석유 가격 책정과 석유 생산량은 유일 초강대국이 결정해야 하며 중동의 어떤 지배자도 이를 간섭해서는 안 된다. 더군다나 사담 후세인 같은 자는 절대 허용할 수 없다. 그러므로 지역 지배자는 관리할 수 있을 정도로 격하돼야 한다. 그래서 걸프전은 이라크 군대를 쿠웨이트에서 쫓아내는 것뿐 아니라, 더 중요하게는 이라크의 신경중추를 공격하기 위한 것이었다.[5] 이 과정에서 미국이 수립한 정책 목표는 이라크의 핵심 기간시설을 파괴해 미국이 강요한 질서에 도전하는 것처럼 보이는 어떠한 행동도 하지 못하도록 마비시킨다는 것이었다.

이런 파괴 행위를 정당화하기 위해, 미국 지도자들은 이라크가 주변국들을 위협하지 못하게 막는다며 자신들의 대량 살상 행위를 위장해 왔다. 이런 정당화의 원인은 무엇이며, 또 어떤 주변국이 보호받아야 하는지 물어야 할 것이다. 두말할 필요도 없이, 미국 정부는 이란-이라크 전쟁 기간(1980~1988년) 동안 서로 전멸시키려는 이 두 국가를 보며 즐거워했다. 이라크는 터키에 위협을 가한 적이 없었다. 이라크는 1990년 여름과 가을에 사우디아라비아를 공격할 절호의 기회가 있었지만 쿠웨이트에 병력을 주둔시키는 쪽을 선택했다. 이라크의 위협 대상으로 어떤 나라가 남아 있을까? 이스라엘?

이스라엘 문제는 실제로 부시 1세와 클린턴 정부 하에서 미국의 대이라크 정책에 새로운 빛을 던져 주었다. 1990년 여름에 이스라엘 언론이 쏟아낸 수많은 보도에 따르면, 부시 1세 정부는 이라크가 이스라엘에 대한 전략적 억제력 구실을 하도록 허용해서는 안 된다고 결정했다.[6] 이집트의 억제력 책임은 1967년 6월 이스라엘군에 패배함으로써 끝났다. 뒤이어 시리아가 이 책임을 떠맡았지만, 소련 지도자 미하일 고르바초프의 새로운 제3세계 정책과 함께 시리아의 구실도 끝나고 말았다. 다음에는 이라크가 그런 구실을 할 수도 있었지만, 레이건-부시 정부는 미국-이스라엘의 특수한 관계를 전략적 동맹으로 격상시켜 이에 대항했다.

그러나 부시 1세 정부가 이라크에 일격을 가하려 했던 이유는 그렇게 함으로써 이스라엘이 이라크를 두려워할 아무 이유가 없다는 것과 바로 미국이 — 이스라엘이 아니라 — 중동 지역의 안보와 분쟁 해결을 책임지고 있다는 사실을 이스라엘이 깨닫게 하려는 것이었다. 따라서 이라크가 더 이상 전략적 억제력 구실을 하지 못했기 때문에, 이스라엘은 미국의 후원 아래 아랍-이스라엘 분쟁을 전반적으로 해결하는 데 동참해야 했다. 그러므로 부시는 팔레스타인해방기구와 이스라엘 정부 간의 1991년 마드리드 협상으로 가는 길을 닦고 있었다. 그러나 중도에 그는 선거에서 패배했고, 결국 그의 계획은 새 정부로 넘어갔다.[7]

아랍-이스라엘 분쟁의 전반적인 해결과 이라크 파괴를 맞바꾸고자 했던 부시의 정책 — 세계 여론에 따른 것도 아니고 아랍 관료들의 묵인 아래 이스라엘과 미국이 불안정하게 합의한 사항에 기초한 — 은 클린턴 정부에서 홀대를 받았다. 클린턴은 이스라엘이나 미국 내 친이스라엘 로비단체와 공개적으로 격돌하는 상황을 피하기 위해 부시가 제시한 해결책에서 이스라엘과 협상이 필요한 부분을 한쪽으로 제쳐 놓았다. 클린턴은 아랍-이스라엘 평화안과 이라크 정책을 분리했다. 그렇다면 클린턴이 대이라크 전쟁을 계속한 이유는 무엇일까? 클린턴 의 정책을 이해하려면 먼저 1993년부터 1999년 사이에 미국-이라크 관계에 영향을 미친 주요 사건들을 되짚어 보아야 한다.

클린턴 시절 미국 정책의 변화

클린턴의 대이라크 정책을 요약하는 5가지 주요 사건은 다음과 같 다.

1. 1993년 6월 27일, 미국은 이라크 정보기관 본부에 크루즈 미사일 공격을 단행했다. 민간인 사상자가 발생했고, 이라크의 저명한 화가 레일라 아타르도 이 공격에서 목숨을 잃었다.[8] 이라크가 쿠웨이트를 방문 중이던 부시 대통령을 암살하려고 모의했고, 이를 응징하기 위해 공격을 단행했다는 것이 표면적인 이유였다. 그러나, 클린턴의 진짜 의도는, 이라크가 계속해서 미국의 통제를 받아야 하며 독자적 개입의 선례를 남기고자 하는 새 정부의 확고한 결의를 전달하는 것이었다. 1994년 클린턴 정부가 무력을 사용하겠다고 위협하며 이라크에게 쿠 웨이트 국경에서 자국 군대를 철수시키라고 명령했을 때 이와 같은 사태가 재현되었다.[9] 이를 통해 워싱턴은 쿠웨이트의 새로운 보호자로 서 또 걸프 지역의 조정자로서 자신의 역할을 확고히 해 나갔다.

2. 1996년 9월 3일과 4일에 단행된 대이라크 미사일 공격은, 1991년 의 걸프 전쟁이 결코 끝나지 않았음을 보여 줬다. 워싱턴 당국이 공격 을 감행한 전략적 동기가 여전히 존재한다는 사실도 명백해졌다. 예상 할 수 있듯이 클린턴은 예의 인권을 강조하면서 핑계거리를 찾았다.

이번에 미국이 보호하겠다고 주장한 화제의 집단은 이라크 내 쿠르드족이었다. 그러나 미사일 공격 당일에도 국방장관 윌리엄 페리는, 이 문제가 쿠르드족에만 해당되는 사안이 아니라 국제적이고 또 지역적인 차원의 쟁점임을 기꺼이 인정했다. "문제는 단순히 (8월 31일에) 이르빌(의 쿠르드족)을 이라크가 공격한 행위가 아니라, 사담 후세인이 (이라크의) 주변국과 이 지역의 안보와 안정, 세계의 석유 수급에 미치는 명백하고도 현존하는 위험이다."[10] 약 2주 후에 클린턴 자신이 미국의 전략적 이익이 이라크 북부의 쿠르드족보다는 남쪽 주변국인 쿠웨이트나 사우디아라비아와 더 긴밀히 연결되어 있다고 강조했다. 그는 이렇게 말했다. "우리는 사활적인 이해관계가 걸려 있는 이라크 남부에서 작전을 펼쳤다. …… 나는 비행 금지 구역을 확대하기 위해 공격을 지시했다."[11] 클린턴은 일방적으로 확정한 '비행 금지' 구역을 확대하고 마치 미국이 이라크에서 "명백한 운명"[1840년대 미국의 영토 확장주의를 정당화한 말]을 타고난 듯이 말하기 시작했다. 그는 미국의 개입을 정당화하기 위해 여러 나라를 참여시키는 술수를 부리지도 않았다. 클린턴은 이렇게 말했다. "나는 지금 행동하는 것이 중요하다고 생각한다. 우리는 역사적으로 …… 이 같은 문제에서 주도력을 발휘해 왔다. 나는 이번에도 이것이 우리의 책임이었다고 생각한다."[12]

3. 세 번째 사건은 1997년 10월에 일어났다. 당시 이라크는 유엔 특별위원회(Unscom), 즉 유엔 무기사찰단에 소속된 미국인들에게 이라크를 떠나라고 명령했다. 겉으로 보기에는 이라크가 안보리 결의안 687호의 위임을 받은 유엔 사찰단의 활동을 뻔뻔스럽게 방해하는 것처럼 보였다. 그러나 16개월 후 <워싱턴 포스트>와 <보스턴 글로브>가 폭로한 바에 따르면 워싱턴 당국이 이라크를 정탐하기 위해 유엔 특별위원회에서 활동하는 미국인을 동원했다고 한다. 스파이 행위에 관한 이라크의 의혹이 근거가 있었음이 드러난 것이다.[13] 유엔 특별위

원회를 배후조종하고 그 인원을 동원해 첩보 활동을 벌이자는 워싱턴의 결정은 적어도 이라크에게는 심각한 안보 위협으로 작용했다. 수집한 정보를 바탕으로 펜타곤이 폭격의 목표물을 정확히 조준할 수 있었기 때문이다.

유엔 특별위원회 소속 미국인들을 축출하겠다는 바그다드의 결정에 클린턴 정부는 사담을 "응징하기" 위해 무력을 사용할 것이며 더욱 더 강력한 경제 제재를 부과하고 석유-식량 교환 프로그램을 무효화하겠다고 위협했다. 그러나 이러한 협박도 미국의 매파 언론과 의회 지도자들에게는 충분하지 않았다. 특히 공화당 의원들은 클린턴을 우유부단한 지도자로 보았다. <뉴욕 타임스>에 게재된 윌리엄 새파이어의 기사 "사담에게 굴복한 클린턴"은 이런 조롱의 전형적인 사례였다.[14]

러시아의 외교 중재로 위기를 넘기고 유엔 사찰단이 다시 바그다드로 돌아갈 수 있었지만 진정한 해결은 아직 요원한 것이었다. 1991년 이후 자신의 전략적 필요가 하나도 변하지 않은 미국 정부에게는 후세인 제거만이 미국의 명백한 패권을 보장해 줄 수 있었다. 사실상 1997년에 미국의 지도자들은, 이라크는 화생방 무기 제조 능력이 없다고 유엔 특별위원회가 선언하든 말든 경제 제재는 계속될 것이라고 공개적으로 언명했다. 예를 들어 클린턴은 (<뉴욕 타임스>에 따르면) "경제 제재는 그(후세인)가 권좌를 유지하는 한 영원히 계속될 것"[15]이라고 말했다. 두말할 필요도 없이, 이렇게 오만한 발언은 안보리 결의안 687호와 정면으로 배치된다. 결의안의 의무 사항을 이행하면 "더 이상의" 경제 제재는 "없을 것"[16]이라고 결의안은 밝히고 있다.

경제 제재 문제는 이라크의 대량 살상 무기 보유 여부보다는 오히려 미국이 바그다드의 정부를 용인하느냐 마느냐와 더 밀접한 관련이 있다. 전직 국무부 차관으로 근동(近東) 문제를 담당했던 로버트 펠트로가 이점을 명백하게 밝힌 바 있다. 그는, 차기 이라크 정부가 용인할 만하다고 판단될 경우 미국이 독자적으로 경제 제재를 해제할 수도 있다는 언질을 주었다.[17]

미국의 축복과 저주에 따라 바그다드 정부에 대한 경제 제재가 결정된다면 이라크가 국제 사회가 원하는 만큼 기꺼이 양보해야 할 이유가 있는지 의심하는 것도 당연하다. 전직 사찰단장 리처드 버틀러의 행동과 태도가 이라크의 협조 의지를 신경질적으로 자극했다. 그는 미국의 대이라크 전쟁에 한통속으로 가담했으며 아랍과 이슬람 문화에 대한 경멸감을 숨기지 않는 인종차별주의자였다.[18]

4. 네 번째 위기는 1998년 1월 12일 유엔 특별위원회의 미국인 사찰단원 스콧 리터를 사찰팀에서 축출하기로 한 이라크의 결정에 의해 촉발되었다. 리터는, 나중에 미국이 이라크 내에서 벌인 간첩 행위를 격렬히 비판했지만, 당시만 해도 극단적인 반이라크주의자로서 미국 및 이스라엘 정보부와 연계하고 있을 것으로 여겨졌다.[19] 버틀러가, 이라크인들이 주권의 상징으로 여기는 대통령궁과 그밖의 장소를 자신의 사찰단원들이 무제한으로 살펴볼 수 있어야 한다고 주장하면서 이라크를 압박하자 이와 같은 결정이 내려졌다. 매파 국방장관 윌리엄 코언, 국가안보보좌관 샌디 버거, 매들린 올브라이트, 그리고 대통령 클린턴이 곧바로 같은 패를 내보이며 이라크를 초토화하겠다고 위협했다. 서서히 전쟁 분위기가 고조되었다.

공습이 언제 단행될지 모르는 상황에서 유엔 사무총장 코피 아난이 바그다드로 위험천만한 여행을 시도했고 결국 유엔의 조사 활동이 정상화되었다. 1998년 2월 23일 아난과 이라크 외무장관 타리크 아지즈가 서명한 합의문에 따라 전쟁을 피할 수 있었다. 국제 사회도 이를 폭넓게 환영했고 이라크와 유엔의 관계 개선 전망도 밝아졌다. 동의안에 따라 유엔 외교관들이 펜타곤의 이익을 위해 간첩 활동을 벌여 온 리처드 버틀러의 사찰팀을 철수시켰다. 대통령궁 시설물과 무기 공장이 명확하게 구분되었다. 그리고 다음과 같은 문장이 삽입되었을 때 이라크에 한 줄기 빛이 보이는 듯도 했다. "경제 제재 해제가 이라크 정부와 국민에게 가장 중요하다는 점을 명백히 밝힌다."[20]

클린턴 정부도 처음에는 이 동의안을 환영했다. 그러나, 아난이 주도하는 게 달갑지는 않았지만 그렇다고 공개적으로 반대할 수도 없었기 때문에 회의적 시각과 함께 이런저런 유보조항을 다는 것도 잊지 않았다. 미국은 얼마 후 안보리 회의를 소집해 1998년 3월 2일 결국 결의안 하나를 통과시켰다. 아난-아지즈 협약을 뒤엎는 데 필요한 합법적인 외피를 확보하기 위한 제스처였다. 향후 전개될 독자적 개입을 정당화하기 위해 미국이 선택한 어휘가 특히 중요했다. 복종하지 않을 경우 "가장 심각한 결과"를 초래할 수도 있다고 이라크를 위협한 이 결의안을, 미국은 즉시 자국의 "자동적" 군사 개입을 허용하는 것으로 재해석했다. 안보리 상임이사국 세 나라가 아전인수식 해석이라며 항의했다. 러시아 대사가 신조어를 만들어 가며 미국의 해석에 반대 의사를 분명히 했다. 그는 어떠한 "자동주의(automaticity)"도 있어서는 안 된다고 주장했다. 프랑스와 중국 대표도 같은 말을 되풀이했다. 오직 충성스러운 애완견, 영국의 토니 블레어만이 미국을 지지하며 거들었다.[21]

3월 3일 클린턴은 아난-아지즈 협약의 관에 마지막 못을 박고 안보리 결의안마저 우롱했다. 그는 이렇게 말했다. "이라크는, 방해하거나 지체하지 말고, 국제 무기사찰단에게 모든 영토를 공개하겠다는 서약을 이행해야 한다. 언제 어느 곳이라도 조건이나 최종 시한에 구애받지 않고 양해 없이 사찰 활동이 이루어져야 한다."[22] 그리고, "이와 같은 조치가 실패하면 이라크가 가장 심각한 결과를 맞이하게 될 것이라는 데에 안보리 회원국 모두가 동의했다."[23]고 단호하게 주장했다.

1998년 3월 2일 통과된 결의안 1154호의 내용 및 의도와 관련해 안보리의 합의를 완전히 무시한 이런 주장은 물론 순전한 거짓말이었다.

현장 검증을 요구한 안보리 결의안 687호(1991년 4월 3일의 휴전 결의안) 때문에 미국의 입지가 더욱 약화되어 있었음을 지적하는 것이 중요하다. 문제의 이 결의안은 어떤 유엔 회원국에도 명령을 실행하기 위해 무력을 사용할 권한을 부여하지 않았다(최근 부시 2세 정부가 계속 정반대 주장을 하는 것과는 대조적이다).[24] 결의안은 안보리 회원국들이 "이 문제를 다루어야 한다."고 밝히고 있다. 다시 말해 상황을 통제하는 것이 안보리이며 따라서 결의안은 "자동적인 권한 부여"[25]의 가능성을 일절 부인하고 있다. 복종을 강제하기 위해 무력이 필요한지 또 필요할 경우 언제 무력을 사용할지 결정하는 것은 일개 회원국이나 몇몇 회원국이 아니라 안보리 그 자체인 것이다.

돌이켜 보면 코피 아난의 외교는 필연적인 결과를 잠시 연기한 것 뿐이었다. 유엔 헌장을 재정의하고 독자적 폭격의 선례를 남기려던 미국은 새로운 비난을 퍼부으며 살육을 개시할 호기를 노리고 있었다. 유엔 특별위원회 사찰단과 사찰 자료를 이용해 이라크를 폭격하고 있다는 비난이 공개적으로 쏟아졌는데도 미국은 아랑곳하지 않았다.

5. 따라서 다섯 번째 사건은 그렇게 놀랍지도 않다. 그 사건은 뻔뻔스럽고 공개적인 방식으로 획책되어 그 배후를 추리하거나 상상할 필요도 없을 지경이었다. 그 결과 지금까지 미국의 개입 전략의 기조를 이루었던 유엔 특별위원회가 결국 소멸하고 만다. 이 사건에서 중요한 의미를 가지는 두 국면을 살펴볼 필요가 있다.

첫째, 명목상으로 코피 아난 밑에서 일하는 일개 국제 공무원에 불과했던 유엔 특별위원회의 감독관 리처드 버틀러가 안보리에 보고서를 제출했다. 유엔에서 미국 대표단으로 일하고 있던 그는 보고서에서 이라크가 "복종하지 않을 경우" 안보리가 이라크를 공격해야 한다고 제안했다. 둘째, 버틀러의 보고서에 뒤이은 미국과 영국의 공습이 1998년 12월 16일에 단행되었다는 점이다. 회기 중인 안보리가 그 보고서를 검토하기도 전이었고, 유엔 특별위원회와 국제원자력기구(IAEA) 요원들은 안전을 위해 이라크에서 이미 철수한 후였다.[26] 대배심과 판사와 집행관이 모두 한통속이었다. 유엔 회원국을 공격함으로써 미국은 유엔 특별위원회의 사망 확인서에 서명했을 뿐 아니라, 사무총장을 비롯해서 유엔의 모든 신뢰를 무너뜨렸고, 유엔 헌장마저 어처구니없이 위반했다.[27]

이쯤 되자, 미국과 영국이 사담 후세인을 봉쇄하기 위해 거의 10년 동안 동원한 경제 제재와 '비행 금지' 구역 설정, 무기사찰, 무력 응징 등을 포함한 계획이 완전히 누더기가 되어 버렸다. 이 계획이 붕괴하고 있음을 암묵적으로 인정한 클린턴 정부가, 마지막 공습을 단행한 지 거의 1년 만에 외교 수단을 동원하기로 작정했다. 미국과 영국의 요구로 소집된 안보리가 1999년 12월 17일 결의안 하나를 채택했다. 이라크가 새로운 무장 해제 요구에 따른다면 무기사찰을 재개하고 그 대가로 일부 품목에 대한 무역 제재를 유예할 수 있다는 내용이었다. 논쟁의 여지가 많은 이 결의안의 미래는 안보리의 다른 세 상임이사국인 프랑스, 중국, 러시아가 기권한 데서 가장 잘 드러났다.[28]

결의안 1284호는 몇몇 필수 품목에 대한 수입 제한을 완화하고 석유 수출 제한을 폐지했다. 그러나 이 과정에서 '민군 겸용'으로 사용될 수 있다고 판단되는 품목의 수도 증가했다. 더욱이 그 결의안은 새로운 사찰 조건을 내걸었다. 바로 유엔 감시·실사·사찰위원회(Unmovic)였는데, 그 책임자가 이행 여부에 관한 최종 결정권을 갖게 돼 있었다. 그 자리에 워싱턴이나 런던의 충성파 인사 이외에 다른 누군가가 임명되는 최선의 상황이 전개된다 하더라도 경제 제재가 해제되는 데에는 최소 1년 이상의 시간이 걸릴 예정이었다. 그때까지도 이라크는 제재 중이었다. 사실상 경제 제재는 해제되지 않을 것이었다. 단지 갱신을 위해 120일 동안만 일시 중단될 예정이었던 것이다.[29] 특히 이라크에게 불쾌했던 것은 국제원자력기구에 복귀하는 조건이 비상식적이었다는 점이다. 국제원자력기구는 이미 몇 년 전에 이라크에는 핵무기가 없다고 선언했던 것이다.[30]

클린턴 정부의 임기가 끝나갈 때 <포린 어페어스>는 미국의 이라크 전쟁으로 이라크인 "수십만 명이 사망했다"[31]고 전했다. 1999년에 이라크는 전쟁으로 1400억 달러 이상의 석유 수입을 잃었다. 그 결과 이라크는 초인플레이션에 시달렸다. 대규모로 빈곤이 발생했고, 유래가 없는 사회·경제적 혼란이 발생했다. 실업률 또한 견딜 수 없을 만큼 치솟았다.[32] 제3세계의 지위에서 벗어나 성장 가도를 달렸던 한 나라가 하수도 제대로 처리하지 못한 채 콜레라와 장티푸스 같은 전염병에 시달렸다. 이라크의 현대식 병원에는 좀처럼 전기가 공급되지 않았고, 영양실조와 병으로 지친 수많은 환자를 치료할 수 있는 기본적인 의약품마저 없었다. 점점 더 많은 전문 직업인들이 택시 운전수로 전락하고 있으며 더 낮은 계급의 사람들도 혹독한 착취의 대상으로 몰리고 있다. 그러나 워싱턴과 런던의 당국은, 이라크가 주변국들을 위협하는 것을 막기 위해서 경제 제재가 지속되어야 한다고 계속 주장한다. 경제 제재는 아마도 클린턴의 말대로 "그(후세인)가 권좌를 유지하는 한 영원히"[33] 계속될 것이다. 이처럼 안보리 결의안은 사실상 미국과 영국이 다른 수단으로 전쟁을 계속할 수 있는 장치나 마찬가지였다.

부시 2세 하의 미국 정책

아랍 언론과 많은 외교관들이 조지 W 부시의 당선을 환영했다. 미국의 중동 정책이 바람직한 방향으로 바뀔 가능성이 높다고 판단했기 때문이다. 그러나, 스타일상의 변화가 약간 감지되기는 했지만, 부시 2세 정부가 견지하고 있는 중동 정책의 기조가 클린턴 정부 시대의 그 것과 크게 다르지 않다는 사실이 곧 명백해졌다. 한편으로 부시 2세의 정책은 이라크와 팔레스타인의 연결 고리를 강조해 왔다. 실제로, 워 싱턴과 텔아비브가 쏟아내는 수많은 발표들은 미국과 이스라엘이 세 계적·지역적 "위협"에 직면해 있다는 견해들을 더욱 확신시켰다. 두 나라 사이에 협력과 조정 업무가 크게 증가했다. 특히 국방장관 도널 드 럼스펠드와 부시는 레이건 정부가 구사하던 냉전적 수사를 동원하 고 있다. 소련이 건재하고 그들의 위협 또한 명백했던 (엄청나게 과장 되기는 했지만) 1980년대와는 국제적 상황이 완전히 다른데도 말이다. 부시 정부는 엄청난 비용이 드는 미사일 '방어' 계획을 정당화하고 있 다. 중국의 미사일 '공격' 가능성과, 이라크와 이란이 대량 살상 무기 를 생산하고 배치할 가능성, 또 첩보로 확인되는 미사일 개발의 위협 에 대응하기 위해 미사일 방어 계획이 필요하다는 논리다.[34] 마찬가지 로 중요한 것은 미국과 이스라엘 모두 '국제 테러리즘'의 위협을 심각 하게 생각한다는 점이다. 특히 9·11 공격의 여파로 이러한 테러리즘 은 주로 중동과 기타 지역의 무슬림들과 연결되고 있다.

이런 세계적·지역적 위협에 대한 전망이 서로 맞물려 미국과 이 스라엘을 묶어 주는 것처럼 보이는 공동 전략의 배경을 이룬다. 부시 2세 정부 내에 또아리를 틀고 있는 리쿠드[이스라엘의 우파 정당]파, 즉 미국의 신보수주의자들과 아리엘 샤론의 우파 정부가 서로 교감하 면서 협력하고 있다. 사담 후세인을 축출하기 위해 미국이 이라크를 공격해야 한다는 선동은 대부분 정부, 두뇌집단, 언론, 의회에 포진한 이스라엘 지지자들에게서 나오고 있다. 국방정책위원회 의장 리처드 펄이 이라크 선제 공격의 강력한 주창자로 등장했다. 그는 2002년 8월

<워싱턴 포스트>와 회견에서 이렇게 말했다. "궁극적으로 미국의 대 이라크 정책은 '비전투원'이 결정할 것이다. 전쟁의 필요성에 회의적 인 펜타곤 내 군 지도부의 문제가 아니라 우선적으로 '정치적 판단'이 개입되는 문제라는 얘기다."[35] 부시 정부 내에서 전쟁을 지지하는 또 다른 인물로 국방부 부장관 폴 울포위츠가 있다. 그는 이라크에 장거 리 미사일이 없다는 사실을 알면서도 '대량 살상 무기'를 운반할 수 있 는 이라크의 능력을 경고해 왔다.[36] 국무부 군축담당 차관 존 볼튼도 있다. 그는 후세인이 유엔 사찰단의 복귀를 허용해 무장 해제를 완료 하는 것과 무관하게 워싱턴의 목적이 후세인 전복임을 분명히 했다. 볼튼은 BBC 라디오의 채널 4 프로그램 <투데이>에 출연해 비슷한 요지의 발언을 했다. 그는 사담이 1년 이내에 물러나기를 "분명히 희 망하고 있다"고 말하며, "어떠한 실수도 있어서는 안 된다. 무기사찰 단의 재입국을 주장하는 한편으로 바그다드의 정권 교체를 요구해야 한다. 사찰단의 입국 여부와 상관없이 이 정책을 고수해야 한다"[37]고 덧붙였다.

정부 내의 또 다른 매파로 부통령 딕 체니, 도널드 럼스펠드, 국가 안보 보좌관 콘돌리자 라이스가 있다. 이들 무리는 국가 안보 기관의 중추 세력일 뿐 아니라 이스라엘의 유격대로서 미국 내 이스라엘계 압력단체와 긴밀히 협력하고 있다. 이들 압력단체는, 이라크를 선제 공격하는 것이 시급하다는 샤론의 주장을 지원해 왔다. 2002년 8월 15 일 BBC와 인터뷰에서 콘돌리자 라이스는 이라크에 대한 공격이 필요 하고 또 정당한 일이라고 분명히 밝혔다.

그(사담 후세인)는, 이대로 방치하면 자국민과 주변국을 또 다시 파괴할 사악한 독재자입니다. 그가 대량 살상 무기와 그 운반 수단을 보유하게 되면 우리 역시 마찬가지 상황에 놓이고 말 겁니다. (이것이) 정권 교체가 필요한 강력한 도덕적 근거입니다. …… 우리는 손놓고 앉아 있을 만큼 한가하지 않습니다. …… 그 자는 자국민과 주변국에 화학 무기를 사용했습니다. 그 자는 이웃나라를 침공했습니다. 그 자는 수천 명의 자국민을 살해했습니다. …… 그는 지금도 유엔 안보리 결의안이 보장하는 비행 금지 구역에서 우리의 항공기와 비행기를 격추하고 있습니다.[38]

라이스는 억제 정책이나 봉쇄에는 관심도 없다. 그녀는 오직 이스라엘의 선제 공격 전략에만 집착하고 있다. 그래서, 이라크가 대량 살상 무기를 보유하고 있다는 사실을 입증하는 증거도 없고 테러 행위와의 관련성을 입증하는 증거도 전혀 없지만 [우리들이] 멍청하게 앉아 있어서는 안 된다는 '의무감'과 함께 '도덕적' 정당성을 깨달아야 한다고 주장한다.

역사에는 마땅히 행동이 필요한데도 [우리가] 외면해 버린 사건들이 많다. 그리고 바로 그 때문에 인류는 심각한 재앙을 겪어 왔다. 우리는 역사를 돌아보고 자문해 봐야 한다. 세계를 엄청난 위험에 빠뜨리고 수천, 아니 수백만 명을 살해한 독재자들을 우리가 얼마나 저지할 수 있었는가 하고 말이다.[39]

이스라엘의 작가이며 예루살렘 부시장을 지낸 메론 벤비니스티는, 이스라엘이 미국의 대이라크 전쟁을 지지하는 것과 요르단강 서안을 인종청소 하는 전반적 목표 사이에 연관 관계가 있음을 밝혔다. 텔아비브와 워싱턴에 포진한 샤론의 인사들이 옹호하는 이 전쟁은 팔레스타인인들을 추방 — 이스라엘은 이를 '이전'이라고 부른다 — 하려는 시온주의자들의 오랜 숙원을 은폐하는 최고의 핑계가 될 것이다. 그는 다음과 같이 썼다.

아버지 부시에 이어 조지 W 부시의 지원을 받고 있는 아리엘 샤론은 베이루트 시절[1982년 베이루트 침공을 말하는 듯]까지 거슬러 올라가는 자신의 오랜 계획을 실행할 수 있을 것이다. 이츠하크 에이탄 소장은 이라크 전쟁과 이스라엘의 대팔레스타인 전쟁 사이에 긴밀한 연관 관계가 있음을 암시했다. 그는 "미국의 이라크 전쟁은 팔레스타인 자치정부에도 타격을 줄 것"이라고 말했던 것이다.

이스라엘 정부가 NBC 방송에서 "최악의 시나리오"를 공개할 예정이므로 여기서는 또 다른 시나리오를 제시하고자 한다. 미국이 아랍과 국제 사회의 반대에 아랑곳하지 않고 이라크를 공격한다. 비록 상징적인 행위에 그칠지라도 이스라엘이 여기에 가담한다. 그 결과 요르단의 하심 정권이 붕괴한다. 이때 이스라엘이 오랫동안 꿈꿔 온 '요르단 정책'을 실행에 옮긴다. 수십만 명의 팔레스타인인들을 요르단 강 너머로 쫓아내는 것이다. 이 정책을 실행에 옮길 수 있는 더 좋은 기회는 결코 없을 것이다.[40]

일간 신문 <마리브>가 2002년 8월에 실시한 여론조사에 따르면, 이스라엘인 57퍼센트가 사담 후세인을 축출하기 위한 미국의 이라크 공격을 지지하는 것으로 나타났다. 또 같은 비율의 이스라엘인이 실제로 이라크가 이스라엘을 공격할 것이라고 믿고 있었다. 이 가운데 28퍼센트는 이 공격에 생화학 무기가 동원될 것이라고 생각했다.[41] 이스라엘 당국의 선전과 역정보 공작을 감안하면 이런 비율이 놀랍지도 않다. 이스라엘 정보부는 이라크가 생화학 무기 제조 노력을 가속화하고 있다는 증거를 수집했다고 주장했던 것이다. 샤론의 대변인 라난 기신은 AP와 회견에서 다음과 같이 말했다. "현 단계에서 이라크 공격을 미룬다면 어떠한 목적도 이룰 수 없다. …… 그렇게 되면 그(후세인)만 대량 살상 무기 프로그램을 가속화할 기회를 갖게 되는 것이다. …… 사담은 머지 않아 이런 무기를 실전에 배치하는 수준에 도달

할 수 있을 것이다."[42]

많은 국제 기관과 논평가들만큼이나 미국과 유엔의 일부 관리들노 이런 주장의 타당성을 의심하고 있다. 이라크에서 유엔의 무기사ㄹ 수석단원으로 일한 해군 출신의 스콧 리터가 상원 외교위원회 의장 조지프 바이든 의원을 고발했다. 그가 미군의 이라크 공격 여부와 관련해 2002년 8월 "야바위 청문회"를 열었다는 게 고발 이유였다.[43] 리터는 청문회가 이라크에 대한 대규모 군사 공격에 정치적 명분을 제공하기 위한 것이었다고 주장했다.

나는 이라크가 전쟁을 벌일 만큼 미국에 위협이 되고 있다고 생각하지 않는다. 상당수 고위 장교들도 이런 결론에 동의하고 있다. 부시 대통령과 그의 보좌관들에 따르면 이라크가 대량 살상 무기를 보유하고 있으며, 또 실제로 이라크는 무기 제조 시설을 재건하려고 시도하고 있다. 나 자신이 7년 동안 이라크에서 유엔의 무기사찰단 수석단원으로 일하면서 이라크의 대량 살상 무기 계획의 범위와 이를 궁극적으로 제거하는 데 유엔 무기사찰단이 보여준 효과적 활동에 관해 직접 증언할 수 있다. 물론 이라크의 금지 무기를 100퍼센트 제거했다고 장담할 수는 없다. 하지만 우리는 90~95퍼센트 수준으로 이라크를 철저하게 무장 해제했다. …… 바이든 의원과 그의 동료들은 이런 사실에 관심 없음이 분명하다.[44]

전직 유엔 사무부총장 한스 폰 스포넥도 비슷한 의문을 제기했다. 전임자 데니스 핼리데이가 사임한 후부터 폰 스포넥은 이라크의 경제 제재에 항의하며 2000년 사임할 때까지 유엔의 '석유-식량 교환' 프로그램을 지휘했다.[45] 2002년 7월 초에 폰 스포넥은 무기 공장이라고 의심받아 온 이라크의 시설물을 방문하고 그 지역이 "완전히 파괴되어 쇠락했음"[46]을 확인했다. 그는 2002년 7월 29일 워싱턴 소재 공정보도

연구소에 출석해 무기와 경제 제재에 관해 다음과 같이 진술했다.

> 알 카에다와 이라크가 연계하고 있다는 증거는 없다. …… 지난 6년 동
> 안 바그다드에 부과된 경제 제재 정책을 수정하면서 우리는 민간의 고통
> 을 "완화"하겠다고 계속 약속했다. 그러나 1999년 유니세프는 1989년 경
> 제 제재 이전 시기와 비교해 볼 때 아동 사망자가 매달 5000명 이상 더
> 늘어났다고 추산했다. 4개월 전에 유니세프는 이라크 어린이의 22퍼센트
> 이상이 만성적인 영양실조 상태라고 보고했다. 이라크 외부의 공신력 있
> 는 반대 집단들은 경제 제재와 군사 제재를 분리할 것을 요구해 왔다. 3
> 월에 베이루트에서 개최된 아랍 정상회담에서 (쿠웨이트를 포함해) 22개
> 참가국 정부 모두가 동일한 요구를 제출했다. 이라크에 대한 경제 제재
> 로 그들이 혜택을 받지 못하고 있다면 도대체 누가 이익을 보고 있단 말
> 인가?[47]

이 글을 쓰고 있는 동안에도 워싱턴의 정가에서는 즉각적인 전쟁
을 예견하면서도 각기 다른 주장을 담고 있는 보고서들이 속속 제출
되고 있다. 그러나 한편으로 전쟁과 그 이유, 중동의 안정에 미칠 결
과, 동맹국과 미국 관계의 안정성, 미국 군인과 민간인의 안전에 미칠
영향에 대해서 회의적인 견해를 표명하는 체제 내의 목소리도 만만치
않다. 의회를 주도하는 공화당 의원들, 국무부, 그리고 전직 정부 관리
들은 전쟁을 벌이기에는 아직 조건이 무르익지 않았고 마땅한 핑계거
리도 없다고 걱정이다. 그러나 비판자 가운데 누구도 법적 · 도덕적 원
리를 언급하지는 않는다. 그보다는 '국익', 장기적인 시가전(베트남에
서처럼), '국민 화합'이라는 과제(아프가니스탄에서처럼) 등 또 다른
유형의 골칫거리에 미국이 사로잡힐 수 있다는 점에 논쟁이 집중되고
있다. 닉슨, 포드, 부시 1세 밑에서 국가안보 보좌관을 지냈던 헨리 키

신저와 브렌트 스코크로프트 같은 매파 정치인들은, 미국이 동맹국들을 소외시켜 그 지역에서 더 큰 불안정을 초래하고 결국 장기적으로 국익에 해를 끼칠 위험성에 주의를 기울여 왔다.[48] 매파인 로렌스 이글버거마저 ABC 뉴스에서 이렇게 말했다. "(후세인이) 대량 살상 무기와 관련해 주도권을 쥐고 있지 (못하고) 우리의 정보 역시 명확하지 (않다면), 동맹국들이 모두 반대하고 있는 이 마당에 우리가 왜 전쟁을 개시해야 하는지 그 이유를 모르겠다."[49]

이러한 회의주의 논리에는 이라크와의 전쟁이 부시가 주창한 테러와의 전쟁에 부정적인 영향을 끼칠 수 있다는 우려가 도사리고 있었다. 스코크로프트는 <월스트리트 저널>에 다음과 같이 썼다. "사담이 테러 조직과 연계하고 있다는 증거는 없다. 9·11 테러도 마찬가지다. …… (군사 행동)은, 우리가 착수한 세계적 차원의 대 테러 전쟁을 파괴하지는 않겠지만, 심각한 위험에 빠뜨릴 수 있다."[50]

한편, 2002년 가을 대다수 미국인은 이라크와의 전쟁 돌입에 찬성했다. 그러나 그들의 지지는 의회의 승인, 동맹국의 지원, 낮은 사상자를 전제로 한 것이었다. 8월 13일 발표된 <워싱턴 포스트>와 ABC 뉴스의 합동 여론조사에 따르면, 응답자의 75퍼센트 정도가 이라크를 위협으로 봤고, 69퍼센트가 사담 후세인을 축출하기 위한 특정 형태의 군사 행동을 지지했다. 그러나 군사 행동이 "많은 수의 사상자"를 발생시킬 경우에는 어떻게 하겠는가라고 묻자 지지율이 40퍼센트로 떨어졌고, 마찬가지로 동맹국의 지원이 없는 경우에는 54퍼센트만이 지지했다. 22퍼센트가 군사 행동에 반대했다. 부시 대통령이 '명확한 정책 노선'을 갖고 있는가에 대해서도 의견이 엇갈렸다. 45퍼센트는 그렇다고 한 반면 42퍼센트는 아니라고 대답했다. 이런 분열상은, 1998년 실시된 한 여론조사에서 58퍼센트가 클린턴 대통령이 명확한 정책 노선을 갖고 있다고 답한 사실과 대조된다.[51]

지속되는 목표

언론·두뇌집단·정부를 포함해 기성 체제가 분열해 있으며 다수의 여론이 조건부로 전쟁에 반대하고 있는 상황에서 미국의 대이라크 정책의 다음 단계가 무엇인지를 예측하기는 무척 어렵다. 그 동안에도 미국과 영국이 꾸준히 자행해 온 저강도 폭격과 경제 제재 때문에 이라크와 그 국민은 막대한 희생을 치르고 있다. 그들을 억압하는 정권은 중동에서 가장 무자비한 정권 축에 든다. 또 유일 초강대국의 정책들이 그들을 괴롭히고 있기도 하다. 이제 유일 초강대국을 통치하는 자들은 마찬가지로 무자비한 엘리트들이다. 가난해지고 불만을 품게 된 제3세계 민중은 바로 이들 엘리트의 피해자들이다.

사담 후세인의 비열한 정책들을 제외하면 부시 정부는 그가 테러 조직이나 활동을 지원했다는 증거를 전혀 제시하지 못했다. 이라크의 군사 능력은 마비되었다. 후세인이 만약 생화학 무기를 가지고 있더라도 이를 운반할 장거리 미사일이 없다. 예방적 선제 공격을 비판하는 상당수의 논평가들은 지금까지 봉쇄가 꾸준히 계속되어 왔고 그 결과 이라크인들이 치명적인 피해를 입었는데도 전면전을 벌이려는 목적이 무엇이냐고 묻는다.

임박한 전면전을 예측하는 보고서들이 끊임없이 나오는 가운데 미국과 영국이 이라크를 계속 폭격하는 것을 보면 메시지는 분명하다. 국제적으로 새로운 행동 규칙이 만들어지고 있다는 것이다. [1991년] 이라크 전쟁, 1999년 유고슬라비아 공습, 2001년 아프가니스탄 전면 침공은 미군과 NATO의 작전 무대가 이제는 동유럽·중부유럽·중동·북아프리카·중앙아시아·동아시아로 확대되었다는 것을 보여 준다. 이런 지배 때문에 발생하는 불만과 저항은 허용되지 않을 것이다. 국제 무대에서든 국내에서든 어떤 대항 세력도 미국의 손해볼 것

없는 전쟁을 저지하지 못하고 있다.

　미국 의회는 최근 역사에서 가장 보수적이고 오만하며 호전적인 입법부로 기록될 것이다. 미국 언론은 자국의 정책을 옹호·선전하는 것과 이라크에 대해 더 단호하게 행동해야 한다고 주장하는 것 사이에서 왔다 갔다 하고 있다. 미국 군부는 자신의 임무를 재규정하고 그 무기를 시험하고 과시하고 싶어하며, 대규모 예산을 새로 배정받기 위해 항상 적을 찾고 있다. 그러나, 미국에는 평화 운동도 있다. 그 평화 운동은 새로운 각성과 활성화가 필요하다.

주

1. 이라크 전쟁의 전략적 목표에 대한 폭넓은 논의를 더 자세히 알고 싶으면, John Donnelly and Anthony Shadid, "Iraq War Hawks Have Plans to Reshape Entire Mideast," *Boston Globe*, September 10, 2002, p. A12; Robert Fisk, "Bush Is Intent on Painting Allies and Enemies in the Middle East as Evil," *The Independent*, September 10, 2002, p. 6; and Nicholas Blanford, "Syria Worries US Won't Stop at Iraq," *Christian Science Monitor*, September 9, 2002, p. 6 참조.

2. Michael R. Gordon, "U.S. Nuclear Plan Sees New Targets and Weapons," *New York Times*, March 10, 2002, p. 1: 1 참조.

3. Mary McGrory, "Capitol Hill & Knowlton," *Washington Post*, January 12, 1992, p. C1. Dana Priest, "Kuwait Baby,"Killing Report Disputed," *Washington Post*, February 7, 1992.

4. Jonathan Marshall, "Economists Say Iraq's Threat to US Oil Supply Is Exaggerated," *San Francisco Chronicle*, October 29, 1990, p. A14; Johanna Neuman, "Baker Resurrects an Old Line on War," *USA Today*, November 14, 1990; and "Excerpts from Baker Testimony on US and Gulf," *New York Times*, September 5, 1990, p. A14.

5. Barton Gellman, "Allied Air War Struck Broadly in Iraq: Officials Acknowledge Strategy Went Beyond Purely Military Targets," *Washington Post*, June 23, 1991, p. A1.

6. 예를 들어 David Krivine, "Israel Is Still the West's Best Defense," *Jerusalem Post*, August 15, 1990; Editorial, "The 'Good' Dictators," *Jerusalem Post*, August 22, 1990; and David Krivine, "For the Americans the Optimal Aim Is to Get Rid of Saddam," *Jerusalem Post*, August 26, 1990 참조.

7. Naseer H. Aruri, *Dishonest Broker: The United States, Israel, and the Palestinians* (Cambridge: South End Press, 출간 예정), and Noam

Chomsky, *Fateful Triangle: The United States, Israel, and the Palestinians*, [국역: ≪숙명의 트라이앵글≫(이후, 2001)] 개정판. (Cambridge: South End Press, 1999), pp. 533~65 참조.

8. Colman McCarthy, "Empty Words for Iraq's Civilian Casualties," *Washington Post*, July 6, 1993, p. D15.

9. Michael R. Gordon, "Threats in the Gulf: Kuwait," *New York Times*, October 11, 1994, p. A1.

10. William Perry, Defense Department Briefing, Federal News Service, September 3, 1996.

11. Bill Clinton, President's Weekly Radio Address, Federal News Service, September 14, 1996.

12. Bill Clinton, White House Briefing, Federal News Service, September 3, 1996.

13. Colum Lynch, "US Used UN to Spy on Iraq, Aides Say," *Boston Globe*, January 6, 1999, p. A1, and Barton Gellman, "US Spied on Iraqi Military Via UN," *Washington Post*, March 2, 1999, p. A1.

14. William Safire, "Clinton's Cave,"In to Saddam," *New York Times*, November 23, 1997, p. 4: 15.

15. Barbara Crossette, "For Iraq, a Dog House with Many Rooms," *New York Times*, November 23, 1997, p. 4: 4.

16. 안보리 결의안 687호 22항 참조.

17. Robert H. Pelletreau, "The US and Iraq: When Will the Nightmare End?" *Mideast Mirror* 11: 198 (October 13, 1997), p. 1; English version of Arabic article in *al-Hayat*, October 13, 1997.

18. 예컨대 Richard Butler, "Iraqi Bombshell," *Talk* 1: 1 (September 1999), 특히 240쪽 참조.

19. Dana Priest, "Inspector Has Triggered Nerves in Iraq, Pentagon," *Washington Post*, January 14, 1998, p. A13.

20. "Baghdad Agreement on Weapons Inspections," *Washington Post*, February 25, 1998, p. A22.

21. Lee Michael Katz, "UN Waffling on Threat of Force," *USA Today*, March 3, 1998, p. 9A. 또 David Osborne, "How Long Until the UN's New Resolution Is Tested by Iraq," *The Independent*, March 3, 1998, p. 12, and Laura Silber, "US, UK Hit Opposition on Iraq Threat," *Financial Times*, March 3, 1998, p. 4도 참조.

22. Jonathan Peterson, "Clinton to Iraq: US 'Prepared to Act,'" *Los Angeles Times*, March 4, 1998, p. A6.

23. Barbara Crossette, "UN Rebuffs US on Threat to Iraq if It Breaks Pact," *New York Times*, March 3, 1998, p. A1.

24. http://www.unog.ch/uncc/resolutio/res0687.pdf 참조.

25. 앞서 인용한 안보리 결의안 687호 34항 참조.

26. 이것은 버틀러 자신이 설명한 것에서도 분명히 드러난다. 버틀러의 "Iraqi Bombshell," p. 240 참조. 또, Julian Borger and Ewen Macaskill, "Missile Blitz on Iraq," *Guardian*, December 17, 1998, p. 1도 참조.

27. 유엔 헌장 2조 4항은 "무력의 위협"을 금지하고 있다. 폭격은 유엔 헌장 제7장을 위반하는 것이기도 하다. 7장은 "평화에 대한 위협, 평화의 파괴 또는 침략 행위의 존재"를 결정할 수 있는 권한을 안전보장이사회에 부여하고 있고(39조), 41조에 따라 취한 다른 조치들이 평화와 안전을 유지하는 데 불충분한 것으로 판명됐다고 결정한 뒤에야 무력을 사용할 수 있다고 규정하고 있다.

28. Roula Khalaf, "UN Adopts New Resolution on Iraq," *Financial Times*, December 18~19, 1999, p. 1.

29. 안보리 결의안 1284호 33조 참조.

30. Mary Dejevsky, "Iraq Sanction Hope as UN Gives All,"Clear on Weapons," *The Independent*, July 28, 1998, p. 14, and Editorial, "Back to Iraq," *Financial Times*, April 22, 1998, p. 25 참조.

31. John Mueller and Karl Mueller, "Sanctions of Mass Destruction," *Foreign Affairs* 78: 3 (May/June 1999): 49.

32. Ghassan al-Kadi, "Iraq Wants Active Oil Role," United Press International, November 15, 1999.

33. Clinton, September 3, 1996.

34. Vernon Loeb and Thomas E. Ricks, "Bush Speeds Missile Defense Plans," *Washington Post*, July 12, 2001, p. A1; William Safire, "Of Turks and Kurds," *New York Times*, August 26, 2002, p. A15 참조.

35. Thomas E. Ricks, "Some Top Military Brass Favor Status Quo in Iraq: Containment Seen Less Risky Than Attack," *Washington Post*, July 28, 2002, p. A1.

36. Ricks, "Some Top Military Brass Favor Status Quo," p. A1; Michael R. Gordon, "Iraq Said to Plan Tangling U.S. in Street Fighting," *New York Times*, August 26, 2002, p. A1 참조.

37. Peter Beaumont, Gaby Hinsliff, and Paul Beaver, "Bush Ready to Declare War," *The Observer*, August 4, 2002, p. 1.

38. Jane Wardell, "Rice Calls Saddam Evil an Evil Man Who Will Wreak Havoc if Left to Own Devices," Associated Press, August 15, 2002.

39. Wardell, "Rice Calls Saddam Evil," August 15, 2002.

40. Meron Benvinisti, "Preemptive Warnings of Fantastic Sccenarios," *Ha'aretz*, August 15, 2002.

41. Jason Keyser, "Israel Urges U.S. to Attack Iraq," Associated Press, August 16, 2002.

42. Keyser, "Israel Urges U.S. To Attack Iraq," August 16, 2002.

43. Institute for Public Accuracy, "Ritter: A 'Sham Hearing' on Iraq,'" Press Release, July 29, 2002 (http://www.accuracy.org/press_release/PR072902.htm).

44. Institute for Public Accuracy, "Ritter: A 'Sham Hearing' on Iraq,'" July 29, 2002.

45. Anthony Arnove, "Under Siege," *In These Times*, May 15, 2000, p. 16 참조.

46. Institute for Public Accuracy, "Von Sponeck: Weapons Sites 'Defunct and Destroyed,'" Press Release, July 29, 2002 (http://www.accuracy.org/PR07-2902.htm).

47. Institute for Public Accuracy, "Von Sponeck: Weapons Sites 'Defunct and Destroyed,'" July 29, 2002.

48. Todd S. Purdum and Patrick E. Tyler, "Top Republicans Break with Bush on Iraq Strategy," *New York Times,* August 16, 2002; 또 Henry Kissinger, "The War Option," *San Diego Union Tribune,* August 11, 2002, p. G1, and Brent Scowcroft, "Don't Attack Saddam," *Wall Street Journal,* August 15, 2002, p. A12 참조.

49. Purdum and Tyler, "Top Republicans Break with Bush," p. A1.

50. Scowcroft, "Don't Attack Saddam," p. A12.

51. Richard Morin and Claudia Deane, "Poll: Americans Cautiously Favor War in Iraq," *Washington Post,* August 13, 2002, p. A10. 또 Adam Nagourney and Janet Elder, "Public Says Bush Needs to Pay Heed to Weak Economy," New York Times, October 7, 2002, p. A1도 참조.

2장

이라크 : 경제 제재와 미국의 정책

데이빗 버사미안이 필리스 베니스와 데니스 J 핼리데이와 한 인터뷰

데이빗 버사미안 : 노엄 촘스키는 제2차 걸프전 때 [미국이 주도하는 다국적군이 이라크의] 하수 처리 시설·관개 시설·정수 시설을 폭격하고 미사일로 공격한 것은 생화학전과 마찬가지라고 했는데요.

필리스 베니스(이하 베니스) : 저는 그것이 매우 정확한 표현이라고 생각합니다. 미국은 1991년 상반기에 이라크 전쟁이 '깨끗한' 전쟁이며, 원하는 목표물만 정확히 명중하는 '스마트탄'을 사용한다고 떠들었습니다. 그러나 실제로 폭탄의 대부분은 전혀 스마트한 폭탄이 아니었으며 소위 스마트탄 중에는 표적을 빗나간 것이 너무너무 많았습니다. 명중한 표적들 중에는 상하수도 시설, 발전소, 방송국 등도 있었습니다. 2200만 이라크인들이 깨끗한 물을 공급받지 못한다는 사실은 받아들일 만한 결과로 여겨졌습니다.

그 때문에 이라크는 완전히 황폐해져서 민간인들이 앞으로 이를 수리하려면 엄청난 대가를 치러야 합니다. 1998년 12월 폭격 때는 바스라 시에서 적어도 한 개 이상의 정유 공장이 폭격당했는데, 여기서

생산되는 정유 제품을 몰래 수출하기 때문이라는 것이었습니다.[1] 실제로 그런지 아닌지는 저도 알지 못합니다. 그러나 이처럼 경제 시설을 표적으로 삼아 의도적으로 파괴하는 것은 국제법 위반이며, 이 결정에 관여한 모든 국방부 인사들은 전쟁 범죄를 저지른 것입니다.

이라크가 복구 작업을 할 수 없다는 사실은 영양실조가 계속되고 있음을 말해 줍니다. 오늘날 사상자의 대부분은 부적절한 상하수도 시설 때문에 더러워지고 오염된 물이 빚어낸 결과입니다. 경제 제재 전에는 매우 발전된 의료 시설을 갖고 있었고 폭격 전에는 이라크 소아과 의사들이 직면한 가장 중요한 문제가 소아 비만이었던 바로 그 나라에서, 아이들이 명백히 치료 가능한 질병들, 즉 단순한 설사·장티푸스·기타 수인성 질병 때문에 죽어 가고 있습니다. 유아 사망률이 수단보다 훨씬 심각할 정도로 미국이 이라크를 황폐하게 만든 것입니다.[2]

당신은 석유-식량 교환 프로그램이 처음부터 매우 정치적이었다고 말했습니다. 그게 무슨 뜻입니까?

데니스 핼리데이(이하 핼리데이) : 먼저 석유-식량 교환 프로그램은 결코 인도주의적 위기를 해결하기 위해 고안된 것이 아니었습니다. 그것은 더 이상의 악화를 막기 위한 것이었습니다. 그것은 이미 이라크 정부가 해 왔고 지금도 하고 있는 일을 지원하기 위한 것이었습니다. 이라크 정부는 고정 수입이 있는 사람들, 고아, 전쟁 과부 또는 그 밖의 사람들에게 서로 다른 체계를 통해 식량을 배급해 왔고, 이 체계를 철저하게 유지해 왔습니다. 이 프로그램을 정치적으로 이용하려는 시도는 뉴욕에 있는 유엔 안전보장이사회의 경제 제재 위원회가 하는 활동에서 가장 잘 드러납니다. 이들은, 이라크 정부가 세계식량계획,

유니세프, 세계보건기구, 식량농업기구 같은 기구의 승인을 얻어 추진하는 거래의 계약자와 계약 내용 그리고 공급 가격을 거의 모두 미리 알고 있습니다.

이것은 결코 근거 없는 얘기가 아닙니다. 뉴욕의 이 위원회에 앉아 있는 젊은 관료들은 [그 분야의] 전문가들이 아닙니다. 실제로 그들은 전문적인 조언을 원하지도 않습니다. 영국과 미국의 경우에 그들은 계약 서류들을 자기 본부로 보냅니다. 거기서 그들은 잠재적인 민군 겸용의 여지나 그들이 생각하기에 위험 요소를 차단하기 위해 더욱 정치적으로 계약 내용을 수정합니다. 그래서, 예를 들면, 이라크가 앰뷸런스 500대를 요청했고 세계보건기구는 상황에 비추어 최소한의 분량이라 여겨 승인했습니다. 그러나 이 과정은 처음부터 끝까지 방해를 받게 되며, 6개월에서 9개월이 걸려서야 조금 조금씩 앰뷸런스를 들여옵니다. 그것도 겨우 100대에서 200대인데, 이는 정말 너무나 하찮은 규모입니다. 이와 똑같은 일이 의약품 전체—병원과 진료소의 의료 장비와 냉장고—나 심지어 교육 분야—종이, 책, 연필—에서도 일어나고 있습니다. 이것은 상상할 수조차 없는 일입니다.

왜 유엔의 이라크 무기사찰단이 그처럼 논쟁과 주목의 대상이 되었습니까?

핼리데이: 저는 이 기구가 유엔에서 벗어나 스스로 독립적인 실체가 됐으며 구성원도 더 이상 유엔 소속이 아니라 유엔에게 돈을 대는 또 다른 기구의 사람들로 이루어졌다고 생각합니다. 그리고 실제로도 자신들을 고용한 기구—그것이 군사 정보 기구든 아니면 다른 정보 기구든 간에—에 충성하고 있다고 생각합니다. 이는 매우 불행한 일입니다. 우리는 그 결과를 봐 왔습니다. 물론 그 결과가 모두 공개된

것은 아닙니다. 이라크는 무기사찰단이 나중에 있을 군사 공격에 이용할 정보를 훔치거나 수집하고 있다고 여러 해 동안 말해 왔습니다. 우리는 미국도 이 점을 인정한다고 알고 있습니다.[3]

베니스: 이라크 무기사찰단에 관한 논쟁에서 주목을 끄는 것 가운데 빠져 있는 한 가지 사실은 바로 그 기구의 활동, 특히 초기 몇 년 동안의 활동이 매우 성공적이었다는 사실은 매우 역설적입니다. 화학약품이나 생물학 무기 재료들이 조금이라도 빼돌려져서 누군가의 냉장고 속 항아리에 있다는 증거는 전혀 발견되고 있지 않습니다. 이것은 분명합니다. 무기 계획에 관한 중요한 요소들은 발견되어 파괴됐습니다.

미국의 대이라크 정책을 비판하는 사람들은 미국이 목표를 바꾸고 있다고 말합니다. 처음 목표는 "모든 결의안의 모태"인 결의안 687호를 준수하는 것이었습니다. 가장 최근 그 목표는 "정권 교체"가 되었습니다. 이것을 얼마나 믿을 수 있다고 생각하십니까?

베니스: 경제 제재가 시작된 이래 목표를 변경하는 것은 미국이 벌이는 게임의 대명사가 되었습니다. 대량 살상 무기에 관한 매우 특별한 제한을 준수할 경우 경제 제재를 해제하겠다는 유엔 결의안 687호를 받아들이는 것이 아니라, 이제 우리는 사담 후세인이 권좌에 있는 동안, 즉 다음 세기 언제가 될지 모르지만 다른 무엇보다 후세인 정권이 전복될 때까지 경제 제재는 계속될 것이라는 말을 듣고 있습니다. 설사 이라크가 이를 따르더라도 미국 정부는 경제 제재를 결코 그만두지 않을 것입니다.

그럼에도 우리가 결의안 687호에 대해 말할 때 종종 무시되는 다른 측면에 대해 생각해 보는 것이 중요하다고 말하고 싶습니다. 결의안

687호는 경제 제재와 대량 살상 무기를 다루는 것 외에도 중동 지역에서 대량 살상 무기가 없는 지대, 즉 핵무기가 없는 지대를 창설할 것을 요구하고 있습니다.[4] 이는 매우 중요한데, 왜냐하면 미국은 여전히 공식적으로는 이스라엘의 핵무기 보유를 인정하지 않고 있기 때문입니다. 미국은 사우디아라비아, 터키, 그리고 이스라엘에 무기를 제공하는 데 주된 책임이 있는 당사자입니다.

이라크 관리들과 접촉했을 때, 그들이 무엇을 하든 결코 [미국을] 만족시키지 못할 것이라는 사실에 공감하는 말을 들은 적이 있습니까?

핼리데이: 그것이 바로 정확하게 바그다드에서 내가 아는 장관들과 정부 부서의 기술 관료들이 가지고 있는 감정입니다. 그들은 이것이 성공할 가능성이 없는 목표이며, 그들이 할 수 있는 일 중에서 이 정책의 주된 주창자인 미국을 만족시킬 만한 것은 없다고 생각합니다. 이것은 좋은 의도와 좋은 기술을 가졌으며 자국민을 위해 최선을 다하는 기술 관료들에게는 절박한 상황입니다. 그들 자신과 가족들은 희생양인 것입니다. 그들은 석유-식량 교환 프로그램에 의존하고 있습니다. 저는 그들이 유엔은 더 이상 그 프로그램을 관장하고 있지 않으며 그들이 거래해야 할 대상이 유엔이 아니라 미국이라는 사실에 매우 좌절했을 것이라 생각합니다. 이것은 단지 이라크뿐 아니라 중동 전역에서 유엔의 명예를 엄청나게 손상시키는 일입니다. 그들이 명확히 파악하고 있는 것처럼, 유엔의 바로 그 정책들이 사담 후세인 정권을 강화시키는 한편 이라크 민중을 죽이고 있습니다.

경제 제재의 효과에 대한 당신들의 견해를 코피 아난에게 알렸습

니까?

핼리데이: 저는 1997년 10월 말 또는 11월 초쯤 그에게 편지를 써서 우리가 목격했으며 우리에게 책임이 있는 비극과 유엔에게 미칠 영향에 관해서 매우 정확하게 지적했습니다. 사실 그 편지는 <르 몽드>에 유출되어 공개되었습니다. 저는 그 일이 안전보장이사회가 실수를 인정하고 이라크의 인도주의적 위기를 다루는 데 동의하는 과정에서 일정한 역할을 했다고 생각합니다. 그런 인도주의적 위기는 결국 이라크가 대처할 수 없는 지경까지 확대되고 있었습니다.

당신은 유엔이라는 조직에서 **34**년을 근무했습니다. 뉴욕, 인도네시아, 말레이시아, 이란에서 근무했고, 마지막은 이라크에서 근무했습니다. 당신은 왜 유엔 본부에 남아서 활동하지 않습니까?

핼리데이: 그 조직[유엔]은 두 개의 커다란 부분으로 구성되어 있습니다. 한 부분은 실제로 유엔을 소유하고 있고 유엔의 의사를 결정하며 우리 모두 봉사하고 있는 회원 국가들입니다. 우리는 바로 이 부분[회원 국가들]에서 위기를 겪고 있습니다. 사무국은 모든 행정부와 공무원 집단에서 공통으로 나타나는 문제를 안고 있습니다. 저는 근무하는 동안 매우 만족스럽고 훌륭한 경력을 쌓아 왔습니다. 개발 원조는 매우 만족스러웠습니다. 그것은 매우 긍정적인 경험이었고, 저는 미래에도 그것을 다시 할 것입니다. 우리가 곤란한 문제에 빠지는 경우는 회원 국가들, 특히 안전보장이사회 소속 국가들이 이 기구를 자국의 이익을 위해 조종하려 할 때입니다. 바로 그 때 위기가 왔고 그것이 바로 나와 이라크를 매우 빠르게 강타했습니다. 저는 이라크의 위기가 통제할 수 없는 지경이라고 생각합니다. 저는 안전보장이사회

가 통제하지 못하고 있다고 생각합니다. 저는 안보리 결의안들을 살펴보기 위해 국제적 검토 과정이 필요하며, 이 결의안들이 헌장, 인권선언, 기타 다른 국제 협약과 모순되지 않는지 살펴보아야 한다고 생각합니다.

당신은 왜 조직 안에 남아서 싸우지 않고 떠나기로 했습니까?

헬리데이: 그 문제는 제가 어느 정도 영향력을 미쳤던 사무국 내의 문제가 아닙니다. 그 문제는 회원국들과의 문제였습니다. 저는 공무원으로서 입장을 취해야 했고 회원국들을 비판할 수 없었습니다. 그것은 [공정한] 게임 방식이 아니었습니다. 지금 당신과 함께 하고 있는 일을 하기 위해서는 자유로워야 했습니다.

1998년 9월에 사임한 당신은 미국에 와서 이런 문제들에 관해 얘기하기 시작했는데요, 반응은 어떠했습니까?

헬리데이: 매우 고무적이었습니다. 저는 유럽과 미국에서 정부의 정책들에 실망하고 역겨워하는 사람들이 수천 명, 아니 아마도 수백만 명이 있다는 것을 발견했습니다. 미국에서 우리는 수천 명을 만났고, 더 많은 사람들에게 라디오나 다른 수단들을 통해 얘기했습니다. 저는 워싱턴이 결정한 정책 때문에 생겨나는 끔찍한 결과들을 난생 처음 알게 된 미국인들이 매우 많다고 생각합니다. 그들은 자신들의 견해를 알리는 데 매우 열정적입니다. 그들은 어떻게 하는 것이 가장 좋은지는 분명히 알지 못합니다. 그들은 정치적 행동주의를 경험해 보지 못했습니다. 그들에게는 지원과 지지가 필요합니다. 우리는 이런 일들을 고무하고 싶습니다. 그것이 우리가 할 수 있는 일들입니다. 즉, 이라크

민중이 고통받고 있으며 그들도 유럽인이나 미국인들인 우리와 똑같다는 사실을 이해하고 관심을 보이는 미국인들의 동맹을 건설하는 것입니다. 이라크 민중에게는 가족과 아이들 그리고 노인들이 있습니다. 그들은 도움과 지원이 필요합니다. 그들은 경제 제재라는 벌을 받을 이유가 없습니다.

미국과 사담 후세인의 관계는 변화무쌍했습니다. 사담 후세인은 1980년대에는 매우 우호적인 동료였다가 1990년대에는 아돌프 히틀러에 비견되는 악마로 바뀌었습니다. 이 20년 동안의 변모에 대해서 말씀해 주시겠습니까?

베니스: 미국과 이라크 후세인 정부의 동맹은 실제로 1970년대까지 거슬러 올라갑니다. 그러나 미국이 이라크를 외교적으로 지지하고 군사 정보를 제공하고 결정적으로는 대량 살상 무기를 공급하기 시작한 것은 1980년대였습니다. 그래서 미국 상무부가 승인한 계약에 따라 워싱턴 외곽에 있는 아메리칸 타입 컬쳐 컬렉션이라는 회사가 탄저균과 대장균, 그리고 보톨리누스 중독[식중독의 한 가지]과 다른 많은 끔찍한 질병을 일으킬 수 있는 생물 무기 재료를 이라크에 제공했습니다.[5]

이라크 정권이 국제 협약을 명백히 무시하면서 이라크 북부의 할라비야에 있는 쿠르드족과 국경 지역의 이란 군대를 상대로 화학 무기들을 사용했을 때도 생화학 물질의 판매는 계속됐습니다.

후세인 정권은 매우 억압적이었지만 그가 미국 편이었기 때문에 양해되었습니다. 그것은 프랭클린 로즈벨트가 아나스타시오 소모사에 대해 말한 것과 같았습니다. 즉, 그는 개새끼지만 "우리가 키우는 개새끼다." 1990년 8월 쿠웨이트를 침공하기 전까지 사담 후세인은 미국에게 그런 존재였습니다. 그러다가 갑자기 그는 껄끄럽지만 유용한 동료가 더 이상 아니게 됐습니다. 후세인은 히틀러가 되었습니다. 마치 이라크에서 군사 쿠데타가 일어나 새로운 정부가 들어선 것 같았습니다. 전에 미국이 줄곧 지지해 온 정부와 전혀 다른 정부 말입니다.

더욱 재미있는 사실은 지역 정세뿐 아니라 당시의 세계 정세와 더 많은 관련이 있다는 것입니다. 분명히 지역적 측면에서는 석유와 국제적 안정 그리고 이스라엘 문제가 있었습니다. 그러나 제 생각으로는 그 당시 근본적인 문제는 소련이 막 붕괴하려 하고 있었다는 것입니다. 전략적으로 미국은 초강대국으로서 새로운 구실을 해야 할 상황에 직면해 있었습니다. 요즘 프랑스인들이 "하이퍼파워(hyperpower)"라고 부르는 것이 돼야 했던 것입니다. 제가 보기에, 당시 전 세계의 많은 국가와 국민들은 소련이 붕괴하면 — 당시 그것은 임박했었습니다 — 미국은 더 이상 맞서 싸울 상대가 없는 초강대국이 아닐 것이며 다른 보통 나라들처럼 행동하기 시작할 것이라고 생각했습니다. 미국은 소련이 어찌되든 상관없이 중동과 전 세계를 지배하는 초강대국은 여전히 미국이라는 사실을 명확히 보여 주고 싶어했습니다. 쿠웨이트 침공은 그것을 보여 줄 수 있는 구실이 되었습니다.

침공이 처음 일어났을 때 그것은 억제할 수 있는 지역적 위기였습니다. 이것을 국제적 전쟁으로 만든 것은 미국의 선택이었습니다. 침공 순간에 아랍연맹은 그 위기를 해결하려 했습니다.[6] 당연하게도 그들은 해결하지 못했습니다. 시간이 더 있었다면 성공했을지 모르지만 그들이 시간을 더 달라고 했을 때 그 제안은 거부됐습니다. 미국은 군대를 보내겠다고 말했습니다.

똑같은 이유로 나중에 이라크 침공에 대해 군사적 해결이 아니라 외교적 해결을 시도할 때마다 그러한 해결책의 추진은 승인받지 못했습니다. 특히 1991년 2월 당시 소련 외무장관이었던 예브게니 프리마코프가 추진한 마지막 기회가 있었습니다. 그는 과거 이라크 대사였습니다. 그는 바그다드로 가서 이라크 정부와 철군 협상을 벌였습니다. 미국은 안전보장이사회가 이를 논의하는 것조차 허용하지 않았습니다. 왜냐하면 미국은 군사적 승리, 본보기를 원하고 있었고 전 세계를 몰아붙여 미국이 주도하는 전쟁에 가담하게 만들기로 결정했기 때문이었습니다.[7] 그래서 결의안 678호는 무력 사용 승인 등 [미국이 원하는 것을] 모두 담고 있었습니다.

미국은 먼저 안전보장이사회의 중국, 캄보디아, 에티오피아에 뇌물을 주었습니다. 또한 예멘이 찬성표를 던지지 않았다는 이유로 이 나라를 혹독하게 응징했습니다. 반대표를 던진 나라는 두 나라였는데, 하나는 쿠바였고 다른 하나가 안보리 내에서 유일한 아랍 국가였던 예멘이었습니다. 예멘 대사 압달라 살레 알-아쉬탈이 반대표에 손을 들었다가 내리자마자 미국 외교관 한 명이 그에게 가서 "이것은 지금까지 당신이 던진 가장 값비싼 반대표가 될 것이오."[8] 하고 말했습니다. 그 보복으로 미국과 다른 나라들은 아랍의 최빈국인 예멘에 대한 원조를 중단·취소했습니다.[9] 그만큼 미국에게 이것은 엄청난 판돈이 걸린 일이었습니다.

반대표를 행사하지 않도록 하기 위해 가장 많은 뇌물을 먹인 국가는 중국이었습니다. 중국은 [미국이 벌이려는 이라크 전쟁에] 반대하겠다고 위협했던 것입니다. 중국은 천안문 광장 학살 뒤로 얻을 수 없었던 두 가지를 원했습니다. 하나는 외교적 복권이었습니다. 둘째는 장기 개발 원조였습니다. 그 동안 미국은 이 둘 모두 방해해 왔습니다. 투표 바로 다음날 중국 외무장관은 백악관한테서 고위급 방문 초대를 받았습니다.[10] 그래서 중국은 원하던 것을 얻었습니다. 미국도 원하던 것을 얻었는데, 그것은 반대가 아닌 기권이었습니다. 이것은 미국에게 정말 큰 판돈이었으며, 그들은 그것을 최대한 이용했습니다.

1980년 9월 이라크는 이웃 나라 이란을 침공했는데, 이는 명백한 주권 침해였습니다. 국제 사회의 반응은 어떠했습니까?

베니스: 기본적으로 그 반응은 앉아서 지켜보겠다는 것이었습니다. 그것은 약간은 권모술수적인 반응이었습니다. 물론 다음과 같은 측면이 있었습니다. '우리는 앉아서 지켜볼 것이다. 그리고 양쪽이 서로 자원을 파괴하는 동안 우리는 환호하면서 팝콘을 팔 것이다.' 이때는 미국이 이라크와 이란 모두 이 지역에서 미국의 이익에 도전할 수 있는 주요 잠재 세력으로 보고 "이중 봉쇄"를 하던 시기였습니다. 그러나 약간 미묘한 문제가 있었습니다. 문제는 그들이 석유 공급을 중단할 것이라는 데 있지 않았습니다. 분명한 것은 양국 모두 살아가려면 세계 시장에 석유를 팔아야 했습니다. 그들이 석유를 먹을 순 없으니까요. 그런데 문제는 그런 석유에 접근할 수 있는 기회를 누가 통제할 것인가 하는 점이었습니다. 미국은 그들의 동맹국들(그러나 경제적으로는 경쟁국들)인 독일과 일본 그리고 유럽의 다른 나라들보다 훨씬 더 큰 이해관계가 걸려 있었습니다. 미국은 동맹국들이 석유에 접근할 수 있도록 보장하는 보증인 구실을 계속 하고 싶어 했습니다. 이렇게 된다면 단지 이란과 이라크뿐 아니라 동맹국들에 대한 미국의 정치적·경제적 힘이 크게 증가할 것입니다. 그러나 지역 열강의 필수 조건, 즉 물·토지·인구·석유 자원을 가진 나라가 중동에는 둘[이란과 이라크]밖에 없었습니다. 중동의 다른 어떤 나라도 이 모든 것을 갖고 있지 못했습니다. 이 때문에 이 두 나라는 중동의 패권을 둘러싸고 서로 경쟁했고, 결국 이 지역에서 미국의 전략적 이해관계를 위협할 가능성이 많았습니다. 그래서 이란-이라크 전쟁 때 미국은 전술적으로 이라크를 지원하기로 결정하고 전쟁 기간 동안 군사 정보와 무기를 포함한 군사 지원을 제공해 불균형을 바로잡으려 했습니다. 이란은 두

나라 중 더 위험하고 잠재적으로는 더 강력한 세력처럼 보였습니다. 미국은 두 나라가 계속 전쟁하기를 바랐습니다.

이라크인 카난 마키야는 자신의 책 ≪공포의 공화국≫에서 사담 후세인 정권이 통치하는 이라크 내의 테러를 묘사하고 있습니다.[11] 당신도 이런 일을 경험했습니까?

헬리데이: 저는 수백 명의 이라크인 직원들로 구성된 유엔 팀에 있었습니다. 그들은 매우 훌륭한 사람들이었고, 훌륭한 일을 하는 데 헌신적이었을 뿐 아니라 유엔을 위해 일하는 것을 즐거워했습니다. 물론 그들은 일을 하면서 많은 점이 불편했을 것입니다. 그들이 유엔에서 근무하면서 이라크 정권에 충성을 다하지 않는 것처럼 보이는 데는 한 가지 이유가 있습니다. 저는 이 이라크인 직원들이 정보기관에 보고해야 한다는 압력을 받고 있다는 것을 알고 있었습니다. 그래서 그들은 우리 뒤를 쫓아다녔습니다. 그들은 정말로 압력을 받고 있었습니다. 그들은 자신들의 고용주인 유엔과 [자국] 정부 사이에 끼여 있었습니다. 이것이 현실입니다.

당신은 이라크의 현실, 이라크 정권, 사담 후세인 등에 대한 자기 견해를 재빨리 전달하는 이라크인들을 개인적으로든 아니면 다른 방식으로든 만나볼 수 없을 것입니다. 그런 행동은 매우 위험합니다. 여기에는 근본적인 두려움이 있는데, 외국인과 이야기하거나 외국인 집을 방문하는 것이 발견되면 왜 그랬는지 해명해야 합니다. 이라크에서는 스스로 자기 자신을 감시해야 하는 것입니다. 그럼에도 그들은 매우 정중한 사람들입니다. 저는 말이나 다른 방식으로 모욕을 받아본 적이 전혀 없습니다. 제가 금요일 아침마다 야외 시장을 지나다가 찻집에 가고 있는 사람들에게 말을 건네면 그들은 언제나 공손하게 대합니다. 이라크는 매우 특별한 나라인데, 이라크 사람들은 자신이 만나는 개인들 — 미국인이든 영국인이든 아니면 아일랜드인이든 간에 — 과, 경제 제재처럼 자국 정부가 국민들에게 책임져야 할 행동을 매우 훌륭하게 구분합니다. 경제 제재가 모든 이라크인의 삶과 정신에 끊임없이 영향을 미치고 있는데도 말입니다.

베니스: 저는 한 종류의 인권 틀을 염두에 두는 것이 중요하다고 생각합니다. 20년 동안 이라크 정부는 끊임없이 정치적·시민적 권리를 거부해 왔습니다. 동시에 경제적·사회적 권리들은 매우 존중해 왔습니다. 그 나라는 중동 지역에서 높은 생활 수준과 훌륭한 교육 체계 그리고 최고의 공공 의료 시스템을 가지고 있습니다. 많은 이라크인들이 고등 교육을 받았으며 학위를 따기 위해 해외에서 공부하기도 합니다. 이제 경제 제재 체제 상황에서 많은 이라크인들의 정치적·시민적 권리가 침해되는 것을 우리는 보고 있습니다. 언론의 자유도 없습니다. 그런데 이제 우리 정부가 강요한 경제 제재 때문에 경제적·사회적 권리마저 사라졌습니다. 따라서 미국은 한 종류[정치적 ·시민적]의 인권이 거부당하는 것에 대응하여 다른 모든[경제적·사회적] 인권을 거부하면서도 이미 거부당한 인권 구제조차 전혀 하지 않고 있습니다.

이라크 북부의 3분의 1이 "비행 금지 구역", 즉 주로 쿠르드족을 위한 소위 안전 지대입니다. 당신은 그곳에 계셨는데, 거기서 무엇을 보셨나요?

핼리데이: 저는 그곳에서 쿠르드족 지도자 마수드 바르자니와 잘랄 탈라바니를 여러 차례 만났고, 두 주요 정당인 쿠르드 민주당과 쿠르드 애국연합의 기술 관료들과 함께 일하기도 했습니다. 저는 그들과

석유-식량 교환 프로그램에 대해 토론했을 때 그 계획에 따라 매년 약 5억 달러가 쿠르드족 통치구역 세 곳에 지원될 것이라고 말했습니다. 이것은 굉장히 큰 돈이며, 아마도 300만 명의 쿠르드인이 사는 그런 환경에는 더더욱 그렇습니다. 우리는 이 돈을 필요한 기본 식량과 의료 장비 구입 등 최선의 사용처를 찾기 위해 논의했습니다. 우리는 또한 이라크 북부 지역에서 상하수도 시설, 도로, 교량, 학교 재건축과 심지어 폭동이나 '안팔 작전'으로 파괴된 일부 마을을 재건하는 데 이 돈을 사용하기로 했습니다. 안팔 작전은 이라크 정부가 북부 지역의 많은 쿠르드족 마을을 제거한 군사 작전이었습니다. 우리는 북부 지역에서 다른 지역에서는 누릴 수 없었던 융통성을 가질 수 있었습니다. 우리는 유엔에서 우리 자신이 만든 계획을 추진한 것입니다. 우리는 쿠르드족 이라크인 건설업자를 고용해 학교, 마을, 도로를 건설하는 임무를 맡길 수 있는 돈을 가지고 있었습니다. 그래서 그것은 이라크 북부의 세 통치 구역에 거주하는 쿠르드인들에게 도움이 되는 많은 일을 할 수 있는 유용한 계획이 되었습니다.

베니스: 쿠르드 지역에 있는 소위 비행 금지 구역은 단지 부분적으로만 '비행 금지' 구역이라는 점을 지적해야 한다고 생각합니다. 그곳에서 비행할 수 없는 비행기는 오직 이라크 비행기뿐입니다. 바로 며칠 전에도 우리는 터키에서 발진한 폭격기들이 육지와 공중에서 이라크 국경 내 쿠르드 지역을 폭격하며 비행하는 것을 보았습니다. 미국은 이에 대해 아무 말도 하지 않습니다. 터키 비행기들이 이라크의 쿠르드인들을 살해하는 것은 '비행 금지' 구역 위반이 아닌 것입니다. 따라서 비행 금지가 실제로 의미하는 것은 매우 제한적입니다.

미국의 대외 정책은 이라크의 쿠르드족을 명백히 좋은 쿠르드족으로 공식화하고 있는 것으로 보입니다. "우리는 그들을 좋아한다, 우리는 그들을 지지한다, 우리는 그들을 보호할 것이다." 그러나 터키 국경선 안에 있는 쿠르드인들은 매우 다른 범주에 속하는 것 같습니다. 그곳에서는 무슨 일이 벌어지고 있나요?

베니스: 제가 생각하기에, 누가 좋은 쿠르드족이고 누가 나쁜 쿠르드족인지에 대한 미국의 판단은 쿠르드족 자신들보다는 그들의 삶을 통제하는 통치국 정부에 따라 결정됩니다. 쿠르드족은 이란, 이라크, 시리아, 터키의 영토에 흩어져 살고 있습니다. 터키의 쿠르드족은 이라크나 다른 지역의 쿠르드족들보다 더 탄압받고 있습니다. 이들은 방송에서 자신의 언어를 사용하지도 못하며 학교에서 쿠르드어를 가르칠 수도 없습니다. 이것은 매우 억압적인 환경입니다. 그러나 그들은 터키 정부 때문에 나쁜 쿠르드족으로 간주됩니다. 왜냐하면 터키가 아무리 억압적이라도 미국의 동맹국이기 때문입니다.

핼리데이: 쿠르드족은 지난 수백 년 동안 계속 외세에 시달리면서 학대받고 혹사당해 왔습니다. 예를 들면 헨리 키신저와 리처드 닉슨이 테헤란에서 샤[이란 국왕]와 얘기를 나누고 있을 때 샤는 재빨리 쿠르드족에 대한 자신의 입장을 바꾸어 쿠르드족에 대한 원조를 완전히 중단해 버렸습니다. 쿠르드족은 1991년에도 미국에게 이용당했는데, 걸프전 직후 취약해진 사담 후세인에 반대해 봉기를 일으킨다면 미국이 모든 종류의 군사 지원을 해 주겠다는 말을 믿고 엄청난 위험을 감수하면서 그렇게 했지만 결국은 어떤 지지도 받지 못했습니다. 조지 부시는 등을 돌렸습니다. 그 약속은 헛된 것이었습니다. 실제로 CIA와 다른 세력들은 철수했고 쿠르드족은 노만 슈워츠코프[당시 미군 사령관]의 정책 덕분에 여전히 무장한 상태로 있었던 이라크 군대의 공격을 받아 엄청난 손상을 입었습니다. 슈워츠코프가 [이라크] 헬기의 사격을 금지하지 않아 수많은 쿠르드인들이 학살당하는 결과를 낳았습

니다.[12] 그것은 정말로 비극이었습니다. 그래서 오늘날 미국이 여전히 터키, 이스라엘과 함께 이 지역에 개입하고 있는 것은 매우 불행한 일입니다. 저는 쿠르드인들이 더 나은 삶을 살 자격이 있다고 생각합니다.

당신은 경제 제재를 언급하면서 대량 학살(genocide)이라는 용어를 사용했습니다. 그것은 너무 지나친 용어입니다. 당신은 그 용어의 사용 범위를 확대하고 있다고 생각하지 않습니까?

핼리데이: 저는 최근 파리에서 처음 그 용어를 사용했습니다. 그러자 <르 몽드>와 로이터 통신 그리고 다른 통신사들이 그 용어를 언급했습니다. 그것이 적절하지 못한 표현이라고 생각하는 사람들도 있습니다. 그러나 나에게 그보다 더 나은 말을 알려 준 사람이 없었습니다.

제가 보기에 매달 수천 명이 죽고 지난 9년 동안 모두 100만~150만 명이 사망한 상황이라면 그 말이 적절하다고 확신합니다. 그것이 대량 학살이 아니라면 무엇을 보고 대량 학살이라고 해야 할지 모르겠습니다.

제가 생각할 때 더 나은 말은 없습니다. 대량 학살은 이라크의 도시들에서 지금 이 순간에도 매일 일어나고 있습니다. 계속되는 경제 제재를 소극적인 것이라고 말하는 것은 올바르지 않습니다. 그것은 적극적인 정책입니다. 유엔 회원국들은 자신들이 하고 있는 일이 무엇인지, 그리고 그 영향이 어떠한지를 잘 알고 있습니다. 사담 후세인을 핑계삼는 것은 책임 회피입니다. 나는 그것을 결코 인정할 수 없습니다. 우리 유럽인들과 북미인들, 안전보장이사회 이사국들은 책임을 느껴야 합니다. 그것은 우리의 책임입니다.

당신은 미국 전역을 돌아다니면서 서로 다른 집단들을 만났을 때, 당신 의견에 동의하는 사람하고만 대화하는 것이 아니라는 사실을 어떻게 생각하십니까? 더 많은 미국인에게 다가가는 게 어떨까요?

핼리데이: 우리가 노래를 합창하고 있다는 사실은 의심의 여지가 없습니다. 그러나 우리는 연락처를 갖고 있고, 합창단원 각자 20명의 친구들을 가지고 있고, 그 친구들에게는 또 친구들이 있습니다. 그래서 노래는 널리 퍼집니다. 저는 미국인들이 워싱턴의 정책이 갖고 있는 함의를 더 잘 알게 된다면 그 정책에 반대할 것이라고 낙관적으로 생각합니다. 그리고 그들이 저항하면 변화가 이루어질 것입니다. 저는 제가 연설하면서 본 것들에 매우 감명 받았습니다.

베니스: 저는 이 문제에 관심 있는 청중이 잠재적으로는 지금보다 훨씬 더 많을 거라고 말하고 싶습니다. 본능적으로 올바른 길을 가는 진보적인 사람들이 많이 있습니다. 그들은 경제 제재가 뭔가 잘못됐다고 생각하지만 그것을 확신하고 작업장, 공장, 학교, 거리, 교회에서 만나는 다른 사람들을 끌어들이는 데 필요한 정보를 쉽게 얻지 못하고 있습니다. 이러한 정보를 얻을 수 없지만 꼭 알고 싶어하는 사람들이 우리에게 많은 질문을 합니다. 이 쟁점이 화두로 떠오른다면 우리가 말하는 거대한 변화가 시작될 것입니다.

여러 가지 활동이 진행되고 있습니다. 이런 활동에 참여하는 것은 매우 흥분되는 일입니다.

주

1. John Davison and Andrew Marshall, "Bombs Aim to Topple Dictator," *The Independent*, December 20. 1998, p. 3.

2. United Nations Developement Report, *Human Development Report 1999* (New York: Oxford UP, 1999), Table 8 ("Progress in Survival"), p. 170.

3. Colum Lynch, "US Used UN to Spy on Iraq, Aides Say," *Boston Globe*, January 6, 1999, p. Al, and Barton Gellman, "US Spied on Iraqi Military Via UN," *Washington Post*, March 2, 1999, p. Al.

4. 안보리 결의안 687호 14조 참조. 모든 유엔 결의안은 웹사이트 http://www.un.org에서 구할 수 있다.

5. Karl Vick, "Man Gets Hands on Bubonic Plague Germ, But That's No Crime," *Washington Post*, December 30, 1995, p. Dl; Associated Press, "Report links Gulf War Expert to US Supplier of Germs to Iraq," *New York Times*, November 28, 1996, p. Al9; and William Blum, "Anthrax for Export," *The Progressive* 62: 4 (April 1998): 18~20.

6. Clovis Maksoud, "The Arab World in the 'New World Order,'" in Beyond the Storm: A Gulf Crisis Reader, ed. Phyllis Bennis and Michel Moushabeck. (New York.: Olive Branch Press, 1991), pp. 173~80, and John Kifner, "Arabs to Convene on Iraqi Invasion," *New York Times*, August 4, 1990, p. 5 참조.

7. Leonard Doyle, "Soviet Peace Plan Dies a Quiet Death," *The Independent*, February 24, 1991, p. 3.

8. Thomas L. Friedman, "How US Won Support to Use Mideast Forces," *New York Times*, December 2, 1990, p. 1: 1.

9. US Department of State, Bureau of Near Eastern Affairs, "Background Notes: Yemen, November 1995." 웹사이트 http://www.state.gov에서 확인할 수 있다. 2000년 2월 21일 압달라 살레 알-아슈탈 대사와의 인터뷰.

10. David Hoffman, "Bush Policy Requires Global Tradeoffs," *Washington*

Post, November 29, 1990, p. A1, and Editorial, "Buying Beijing's Vote," *Boston Globe*, December 4, 1990, p. 18.

11. Kanan Makiya, *Republic of Fear: The Politics of Modern Iraq*, updated ed (Berkeley: University of California press, 1998).

12. Michel Moushabeck, "Iraq: Years of Turbulence," in Bennis and Moushabeck, ed., *Beyond the Storm*, pp. 31~32; Charles Glass, "The Emperors of Enforcement," *New Statesman* 127/4373 (February 20, 1998): 14~15: Faleh'abd at-Jabbar, "Why the Uprising Failed," in *Iraq Since the Gulf War: Prospects for Democracy*, ed. Fran Hazelton, for the Committee Against Repression and for Democratic Rights in Iraq (CARDRI) (London: Zed Press, 1994), pp. 97~117; and Peter Jennings, "Showdown with Saddam," ABC, *New Saturday Night*, February 7, 1998 참조. 노엄 촘스키가 제3장 주9에서 인용한 참고 사항들도 참조.

3장
미국의 이라크 정책
동기와 결과들

노엄 촘스키

미국의 이라크 정책의 동기가 무엇인지 알아보는 합리적인 방법이 있습니다. 모든 가능성을 다 훑어보고 그 중 제외할 게 있는지 살펴보는 것입니다. 당장 떠오르는 것 중에서 가장 주목해야 할 것은 널리 알려져 있고 떠들썩하게 말하지만 결코 의심받지 않는 것입니다. 한 예를 들어 봅시다. <보스턴 글로브>는 "정당한 공격"이라는 제목의 사설을 실었습니다. <보스턴 글로브>에 따르면, 사담 후세인은 "이미 자국 국민에게 (화학·생물) 무기를 사용한 적이 있는 잔혹한 독재자"라는 것입니다.[1] 당연하게도 이런 인물은 파멸시켜야 하겠죠. 그는 엄청난 위협을 가하고 있다. 그는 결코 용서받을 수 없다. 그래서 우리는 그를 폭격하고 경제 제재를 가한다. 이것이 일반적인 설명의 핵심입니다.

이런 정당화는 적어도 하나의 장점이 있는데, 아주 쉽게 시험해 볼 수 있다는 점입니다. 우리는 다음과 같은 질문을 해 봐야 합니다. 사담 후세인이 자국민들에게 화학 무기를 사용했을 때 미국과 영국의 반응은 어떠했습니까? 후세인은 정말 화학 무기를 사용했습니다. 그가 자국민에게 화학 무기를 사용한 잔혹한 독재자라는 데는 의문의 여지가 없습니다. 이 또한 의심할 여지없는 사실입니다. 1988년에 그는 쿠르드족에게 독가스 공격을 했습니다. 그는 1988년에 끝난 이란과의 전쟁에서도 신경 가스와 화학 무기를 사용했습니다. 종전이 가까워질수록 화학 무기 사용이 늘어났습니다. 어쨌든 그런 일이 벌어졌습니다. 그리고 미국과 영국 쪽에서도 대응이 있었는데요. 그 대응이란 미국과 영국이 자신의 친애하는 괴물에게 더 많은 지원을 해 준 것이었습니다. 그들은 후세인이 가장 나쁜 범죄를 저지르는 동안에도 그를 지원했습니다. 심지어 독가스를 사용한 뒤에도 그들은 지원을 늘렸습니다. 이것은 비밀이 아닙니다. 우리는 쉽게 이 사실을 발견할 수 있습니다.

어떤 방법으로 지원을 늘렸을까요? 매우 재미있는 방법이었습니다. 미국은 이라크에 온갖 종류의 지원을 제공했으며, 특히 당시 레이건과 부시 정부는 식량 원조를 증가시켰어요. 이라크는 농업 생산국으로서, 그 지역[중동]에서 충분한 식량을 생산하고 있었던 몇 안 되는 나라 가운데 하나였습니다. 그런데 왜 이라크가 미국 농산물을 수입해야 했을까요? 쿠르드족에 대한 독가스 사용과 깊은 관계가 있습니다. 잔혹한 독재자 사담 후세인은 농업 지대와 거기에 살고 있는 사람들을 파괴했고 그래서 식량이 부족해졌습니다. 이라크 북부의 쿠르드족에 대한 독가스 살포 계획을 지원하기 위해 미국이 원조에 나서야만 했던 것이죠. 그리고 미국이 이라크에 대한 식량 원조를 늘린 것은 바로 그 때문이었습니다. 이 일은 계속되었습니다. 그래서 1989년 12월 파나마를 침공하는 동안, 조지 부시는 이라크에 대한 차관을 늘려서 이라크가 미국의 농산물과 기타 제품을 구입할 수 있게 할 것이라고 발표했습니다.[2]

농업 자본과 첨단 기술 산업의 이윤을 증가시켰던 미국의 수출 증가 같은 사소한 일은 잊어버립시다. 당시 미국은 후세인을 지원했기 때문에 이라크의 인권 문제를 다루기에 유리한 처지에 있었습니다. 1년 뒤에도 미국이 이라크를 굶주리게 만들어 항복하게 했다면 인권 문제를 다루기에 더 나은 위치에 있었을 것입니다. 어쨌든 여러분은 몇 가지 이유 때문에 입장이 바뀌었다는 것을 알아채지는 못했을 것입니다.

매들린 올브라이트는 1996년 전국에 방송된 TV 프로그램에서 경제 제재 때문에 이라크 어린이 50만 명이 죽은 사실에 대해 어떻게 생각하느냐는 질문을 받았습니다. 그녀는 그것이 매우 "어려운 결정"이었다는 데 동의했지만 "그럴 만한 가치가 있었다고 생각한다."고 말했습니다.[3] 미국이 이라크의 인권 위반을 다루는 방식은 이라크 어린이 50만 명을 죽이는 것이었습니다. "우리"는 그 대가를 기꺼이 지불할 것이라는 얘기는 듣기에는 좋은 말이었습니다.

우리의 친애하는 살인자[사담 후세인]가 "끔찍한" 공포를 조장하고 있을 때 받은 지원은 농업 원조에만 국한되지 않았습니다. 거기에는 기술 장비, 군사적 목적에 사용될 수 있는 민군 겸용 장비(예컨대 헬리콥터), 그리고 생화학 무기 제조에 사용할 수 있는 많은 장비들도 포함되어 있었죠. 이것은 모두 나중에 밝혀졌습니다. 당시에도 사담 후세인이 생물 무기 제조 시설을 갖고 있다는 의혹이 있었는데요. 미국은 그것을 부인했습니다. 어쨌든 그는 미국의 친구였던 겁니다. 그는 그런 짓을 하지 않을 것이라는 거였죠. 그러나 이것은 당시 ABC 텔레비전 중동 특파원이었던 매우 훌륭한 저널리스트 찰스 글래스에 의해 밝혀졌습니다. 그는 런던에 있는 고위급 이라크 망명자를 만날 수 있었고, 펜타곤이 가지고 있는 것과는 다른 프랑스 상업 위성을 이용해 얻은 정보를 통해 생물 무기 제조 시설의 위치를 확인할 수 있었습니다. ABC는 생물 무기 시설을 보여 주는 뉴스 진행을 그에게 맡겼고 여기에는 망명 중인 이라크 장성의 증거도 포함되어 있었습니다.[4]

그런데 갑자기 ABC 텔레비전은 뉴스 진행자를 국방부 출입기자로 교체했습니다. 그는 그것이 말도 안 되는 소리라며 코방귀를 꼈죠. 그 이야기는 잊혀졌습니다. 지금도 바로 그 생물 무기 제조 시설이 자국민을 대량 학살한 아틸라왕[5세기 무렵 유럽을 침입한 훈족의 왕]의 화신인 후세인을 파멸시켜야 하는 증거로 제시되고 있습니다. 물론 여러분은 그 일을 기억하지 못할 것입니다.

1990년 4월 미국의 고참 상원의원 한 무리가 이라크를 방문했습니다. 그들은 쿠르드족의 도시 모술에서 후세인을 만났습니다. 쿠르드족이 당시 독가스 공격을 받았다는 사실을 명심하십시오. 그 대표단의 단장은 로버트 [밥] 돌이었는데, 그는 사담 후세인에게 미국 대통령의 인사말을 전했습니다. 알랜 심슨도 대표단에 있었는데, 그는 후세인에게 미국이 당신을 반대하지 않기 때문에 미국 정부와 당신 사이에는 아무 문제도 없을 거라고 말했습니다.[5]

1990년 4월은 할라비야 학살이 있은 지 이미 2년이 지난 때였습니다. 이 학살은 쿠웨이트 침공 때까지 계속되었습니다. 사담 후세인은 대부분의 범죄를 이 기간에 자행했는데, 미국은 매우 열정적으로 그를 꾸준히 지지해 주었습니다. 영국도 마찬가지였습니다. 그런 점을 고려하면, 단순 논리로도 후세인의 범죄가 그 괴물을 퇴치해야 하는 이유가 못 된다는 점을 알 수 있습니다.

사담 후세인이 가하는 위협은 어떠했을까요? 그것은 실제적이었습니다. 그 위협은 미국의 지원 덕분에 1980년대 후반에 최고조에 달했습니다. 그가 가장 위협적이었고 강력했던 때가 바로 그때였습니다. 그의 위협이 얼마나 컸는지를 알려 주는 자료가 있습니다. 후세인은 미국의 지원을 받아 이란을 공격했습니다. 그는 이란을 이길 수 없었는데, 당시 이란은 1979년 아야툴라 호메이니가 권력을 장악하는 혁명 과정에서 군 장교와 군부 최고위층의 10분의 1이 제거된 상태였습니다. 이란 군대가 대폭 줄었음에도 이라크는 이란을 패배시킬 수 없었던 것입니다. 미국, 러시아, 영국, 유럽 그리고 아랍 국가들의 지원을 받았는데도 말이죠. 이것은 그 위협이 최고조에 달했을 때 어느 정도였는지를 짐작하게 해 줍니다. 그때와 비교해 보면 오늘날 이라크 군대는 영국이 이라크 지배자들로 하여금 서방으로 석유를 수출하는 것을 가능하게 하고 서방이 이윤을 가져가도록 보장하기 위해 민중 탄압 수단으로 군대를 처음 만들었던 바로 그때의 수준과 비슷하게 후퇴해 있습니다.

당시 미국과 영국은 최고 수준에 있었던 위협에 어떻게 대처했을까요? 주요한 대응은 그 위협을 증대시키는 것이었습니다.

1987년 5월 이라크 미사일이 미국의 구축함 스타크 호를 명중해 37명이 죽었습니다. 이라크는 가벼운 경고를 받았을 뿐, 더 이상의 제재 조치는 없었죠. 이 사실은 미국이 진정 누구를 지원하고 있었는지를 보여 줍니다. 스타크 호는 거기서 무엇을 하고 있었을까요? 당시 미국 해군은 이란-이라크 전쟁에서 이라크를 후원하고 지지하기 위해 걸프만으로 들어오고 있었습니다. 물론 후세인이 자국민들과 벌인 전쟁도 지원하기 위해서 말입니다. 그 동맹은 1년 뒤인 1988년 6월에 더 강화되었습니다. 미국 군함 빈세네스 호가 이란 공항에서 막 이륙한 이란 상업용 비행기를 격추해 290명을 죽였습니다. 이 비행기는 분명 민간 항로를 지나고 있었습니다. 사실 빈세네스 호는 이란 영해 안에 있었습니다. 바로 이 때문에 이란은 진실을 알 수 있었습니다. 이란은 이라크와 전쟁을 할 수는 있었지만, 미국 해군이 공격적으로 행동하고 있는 상황에서 미국-이라크 동맹에 맞설 수는 없었습니다. 미국은 그 비행기를 이란 군용 비행기로 착각했다고 주장했습니다. 물론 이 말은 믿을 수도 없었고 진지하게 고려되지도 않았죠. 하지만 미국이 당시 저공 비행을 하고 있었고 육안으로도 전투기임을 알 수 있는 이라크 비행기는 격추하지 않았다는 점이 지적되었습니다. 이란은 게임이 이미 끝났음을 알아차렸고 그 직후 바로 항복했습니다.[6] 그때가 바로 부분적으로는 미국의 지원 덕분에 이라크의 위협이 최고조에 달했던 때였습니다.

사담 후세인은 강화된 자신의 힘을 매우 빠르게 사용했습니다. 휴전 5일 뒤에 후세인은 북부의 쿠르드족에게 또 다른 독가스 공격을 했습니다.[7] 이에 대한 미국의 대응은 앞에서 말한 바 있습니다. 이것을 통해 우리는 미국의 동기가 무엇인지에 대한 여러 가능성 중에서 가장 널리 알려졌고 아무 의심 없이 그리고 가장 강력하게 주장되던 가능성 하나를 제거했습니다.

사담 후세인이 친애하는 친구에서 "바그다드의 짐승"으로 바뀐 데는 하나의 사건, 즉 1990년 8월 2일 쿠웨이트를 침공했던 사건이 있었습니다. 이 사건은 어떤가요? 사람들을 죽게 만드는 경제 제재를 가해야 하는 이유가 바로 이 사건 때문일까요? 그렇다고 주장하기는 어렵습니다. 그것[쿠웨이트 침공]은 중요한 범죄였을까요? 확실히 그렇습니다. 다른 나라를 침공하는 것은 전쟁 범죄입니다. 그것은 우리가 뉘른베르크 재판[1945~46년 옛 나찌 지도자들을 전범으로 기소한 국제 군사 재판]에서 사람들을 교수형에 처한, 바로 그런 사건이었습니다. 그 사건이 심각한 범죄인가요? 그렇다고 주장하기는 힘듭니다. 미국이 후원했던 후세인의 다른 범죄 전력과 비교해 보았을 때 그것은 빙산의 일각일 뿐입니다. 게다가 미국은 그것을 심각한 범죄라고 여기지 않았습니다. 사실 이라크의 쿠웨이트 침공 당시 미국 지도자들의 가장 큰 걱정거리는, 이라크가 쿠웨이트에 꼭두각시 정권을 세우고 재빨리 철수했을 때 모든 아랍 국가들이 이를 반기는 것이었죠. 그것은 충분히 예상할 수 있었습니다. 그것은 "악몽의 시나리오"라고 불렸습니다.[8]

그 뒤 1991년 2월 걸프만의 대학살이 벌어졌습니다. 이 학살은 2월 말에 끝났습니다. 그 동안에 사담 후세인은 자국민들에게 화학 무기를 사용한 뒤 자신의 범죄 경력에서 또 다른 심각한 범죄를 저질렀습니다. 전쟁 직후 이라크 남부의 시아파 지역에서 이라크 반군 장성이 이끄는 봉기가 일어났습니다. 이 곳은 그 지역을 장악하고 있던 미군 기지 바로 앞이었습니다. "폭풍"[이라는 별명을 가진] 노먼 슈워츠코프[당시 미군 중부사령관]는 워싱턴으로부터 명령을 기다리며 가만히 앉아 지켜보기만 했습니다. 반군 장성들은 지원을 요청하지 않았어요. 그들은 포획한 이라크 장비를 사용하게 해 달라고 요청했습니다. 사우디아라비아도 이 요청을 지지하면서 미국에게 그들[반군]이 포획 장비를 사용할 수 있게 해 달라고 요청했습니다. 미국은 거절했죠. 사실 미국은 그 사악한 정부[후세인 정권]의 야만적이고 살인적인 대응을 단념시키기 위해 정말 아무것도 하지 않았습니다. 미국은 분명 반란이 실패하길 바랐고 또 그렇게 되길 바란다고 말했습니다. 그리고 반란은 실패했습니다. 그 반란은 극단적인 폭력에 의해 박살났습니다. 그 직후 북부 쿠르드족 지역에서 반란이 일어났고, 똑같은 과정이 반복됐습니다. 여론의 항의가 일자 부시 정부는 반군을 보호하는 조치를 취했지만 반군이 성공할까봐, 즉 그들이 "바그다드의 짐승"을 전복시킬까봐 전전긍긍했습니다. 전쟁이 끝난 직후 미국은 자신의 친애하는 살인자를 지지하는 입장으로 돌아섰고, 그 살인자는 또다시 잔혹하고 사악한 짓들을 자행했습니다.[9]

당시 그것은 너무 분명해서 도저히 은폐할 수 없었습니다. 그래서 그것은 공식적으로 정당화됐는데, 이는 지금도 여전합니다. 그 일이 우리의 감수성을 해친 것은 사실이지만 이른바 "안정"을 위해서는 불가피했다는 것입니다. 안정을 유지하기 위해 우리는 "바그다드의 짐승"을 권좌에 남아 있도록 해야 했습니다. 심지어 이라크 북부와 남부에서 그가 미국의 암묵적 지원을 받아 대규모 학살을 자행했는데도 말이죠. <뉴욕 타임스>의 국제부 수석 기자인 토머스 프리드먼이 밝힌 것처럼, 미국에게 "가장 좋은 세계"는 사담 후세인이 했던 것처럼 "이라크 군사 정권의 철권 통치"가 이라크를 지배하는 것이며 그것이 후세인 정권이 아니라면 더 좋다는 것이 미국 국무부의 입장이었습니다. 후세인 정권은 곤란한 존재였기 때문이죠. 프리드먼은 이것이 "미국의 동맹국인 터키와 사우디아라비아에게도 더할 나위 없이 좋을 것"이라고 썼는데, 이것은 십중팔구 사실일 것입니다.[10] 그는 가장 놀라운 경우를 빠뜨렸는데, 왜냐하면 그것을 언급하는 것은 너무 노골적이기 때문입니다. 그러나 중동 사태를 추적하는 모든 기자들도 알다시피, 그것은 미국의 동맹국 이스라엘에게는 더할 나위 없는 기쁨이었을 것입니다. 이스라엘은 내가 아는 한 쿠르드족 반란을 분쇄하는 것을 전폭적으로 그리고 공개적으로 지지한 유일한 나라였습니다. <예루살렘 포스트>의 보도를 보면 이를 알 수 있습니다.[11] 그들은 나름의 이유를 가지고 있었는데, 그것은 쿠르드족의 독립 국가가 이스라엘의 적국들인 시리아와 이란 사이의 길쭉한 땅을 차지할 것이기 때문이었습니다. 이스라엘은 이를 원하지 않았고 그래서 사담 후세인이 쿠르드족을 짓밟도록 미국이 허용하기를 원했습니다.

게다가 1990년대 초반인 그 때는 세계 최악의 인권 침해 전력이 있는 미국의 우방 터키가 남동부 지역에서 쿠르드족에 대한 살인적인 공격을 확대하고 있었습니다. 한 추정치에 따르면, 이 기간에 약 100만 명의 쿠르드인들이 터키 남동부 지역에 있는 쿠르드족의 비공식 수도인 디야르바키르로 피난 갔습니다.[12] 1994년은 두 가지 측면이 최고조에 이른 해였습니다. 그 해는 바로 쿠르드족에 대한 터키의 테러가 절정에 달했으며 터키에 대한 미국의 군사 원조가 최고조에 달했던 때였습니다.[13] 이 두 가지 일은 전형적으로 함께 일어나곤 했습니다. 단지 터키뿐 아니라 다른 곳에서도 테러·폭력과 미국의 군사 원조 사이에는 밀접한 상호관계가 있습니다. 그렇다고 미국이 수십만 명의 터키 아이들을 죽이게 될 경제 제재를 터키에게 가해야 한다는 말은 아닙니다. 미국의 동맹국이 저지르는 테러는 좋은 테러이므로 미국은 그것을 촉진해야 했습니다.

지금 진행되는 사태 뒤에는 도덕적·인도주의적 동기가 전혀 없다는 점이 분명합니다. 이라크에 대한 미국의 정책에 동기를 부여하는 것은 사담 후세인의 범죄가 아닙니다.

그렇다면 대량 살상 무기 위협은 어떤가요? 당연히 거기에도 수많은 문제들이 있습니다. 그들이 대량 살상 무기를 걱정하고 있다고 가정해 봅시다. 그렇다면 다음과 같은 질문을 할 수 있습니다. 왜 그들은 1988년에는 걱정하지 않았을까? 그때가 지금보다 그 위협이 더 심각했었는데도 말입니다. 두 번째 질문은 1998년 겨울 폭격과 관련되어 있습니다. 폭격을 정당화하는 이유에는 후세인의 대량 살상 무기 생산 능력을 감소시키겠다는 것이 포함되어 있었습니다. 그러나 폭격은 오히려 그 반대 효과를 낳았으며 폭격의 주된 효과는 무기 감축을 이루는 유일한 방안인 이라크 무기사찰단을 제거하는 것이라는 사실을 인정할 수밖에 없었습니다. 이라크 무기사찰단은 매우 성공적이었고 여전히 그럴 수 있었습니다.

진정으로 대량 살상 무기 생산 능력을 절멸시킬 수 있는 방법, 즉 유일한 방법이 있습니다. 그것은 카르타고식으로 사회를 완전히 파괴하는 것입니다. 미국이 그렇게 할 수 있다면 그들은 더 이상 대량 살상 무기를 생산하지 못할 것입니다. 미국이 [이라크의] 사회 간접자본을 남겨둔다면, 모종의 교육·과학 시설을 남겨 둔다면, [석유를 수출해 얻은] 수입이 [이라크로] 흘러든다면, 이라크는 대량 살상 무기를 생산할 수 있는 능력을 갖게 될 것입니다. 그래서 그 능력 — 우리가 "제거"하자고 말하는 — 을 끝장낼 수 있는 유일한 방법은 그 지역을 완전히 쓸어버리는 것입니다. 이런 일은 다음과 같은 간단한 이유로 일어나지 않을 것입니다. 이라크는 세계 2위의 석유 생산국이며 완전히 없애버리기엔 가치가 너무 큽니다. 그러나 미국은 그 국민을 없애 버릴 수는 있습니다. 실제로 그렇게 하는 게 매우 이익이 될 것입니다. 세계 석유 생산의 역사를 본다면 사람들이 많이 살지 않은 지역에서 그런 일이 일어났다는 것을 발견할 수 있습니다. 그래서 정말로 석유 자원을 소유해야 하는 사람들, 즉 서방 석유 회사나 미국 재무부로 이윤이 들어가는 것을 막아야 한다는 압력이 거의 사라지게 됩니다. 그래서 이라크의 인구가 줄어들거나 급감해 거의 기능할 수 없는 수준에 이른다면, 그때에는 이라크의 석유 생산이 퇴보해 그들은 더 이상 방해물이 되지 않을 것입니다. 말하자면 이라크는 석유는 많아도 경제 발전이나 교육 시설 등을 강조하는 사람은 별로 없는 사우디아라비아 같은 나라가 될 겁니다.

여기서 더 나아가지 않는다면, 내가 보기에 여러분은 아주 간단한 근거 위에서 기본적인 이유들을 고려하지 않는 셈이 됩니다. 이제 남은 것은 무엇일까요? 남은 것은 누군가가 '중동'이라는 말을 했을 때 즉시 떠오르는 것입니다. 여러분이 이 말을 할 때 떠오르는 것은 석유입니다. 이것이 떠올려져야 합니다. 1940년대로 돌아가 봅시다. 미국은 아라비아 반도와 페르시아만 지역, 특히 사우디아라비아가 소위 "전략적 패권을 위한 거대한 원천이자 세계사에서 가장 거대한 물질적 부를 가진 곳"이라는 점을 알게 됐습니다.[14] 이것은 미국이 경쟁자들을 제거해야 한다는 것을 뜻했습니다. 프랑스는 완전히 내쫓겼고, 영국은 경비견처럼 적절히 순종하는 한에서만 오직 부차적인 역할을 할 뿐입니다. 핵심적으로 미국이 그 지역을 통제했습니다.

따라서 미국이 중동을 통제해야 합니다. 그러나 문제가 하나 있는데, 그것은 바로 그 지역에 사는 사람들입니다. 그들은 가진 것을 빼앗겼고, 때때로 자기 자원[석유]에서 이득을 얻고자 했죠. 그래서 끊임없는 분쟁이 벌어졌습니다. 당시에는 석유가 공급 과잉이었습니다. 그것이 이라크 석유가 시장에 나오지 못하도록 하는 것이 미국에게 유리한 한 가지 이유였습니다. 미국은 석유 가격이 너무 낮아지는 것을 원하지 않았습니다. 유가는 미국 제조업에 손해를 끼칠 정도로 너무 높아도 안 되고 대개 미국계인 에너지 생산업체들의 이윤을 감소시켜 손해를 끼칠 만큼 너무 낮아도 안 되었기 때문에 일정한 범위 안에서 유지돼야 했습니다. 적어도 일시적으로는 유가가 하락하지 않도록 하기 위해 이라크의 석유가 시장에 나오지 않게 하는 것이 좋은 생각인 것처럼 보였습니다. 이라크 석유의 또 다른 문제는, 최근에 미국계 메이저 석유 회사가 아닌 프랑스와 러시아 회사가 이라크 석유 개발의 내부 과정을 장악하고 있다는 점입니다. 미국은 이를 바라지 않습니다. 그래서 적어도 당분간은 이라크 석유를 개발하지 못하게 하는 것이 현명한 계책이었습니다. 사우디아라비아 주재 미국 대사였고 석유업계 인사인 제임스 애킨스는 석유 가격이 배럴당 30달러로 올라갈 때 사담 후세인이 마더 테레사의 품으로 돌아올 수 있을 거라고 반농담조로 말했습니다.[15] 나는 이 말이 정곡을 찔렀다고 생각합니다.

중동은 많은 위기와 분쟁이 벌어지는 지역인데, 그 중 많은 것이 바로 다음과 같은 사실과 연관되어 있습니다. 이 지역 사람들은 자신의 고유한 자원에서 나오는 이윤을 서방이 가져가야 한다는 사실을 결코 받아들이지 못합니다. 이 때문에 많은 문제들이 발생하는데요. 자국민을 통제하기 위해 그들을 억누를 야만적인 정권이 필요하게 됩니다. 걸프만의 독재 가문들은 이 일을 하기에 너무 허약합니다. 그들이 허약한 채로 있어야 [미국의] 말을 고분고분 들을 테니까요. 그러나 미국이 자국민을 탄압하는 권력에 의지할 수는 없을 것입니다. 그래서 닉슨의 국방장관이었던 멜빈 레어드가 "순찰 중인 경찰"이라고 불렸던 지역 경찰 역할을 하는 거친 국가들이 그 지역의 질서를 유지하게 되었습니다.[16] 그것이 바로 샤 치하의 이란이 했던 역할이었습니다. 1967년 이후 그것은 특히 이스라엘의 주요 역할입니다. 터키도 이런 나라죠. 파키스탄도 마찬가지입니다. 이들 비아랍 국가의 고리가 이 지역의 질서를 유지했습니다.

여러분은 미국과 영국이 현재 이라크 문제뿐 아니라 이란 문제에서도 국제적으로나 지역적으로 고립되어 있다는 사실을 명심해야만 합니다. 미국은 이 문제를 어떻게 풀려고 할까요? 미국은 무력과 폭력이라는 하나의 영역에서는 비교 우위를 가지고 있습니다. 무력과 폭력에서 미국은 타의 추종을 불허합니다. 따라서 정책 입안자들이 무력과 폭력을 사용하려 하고 모든 것을 그런 수단에 의존하는 것이 좋다고 생각하는데, 우리가 보고 있는 것은 정확히 그것입니다. 예를 들면 미국이 수단을 폭격해서 주요 의약품 공장을 파괴했을 때 우리가 본 것이 바로 그런 것이었습니다.[17] 이 일이 미국 내에서 얼마나 주목받지 못했는지를 지적하는 일은 재미있습니다.

나는 그 메시지를 전달받아야 할 사람들, 즉 사우디아라비아와 이란 국민에게 전달됐으리라 생각합니다. 워싱턴은 이렇게 말합니다. "보라. 우리는 폭력적이고 무법적인 국가다. 그리고 우리는 원하는 것을 얻기 위해 힘을 사용한다." 나는 그것이 1998년 12월에 이라크를 폭격한 주요 이유라고 생각합니다. 미국이 압도적인 우위를 가지고 있는 영역은 바로 무력이고, 무력을 사용하기 위한 구실이 신빙성이 없어도 그리 중요하지 않습니다. 폭격의 효과가 미국이 추구한다고 주장했던 것과 정반대라 할지라도 전혀 관계없습니다. "우리 마음대로"니까요. 1991년 폭탄이 떨어지는 동안 조지 부시가 선포한 신세계 질서란 바로 이런 것이었습니다.[18]

이런 점을 보면 [미국이] 국제법을 공공연하게 경멸해 왔다는 사실을 알 수 있다고 생각합니다. 이것은 이라크의 경우에 매우 극적이었죠. 그것이 새로웠기 때문이 아니라 그것을 과시하는 것이 매우 극적이었기 때문입니다. 이라크와 수단에 대한 폭격은 명백히 유엔 헌장을 위반한 전쟁 범죄라는 것은 의심의 여지가 없습니다. 이 일이 유엔 헌장 위반인지 아닌지가 거의 논의되지 않았다는 사실은 충격적입니다. 이 문제가 영국에서는 어느 정도 토론되어 주류에서도 비난받았지만 미국에서는 그렇지 않았죠. 미국에는 훨씬 더 많은 통제가 존재합니다. 비록 드문 일이긴 하지만 이 문제가 언급되면 일종의 조작에 의해 무시되곤 하죠. 이 점이 중요합니다. 미국이 국제법을 지키지 않겠다고 분명히 천명한 흥미로운 기록이 있습니다.

클린턴 정부 시절 미국은 아주 노골적으로 국제법을 무시했습니다. 매들린 올브라이트가 유엔 대사였을 때 다음과 같이 말했습니다. "우리는 할 수 있을 땐 상호주의적으로 행동할 것이다. 그러나 우리가 필요할 땐 일방주의적으로 행동할 것이다."[19] 마음에 안 들면 멋대로 하겠다는 것입니다. 실제로 1998년 12월을 폭격 시점으로 택한 것은 이것을 매우 명확히 하기 위한 것이었습니다. 언론은 안전보장이사회가 이라크 문제를 다루기 위한 특별 회의를 하는 동안 폭격이 시작되었다고 보도했습니다.[20] 안보리 이사국들은 공격이 시작되기 전에 미국과 영국의 결정을 사전에 통보받지 못했습니다. 이것은 유엔을 경멸한다는 메시지였습니다.

내부 문서에 써 있듯이, 그것이 "우리가 추진[하고 싶어]하는 국가 인격"인지 아닌지 결정하는 것은 매우 중요합니다.[21] 물론 깡패 국가들에게 국제법과 유엔 헌장은 아무것도 아닐 것입니다. 특히 폭력적이고 무법적이며, 폭력을 "국가 인격"으로 추진하고 있는 깡패 국가들에겐 더욱 그럴 것입니다. 이 사실은 바로 그 깡패 국가가 세계에서 가장 강력한 국가가 되어 버린 상황에서 특별한 의미를 제공해 줍니다.

이것이 뒤바뀌지 않고 중동의 석유 위기가 현실로 된다면 여러분들은 추악한 시대가 올 것이라는 점을 확신할 수 있을 것이라고 생각합니다. 우리가 이 문제를 얼마나 진지하게 다룰 것인지는 이 강연장에서 일어날 일이 아니라 앞으로 벌어질 사태에 달려 있습니다. 그 때는 정말 중요한 일들이 벌어질 것입니다. 나는 여러분이 동참하기를 촉구합니다.

1999년 1월 30일 매사추세츠 주 캠브리지에서 한 연설

주

1. Editorial, "A Just Attack," *Boston Globe*, December 17, 1998, p. A30.
2. Noam Chomsky, *Deterring Democracy*, updated ed. (New York: Hill and Wang, 1992), p. 152, and "'What We Say Goes': The Middle East in the New World Order," in *Collatera Damage: The 'New World Order' at Home and Abroad*, ed. Cynthia Peters (Boston: South End Press, 1992), pp. 61~64 and references; Andrew Cockburn and Patrick Cockburn, *Out of the Ashes: The Resurrection of Saddam Hussein* (New York: Harper-Collins, 1999): and Mark Phythian, *Arming Iraq: How the U.S. and Britain Secretly Built Saddam's War Machine* (Boston: Northeastern UP, 1996) 참조.
3. Leslie Stahl, "Punishing Saddam, " produced by Catherine Olian, CBS, *60 Minutes*, May 12, 1996.
4. Charles Glass, "The Emperors of Enforcement," *New Statesman* 127/4373 (February 20, 1998): 14~15.
5. Peter Pringle, "Bush Plays a Delicate Game with Baghdad," *The Independent*, April 24, 1990, p. 16; Jackson Diehl, "US Maligns Him, Iraqi Tells Senators," *Washington Post*, April 12, 1990, p. A26; Dilip Hiro, *The Longest War: The Iran-Iraq Military Conflict* (New York: Routledge, 1991), pp. 237~240; Miron Rezun, *Saddam Hussein's Gulf War* (Westport, Connecticut: praeger, 1992), pp. 58f.; and Cockburn and Cockburn, *Out of the Ashes*, p. 245.
6. Chomsky, "'What We Say Goes,'" in *Collateral Damage*, p. 58 참조.
7. Saul Bloom, John M. Miller, lames Warner, and Philipa Winkler, eds., *Hidden Casualties: Environment, Health, and Political Consequences of the Persian Gulf* (Berkeley: Arms Control Research Center and North Atlantic Books, 1994), p. 335. 또 Christopher Walker, "Saddam's Forces Seize Thousands of Kurds," *The Times* (London), March 21, 1991 참조.

8. Editorial, "Hussein's Nightmare Scenario," *Boston Globe*, December 24, 1990, p 12. 또 Chomsky, *Deterring Democracy*, pp. 179~214; Hiro, *The Longest War*; and Michael R. Gordon and Bernard E. Trainer, "How Iraq Escaped to Threaten Kuwait Again," *New York Times*, October 23, 1994, p. 1: 1 참조.

9. 당시 찰스 글래스(Charles Glass)가 다음과 같은 ABC 뉴스 프로그램에서 보도한 내용 참조. *Nightline*, April 18, 1991; *World News Tonight*, April 16, 1991; *Nightline*, April 11, 1991; *World News Tonight*, April 2, 1991 *Nightline*, April 2, 1991; *World News Tonight*, March 29, 1991; *Nightline*, March 29, 1991; *World News Tonight*, March 26, 1991; *Nightline*, March 26, 1991; *World News Tonight*, March 22, 1991; *Weekend Report*, March 16, 1991

10. Thomas L. Friedman, "A Rising Sense that Iraq's Hussein Must Go," *New York times*, July 7, 1991, p. 4: 1.

11. 예컨대 Moshe Zak, "Israel and the Kurdish Minefield," *Jerusalem Post*, April 4, 1991 참조. Hebrew Press로부터 더 많은 것을 알고 싶으면 Chomsky, *Deterring Democracy*, pp. 407~40 후기 참조.

12. Jonathan C. Randal, *After Such Knowledge, What Forgiveness? My Encounters with Kurdistan* (Boulder: Westview Press, 1999), p. 268. Human Rights Watch, *Forced Displacement of Ethnic Kurds From Southeastern Turkey* (October 1994)와 *Weapons Transfers and Violations of Laws of War in Turkey* (November 1995), David McDowall, *The Destruction of Villages in South-East Turkey* (London Medico International and Kurdish Human Rights Project, June 1996); John Tirman, *Spoils of War: The Human Cost of America's Arms Trade* (New York: Free Press, 1997); and Noam Chomsky, *The New Military Humanism: Lessons of Kosovo* (Monroe, Maine Common Courage Press, 1999) pp. 52~59, 기타 참고 사항들도 참조.

13. Bruce Clark, "Nato Arms Pour Into Greece and Turkey," *Financial Times*, June 7, 1994, p. 2; Editorial, "America Arms Turkey's Repre-

ssion," *New York Times*, October 17, 1995, p. A24; and Chomsky, *The New Military Humanism*, pp. 52~59 and references.

14. US State Department (1945), quoted in Joyce and Gabriel Kolko, *The Limits of Powers* (New York: Harper and Row, 1972), p. 242. Noam Chomsky, *Fateful Triangle: The united states, Israel, Palestinians*, updated ed. (Cambridge: South End Press Classics, 1999), pp. 17~20 참조.

15. Joel Bleifuss, "Deadly Diplomacy," *In These Times*, February 7, 1999, p. 8.

16. Chomsky, *Deterring Democracy*, pp. 54~55 참조.

17. James Risen, "Question of Evidence," *New York Times*, October 27, 1999, p. Al 참조.

18. Chomsky, "'What We Say Goes,'" in *Collateral Damage*, pp. 49~92 참조.

19. Mark Tran, "US Tells Iraq to Pull Back Troops or Face Air Strikes," *Guardian*, October 17, 1994, p. 20.

20. Richard Butler, "Iraqi Bombshell," *Talk* 1 : 1 (September 1999): 240 참조.

21. John Diamond, Associated Press, "Military Study Prescribes Irrational, Vindictive Streak in Nuclear Policy," March 1, 1998 참조. 더 자세한 내용은 Chomsky, *The New Military Humanism*, pp. 144~47 참조.

제2부

경제 제재의 신화와 진실

4장
부수적 손실
존 필저

나의 이라크 여행에 대한 기억은 거의 초현실주의적이다. 요르단에서 바그다드로 가는 길가에 두 구의 시체가 있었다. 한 명은 신사복 차림의 늙은이였고 다른 한 명은 어떤 사람인지 알아보기 힘들었다. 그 옆에는 뻣뻣해진 그들의 팔이 있었다. 택시 한 대가 그 옆에 뒤집혀 있었다. 두 사람은 길가로 걸어가고 있었다. 그들이 갖고 있었던 물건들은 지금 가시덤불 사이에 어지럽게 널려 있다. 브레이크가 고장난 택시가 그들을 치여 버린 게 분명했다. 뿌얀 먼지 사이로 나타난 마을 사람들이 그 옆에 서 있었다. 이라크로 통하는 유일한 길인 이 도로에서, 이런 일은 늘상 있는 일이었다.

요르단 국경 근처 도로는 지구상에서 가장 위험한 곳 중 하나다. 이 곳은 도로라고 말할 수도 없다. 그런데도 현재 이 곳을 통해 바깥 세계와 이라크 사이의 제한된 무역과 수송의 대부분이 이루어진다. 두 개의 좁은 일방 통행로는 긴 호송 대열을 이끌고 다니는 유조차들이 지배하고 있다. 승용차, 과적 버스, 승합차 등은 '죽음의 무도회'를 벌이는 것처럼 쏘다닌다. 도로 주변에서 벌어지는 이 불가피한 학살은 끔찍한 장면을 만들어 낸다. 불 타버린 유조차, 깡통처럼 찌그러진 버스가 있고 그 옆에는 유엔이 사용하는 공인 차량 메르세데스 벤츠와 한때 특권을 누렸던 차 주인이 죽어 있다.

물론 어디서든 낡은 택시의 브레이크는 고장난다. 그러나 이 곳에서는 살아남을 가능성이 제로에 가깝다. 오래된 모델의 부속품은 남아 있지도 않고, 운전사들은 거의 밤낮없이 계속 운전한다. 이라크 디나르[이라크 화폐]는 사실상 가치가 전혀 없기 때문에, 그들은 단지 살기 위해서 되도록 빨리 바그다드에서 암만으로, 암만에서 바그다드로 오고 가야 한다. 그러다가 그들과 그들의 승객이 죽거나 불구가 되면, 그들 역시 우리 시대에 가장 무자비한 경제 제재의 희생자가 되는 것이다.

어느 날 오후 위대한 이라크 조각가 무함마드 가니의 작업실에서 나는 '경제 제재'라는 비인도적이고 범죄적인 보복에 충격을 받았다. 가니의 최근 작품은 음식을 달라고 떼쓰는 아이를 거느린, 젖이 말라버린 가슴에 작고 빈약한 몸을 다리에 의지한, 3미터 크기의 여성상이었다. 그가 해 준 작품 설명처럼 그 여성의 얼굴은 어둡고 흐릿했으며 '혼동과 슬픔의 악몽'을 드러냈다. 그녀는 닫힌 문 앞에 줄서서 기다리고 있다. 그런 줄은 내가 방문한 모든 병원에서 볼 수 있다. 그 줄은 병원 약국부터 더운 바깥까지 언제나 똑같이 뻗어 있다. 이라크 사람들은 유엔 경제 제재 위원회가 인정할 때만, 더 정확히는 클린턴 정부와 그와 한패인 블레어 정부가 인정할 때만 반입이 허가되는 필수 의약품을 기다리고 있다.

한 미국 관리는 이라크에 대한 워싱턴의 일반 전략을 설명하면서 "우리가 (유엔 안전보장)이사회에서 시간을 끌면서 현 상황을 더 오래 유지할수록 우리에게는 더 유리하다."고 <워싱턴 포스트>에 떠벌렸다.[2]

내가 이라크에 있을 때, 인도적 지원이 '금지'된 목록에는 심폐 기구 같은 의료 장비도 18개나 있었다. 양수기, 농기구, 안전 기구, 소방 기구 등도 '민군 겸용 혐의가 있는' 품목들이다. 사담 후세인이 손수레로 대량 살상 무기를 만들지도 모르기 때문에 금지 목록에 포함된다는 것이다. 합성세제도 마찬가지다.[3] 병원과 호텔에서는 고약한 석유 냄새를 피할 수 없다. 합성세제 역시 수입 금지 품목인지라 벽을 닦는 데 석유를 사용하기 때문이다.

내가 이라크에 있을 때, 가장 고분고분한 유엔 사무총장인 코피 아난은 안보리에서 '수입 보류된 금액'이 7억 달러나 된다고 불만을 표시했다. 그 중에는 식량과 보급품도 있고, 배전망 · 상하수도 · 전화망을 복구할 수 있는 설비 등도 포함된다.[4]

1991년 민간 기반시설에 대한 의도적인 폭격은 현대적 국가였던 이라크를 '산업화 이전 시대'로 돌려놓았다. '먼저 폭격하고 나중에 죽인다'는 전략이었다. 이것이 '인도주의적 전쟁'의 새로운 형태다. 그 뒤 [1991년 폭격]에 죽은 사람들도 엄청나게 많았다. 이 때문에, 그런 통계가 언론에 보도되지 않는 것도 당연하다.

1996년 5월, 미국 국무장관인 매들린 올브라이트는 CBS 방송의 <60분>이라는 프로그램에서 50만 명 넘는 [이라크] 아이들이 죽은 것이 그럴 만한 가치가 있었는가 하는 질문을 받았다. 그녀는 "[우리는] 그럴만한 가치가 있다고 생각한다."고 대답했다.[6]

이라크에서 워싱턴으로 돌아온 나는 매들린 올브라이트와 미국의 정책을 대변하는 국무부 차관 제임스 루빈과 대담했다. 루빈은 올브라이트가 <60분>에서 한 말은 문맥이 무시된 것이라고 주장했다.[7] 나는 그 프로그램 복사본을 가지고 있었다. 그녀의 진술은 명백했다. 나는 그에게 복사본을 줬다. 그는 "정책을 결정할 때, 우리는 두 가지 악(惡) 중 하나를 선택해야 하고 …… 불행히도 경제 제재의 결과는 우리가 생각했던 것보다 더 심각했다."고 말했다. 그는 "현실적인 선택을 해야만 하는 현실 세계"를 언급했다. 그는 말투를 조금 누그러뜨려 "경제 제재 전부터 이라크의 가난과 보건 문제가 심각했다는 사실을 알아야 한다."고 덧붙였다. 어쨌든 분명한 결과는 아이들이 죽어 가고 있다는 것이다.

물론 진실은 그 반대다. 유니세프가 보고했듯이, 1990년에 이라크는 세계에서 가장 건강하고 잘 교육받은 사람들이 사는 나라 중 하나였다. 유아 사망율이 가장 낮은 곳 중 하나였다. 오늘날 이라크는 전 세계에서 [유아 사망율이] 가장 높은 곳 중 하나다.[8] 유니세프는 이라크에서 5세 미만 어린이가 매달 평균 5천 명 이상 사망하는데, 그 부분적인 이유는 "안보리가 계속 강요하는 조치와 [걸프] 전쟁의 결과 때문" 이라고 보고했다.[9] 오늘날 외국 방문객들은 도처에서 죽어 가는 아이들을 보게 된다. 만나는 의사마다 필요한 의약품과 의료 기기를 내 수첩에 적어 주었다. 이런 품목들이 이라크에 도착하려면 뉴욕에 있는 경제 제재 위원회의 복잡한 관료적 절차를 통과해야만 한다. 그것도 오랜 여행을 거친 뒤에 드문드문 도착할 뿐이다. 의사들은 심지어 수혈용 혈액, 이질이나 결핵 예방 주사 같은 기본 의약품, 말기 환자가 편안히 죽을 수 있게 해 주는 몰핀조차 구할 수 없다. 암 전문의 자와드 알 아리는 "이것은 고문이나 다름없다. 우리는 환자의 20퍼센트는 치료할 수 있을 것이다. 하지만 나는 전혀 치료하지 않는 게 더 나을지도 모른다고 생각한다. 왜냐하면 치료는 환자에게 희망을 주지만, 많은 경우 아무것도 해 줄 게 없기 때문이다."[10]고 말했다.

극작가 아서 밀러의 말이 가슴에 와 닿는다. "사회는 어쨌든 이치에 맞아야 한다는 생각을 쉽게 포기할 수 있는 사람은 거의 없다. 국가가 이성을 잃은 채 수많은 무고한 사람들을 괴롭히고 있다는 것을 생각하면 도저히 참을 수가 없다. 따라서 내부에서 그 증거를 거부해야 한다."[11]

뉴욕의 유엔 [본부]에서는 이런 내부 거부가 내가 이라크에서 본 것만큼 초현실적이다. 자유권과, 특히 생존권을 보장한 세계인권선언을 읽을 수 있는 곳[유엔 본부]에서 그리 멀지 않은 곳에 정부 보조금을 받는 멋진 뷔페 식당이 있다. 나는 코피 아난을 만나 "이라크에 경제 제재를 강요하는 유엔의 사무총장으로서, 죽어 가는 아이 부모들에게 뭐라고 말할 겁니까?" 하고 물었다. 그는 안보리가 "융통성 있는 경제 제재"를 고려하고 있다고 대답했다. 융통성 있는 경제 제재는 "아이들에게 영향을 미치는, 날이 무딘 도구" 노릇을 하는 것이 아니라 "[이라크의] 지도자들을 표적으로 삼는다"는 것이다.[12] 그는 자세히 설명하지도 않았고, 이라크가 무기사찰 재개를 받아들이는 대가로 경제 제재를 일부 해제하기로 한 결의안(후세인은 당연히 이를 거절했다) 외에는 별다른 후속 조치도 취하지 않았다.[13] 그 사이에도 "무딘 도구는 …… 아이들에게 영향을 미쳐" 이라크 아이들이 매일 약 150명씩 죽어가고 있다.

피터 밴 발섬은 유엔 주재 네덜란드 대사이며, 안보리의 경제 제재 위원회 현 의장이다. 지구 저편에 있는 수많은 사람들의 생명줄을 쥐고 있는 이 외교관을 보고 내가 충격을 받은 이유는 밴 발섬도 제임스 루빈처럼 문명 사회인 이라크를 살인자 후세인과 동일시하는 것처럼 보였기 때문이다. 그는 무고한 사람들을 볼모로 붙잡고 있는 것이 독재자를 길들이는 방법이라고 믿는 것처럼 보이기도 했다. 그 사람들이 독재자를 전혀 통제할 수 없는데도 말이다. 그런 도덕적·지적 왜곡은 유엔, 미국 국무부, 영국 외무부에서는 흔한 일이다. 그러한 왜곡은 데니스 핼리데이가 경제 제재에 항의해 바그다드 주재 유엔 구호담당 조정관에서 사임한 뒤 경제 제재의 효과를 묘사하면서 말했듯이, "한 나라의 파괴와 대량 학살"을 정당화하는 것이다.[14]

나는 밴 발섬 대사와 다음과 같은 대화를 나누었다.

왜 사담의 범죄 때문에 무고한 시민들이 처벌받아야 합니까?
그것은 어려운 문제입니다. 경제 제재는 안보리가 선택할 수 있는
방책 중 하나라는 사실을 알아야 합니다. …… 경제 제재가 상처를 준
다는 것은 분명합니다. 경제 제재는 군사적 조치와 비슷합니다.

그러나 경제 제재의 피해자는 누구입니까?
물론 그것도 [어려운] 문제입니다.……그러나 군사 행동에서도 항
상 '부수적 손실'이라는 문제가 발생하기 마련입니다.

그래서 온 국민이 부수적 손실이 돼야 합니까? 이것이 옳은가요?
아닙니다. 제 말은 경제 제재가 (비슷한) 효과가 있다는 것입니다.
당신도 알다시피 …… 저나 당신이나 모두 이 문제를 더 고민해야 합
니다.

대사께서는 사람들이 어느 나라, 어떤 체제에서 살아가든 그들에게
는 인권이 있다고 생각하시죠?
그렇습니다.

그렇다면 대사께서 강요하는 경제 제재가 수많은 사람들의 인권을
침해하고 있는 것 아닙니까?
이라크 정권의 인권 침해도 매우 심각합니다.

물론 그렇죠. 그러나 이라크 정권의 인권 침해와 경제 제재 위원회가
저지른 인권 침해는 원칙에서 어떤 차이가 있습니까?

필저 씨, 그것은 매우 복잡한 문제입니다.

그토록 많은 사람을 죽게 만든 경제 제재는 화학 무기 같은 치명적인
'대량 살상 무기'나 다름없다고 말하는 사람들을 보면 뭐라고 하실 겁니
까?
저는 그런 비유가 공정하다고 생각하지 않습니다.

50만 명의 아이들을 죽이는 것은 대량 살상 아닌가요?
그런 주장으로는 저를 확신시킬 수 없다고 생각합니다. …… 경제
제재는 1990년 [이라크가] 쿠웨이트를 침공한 대가입니다.

사담 후세인이 네덜란드 사람이고 그가 네덜란드를 장악했다고 가정
해 보죠. 그래서 경제 제재가 가해지고 네덜란드 아이들이 파리처럼 죽
어 간다면 대사께서는 어떤 느낌이 들겠습니까?
저는 그 질문이 별로 공정하지 않다고 생각합니다. …… 우리는 이
웃 나라를 침략하고 대량 살상 무기를 보유한 정부가 만들어낸 상황
에 대해 얘기하고 있습니다.

그렇다면 팔레스타인의 대부분을 점령하고 거의 매주 레바논을 공격
하는 이스라엘에 대해서는 왜 경제 제재를 하지 않습니까? 쿠르드족
300만 명을 고향에서 쫓아내고 3만 명을 죽게 만든 터키는 왜 경제 제
재를 받지 않습니까?
글쎄요, 우리가 원하지 않는 일을 하는 나라는 많습니다. 우리가 모
든 나라를 다룰 수는 없습니다. 거듭 말씀드리지만, 그것은 복잡한 문
제입니다.

미국이 경제 제재 위원회에 미치는 영향력은 어느 정도입니까?
우리는 합의에 의해 운영됩니다.

만약에 미국이 반대하면 어떻게 됩니까?
우리는 일을 할 수 없습니다.[15]

이라크에서 머물던 마지막 날 밤에 나는 이라크 국립 오케스트라
의 리허설을 보기 위해 바그다드 도심에 있는 라바트 홀에 갔다. 나는
지휘자 무함마드 아민 에자트를 만나고 싶었다. 그의 개인적인 비극은
사람들이 겪은 고통을 압축적으로 보여 준다. 전력 공급이 제한돼 이
라크 사람들은 불을 밝히고 난방을 하고 요리를 할 때, 값싼 케로진
램프를 사용해야 한다. 이 램프는 자주 폭발한다. 이것은 무함마드 아
민 에자트의 부인인 예난에게도 일어나서 그녀는 불길에 휩싸였다. 그
는 "내 눈앞에서 완전히 불타 버린 아내를 본 나는 망연자실했다. 나
는 불을 끄기 위해 그녀에게 내 몸을 던졌다. 그러나 아무 소용도 없
었다. 그녀는 죽었다. 나는 가끔 그녀와 함께 죽는 게 나았다고 생각한
다."고 말했다.[16]

그는 움직일 수 없을 만큼 심하게 타버린 왼팔과 붙어버린 손가락
으로 지휘단에 섰다. 오케스트라는 차이코프스키의 '호두까기 인형'을
연습하고 있었다. 이상한 불협화음이 있었다. 클라리넷은 리드[기명악
기의 발음체로서 악기에 부착시키는 대·나무·금속 등으로 만든 엷
은 조각]가 없었고 바이올린은 현(絃)들이 없었다. 그는 "우리는 외국
에서 수입하지 못한다. 법적으로 그것은 금지돼 있다." 하고 말했다.
악보는 고대 양피지처럼 너덜너덜했다. 그들은 종이도 구할 수 없었
다. 오케스트라의 원래 단원 중 단 두 명만 남았다. 나머지는 외국으로
갔다. 그는 말한다. "당신도 그들을 비난해서는 안 된다. 우리 나라의

고통은 너무 엄청나다. 그러나 왜 이 고통이 멈추지 않는가? 그것이
모든 문명인이 제기해야 할 질문이다."

주

1. 1999년 10월 13일 바그다드에서 저자가 인터뷰한 내용.

2. Barton Gellman, "UNSCOM Losing Role in Iraqi Arms Drama," *Washington Post*, January 28, 1999. p. A19.

3. UN Office of the Iraq Program, "Status of Humanitarian Contracts Under Phase V as of October 29, 1999." 현재 금지 품목 목록은 UN Office of the Iraq Program 웹사이트 http://www.un.org/Depts/oip 참조.

4. Kofi Annan, Letter to the President of the Security Council, October 22, 1999(S/1999/1086), p. 1; and Benon V. Sevan, Annex, Note to the Secretary-General from the Executive Director of the Iraq Program, October 22, 1999 (S/1999/1066), pp. 2~4.

5. Martti Ahtisaari, *The Impact of War on Iraq: Report to the Secretary-General on Humanitarian Needs in Iraq in the Immediate Post-Crisis Environment, March 20, 1991* (Westfield, New Jersey: Open Magazine Pamphlet Series 7, 1991), p. 5.

6. 레슬리 스탈의 "사담 처벌하기"는 캐서린 올리언(Catherine Olian)이 제작한 1996년 5월 12일치 CBS <60분>에서 방영됐다.

7. 1999년 11월 29일 워싱턴 DC에서 저자가 인터뷰한 내용.

8. United Nations Development Program, *Human Development Report 1999* (New York and Oxford: Oxford UP, 1999), Table 8, "Progress in Survival," pp. 170~171 참조.

9. Unicef and Government of Iraq Ministry of Health, *Child and Maternal Mortality Survey 1999: Preliminary Report* (Baghdad: Unicef, 1999); Unicef press release, "Iraq Survey Shows 'Humanitarian Emergency,'" August 12, 1999 (Cf/doc/pr/1999/29), p. 2; and Unicef, "Questions and Answers for the Iraq Child Mortality Surveys"(August 1999)은 웹사이트 http://www.unicef.org에서 찾아볼 수 있다. 유니세프는 "1980년대 이라크 전역에서 상당히 감소했던 아동 사망률이 1990년대에도 이어졌더라면, 1991

년부터 1998년까지 8년 동안 모두 50만 명의 5세 미만 아동들이 사망하지는 않았을 것"이라고 추산한다. 다시 말해 그 기간 동안 매달 평균 5천2백 명의 5세 미만 아동들이 죽지 않을 수 있었다는 얘기다.

10. 1999년 10월 13일 바그다드에서 저자가 인터뷰한 내용.

11. Arthur Miller, "Why I wrote 'The Crucible': An Artist's Answer to Politics" *New Yorker*, October 21~28, 1996, pp. 163~64

12. 1999년 12월 2일 뉴욕에서 저자가 인터뷰한 내용.

13. Waiel Faleh, Associated Press, "Iraq Rejects U.N. Weapons Inspection Plan," *Washington Post*, December 19. 1999, p. A54.

14. 1999년 10월 15일 저자가 인터뷰한 내용.

15. 1999년 12월 3일 뉴욕에서 저자가 인터뷰한 내용.

16. 1999년 10월 24일 바그다드에서 저자가 인터뷰한 내용.

5장

경제 제재에 관한 열한 가지 신화

황야의 목소리

신화 1 : 경제 제재가 이라크 국민에게는 일시적으로 어려움을 주겠지만 이라크를 억누르는 효과적이고 비폭력적인 방법이다.

경제 제재는 이라크 사회에서 가장 취약한 사람들, 즉 빈민, 노인, 갓난아이, 병자 그리고 젊은이들을 표적으로 삼고 있다. 미국과 영국의 군사 폭격과 더불어 경제 제재는 이라크 사회의 기반시설을 사실상 폐허로 만들었다. 상하수도 시설과 병원은 이미 파괴된 상태다. 유엔아동기금(Unicef)과 세계보건기구(WHO)는 조사 연구를 통해 이라크 전역에서 보건과 영양 상태가 두드러지게 하락했음을 지적했다.[1]

추정치들이 서로 다르긴 하지만 많은 독자적인 기구들은 1990년 이후 5세 이하 어린이 수십만 명이 죽었는데, 부분적으로는 제2차 걸프 전쟁과 그 뒤의 경제 제재 때문이라고 주장했다. 1999년 8월 유니세프 보고서를 보면, 이라크에서 5세 이하 영아 사망률은 경제 제재 이후 두 배로 증가했음을 알 수 있다.[2]

1999년 유엔은 이렇게 말했다.

자원 부족뿐 아니라 영양 실조 문제도 사회 기반시설의 대규모 파괴, 특히 상하수도와 쓰레기 처리 시설이 대거 파괴된 데서 비롯하는 것 같다. 가장 취약한 집단이 가장 큰 타격을 입었는데, 특히 5세 이하의 어린이들이 도시 중심지에서 비위생적인 상태에 노출되어 있다. 세계식량계획은 마실 수 있는 물을 구할 수 있는 비율이 도시 지역에서는 1990년 수준의 50퍼센트이며 농촌 지역에서는 33퍼센트에 불과하다고 추정했다.[3]

뉴욕에 본부가 있는 유엔 경제 제재 위원회는 이라크가 수십억 달러어치의 컴퓨터 장비, 예비 부품, 의료 장비와 의약품, 책과 잡지류, 인간 생활과 사회를 유지하는 데 필요한 모든 물품을 구입하지 못하게 하고 있다.[4] 농업과 환경 연구 보고서들은 이라크의 엄청난 지역이 황폐해졌으며 많은 경우 장기적으로 회복이 불가능하다는 점을 보여주고 있다.[5]

또 다른 연구들은 미국의 관점에서 볼 때 경제적으로는 경제 제재가 비용이 덜 들기 때문에 군사 공격보다 경제 제재가 더 오래 지속될 것이라고 주장했다. 사실 경제 제재를 위해 미국은 해마다 수억 달러를 쓴다. 이라크의 수출입 동향 점검, '비행 금지' 구역 정찰, 걸프 지역의 군사력 유지 비용이 여기에 포함된다.[6]

경제 제재는 수만 명의 무고한 목숨을 앗아가는 교활한 형태의 전쟁이다.

신화 2 : 이라크는 대량 살상 무기를 갖고 있을 뿐 아니라 제조하려 한다. 이것을 그대로 내버려 두고 경제 제재조차 하지 않는다면 이라크는 그 인접국들을 위협할 수 있고 또 그렇게 할 것이다.

1999년 유엔 특별위원회(Unscom)의 최종 보고서는 유엔 사찰단이 이라크의 화학·핵 무기 프로그램을 발견해 파괴하는 데 두드러진 성과를 거두었다고 지적했다.[7] 그러나 이라크의 생물학 무기 프로그램에 관해 확인되지 않은 문제들이 존재한다. 확실한 것은 어느 정부도 생물학 무기 프로그램이 존재한다는 확실한 증거를 제시하지 못하고 있다는 점이며, 설사 그 증거를 제시했다 할지라도 사담 후세인이 인접국이나 미국에게 생물학 무기를 사용하려는 계획을 가지고 있음을 밝히는 증거를 제시하지 못하고 있다.

유엔 특별위원회를 대체해 새로 생긴 무기사찰기구인 유엔 감시·확인·조사 위원회(Unmovic) 단장 한스 블릭스는 "바그다드가 대량살상 무기를 만들 시간을 벌고 있다는 미국과 영국의 되풀이되는 주장을 사실로 받아들이지 않는다."고 지적하면서 "내가 이런 주장을 받아들인다는 것은 부적절할 것이다. 그러나 내가 그 주장이 완전히 거짓이라고 결론짓는다면 순진한 생각일 것이다. 물론 그 주장이 맞을 수도 있다. 하지만 나는 그런 가능성에만 매달리지는 않을 것이다."[8] 하고 덧붙였다.

유엔 특별위원회의 무기사찰단 수석 단원이었던 스콧 리터도 이라크에서 펼친 광범한 조사 활동을 근거로 최근 이라크가 화학·생물학·핵 무기를 생산하거나 배치할 능력이 있다는 증거를 찾지 못했다고 말했다.[9]

미국은 이라크가 쿠웨이트를 침공한 1990년에야 이라크의 군사적 잠재력에 관심을 기울였다. 사실 미국은 이라크에 많은 무기를 지원해 줬다. 미국과 영국은 이란-이라크 전쟁이 벌어지던 1980년대에 이라크에게 화학·생물학 무기의 주된 공급자였다. 이란-이라크 전쟁 동안 미국은 무기 판매를 통해 양측을 지원했다.[10]

더욱이 미국은 전 세계 모든 국가들이 보유하고 있는 핵무기를 합친 것보다 더 많은 핵무기를 보유하고 있으면서 경계 태세를 하고 있다. 많은 이라크인들은 미국이 이라크에게 어떤 무기는 소유할 수 있고 어떤 무기는 소유할 수 없다고 말하는 것은 부정직한 것이라고 느끼고 있다.[11] 왜냐하면 미국은 세계 최대의 핵무기 보유국이면서도 국제 조약의 준수나 국제 전문가의 무기사찰 프로그램을 거부할 뿐 아니라 이 세계에서 핵무기를 투하한 적이 있는 유일한 국가이기 때문이다.

신화 3 : 미국은 유엔 결의안을 준수하고 있지만 이라크는 그 결의안을 위반하고 있다.

미국은 이라크가 유엔 결의안과 인권 기준들을 준수하지 않는다면서 이라크의 거의 모든 인접국들과는 우호적인 관계를 유지하고 있다. 최근 미국은 사우디아라비아, 터키, 이스라엘에게 수십억 달러어치의 무기를 제공했다.[12] 유엔, 국제사면위원회, 심지어 미국 국무부조차 이 나라들 전부 인권과 유엔 결의안을 심각하게 위반했다고 비난한 바 있다.

유엔 결의안 687호의 제14항은 이라크의 군사력을 감축하기 위한 근거로서 이 지역에서 군비 감축을 요구했다. 미국 정부는 이라크 인접국들을 무장시킴으로써 경제 제재의 지속을 정당화하기 위해 인용하는 바로 그 유엔 결의안을 위반하고 있다.[13]

이스라엘은 1986년 당시 과학 기술자인 모르데차이 바누누가 이스라엘의 핵무기 프로그램과 관련된 세부 사항과 사진을 폭로할 때까지 "핵무기 보유 여부의 모호성" 입장을 견지해 왔다. 바누누는 반역죄로 18년형을 선고받았다. 이스라엘의 핵무기 제조 능력이 어느 정도인지는 아직 불확실하지만, 200기 이상의 핵무기를 보유하고 있는 것으로 보이며, 그래서 유엔의 지시들을 위반하고 있다. 하지만 미국은 이스

라엘의 국제법 위반에 대해서는 침묵으로 일관하고 있다.[14]

신화 4 : 이라크 정부는 **1998년 12월**에 유엔 무기사찰단원들을 추방함으로써 유엔의 무기사찰 프로그램을 약화시키고 방해했다. 그래서 미국과 영국은 "사막의 여우 작전"을 수행할 수밖에 없었다.

이라크 정부는 미국이 사담 후세인의 축출을 바라고 "정권 교체"가 이루어질 때까지 경제 제재를 가할 것임을 알고 있기 때문에 미국이나 강제적인 무기사찰에 협력할 동기를 갖고 있지 않다. 미국 행정부의 고위 관리는 경제 제재를 강제하는 유엔 결의안에는 분명히 언급돼 있지 않을지라도 사담 후세인이 권좌에서 물러날 때까지 경제 제재가 계속될 것이라고 10년 넘게 공공연히 말했다.[15]

유엔 특별위원회 단장 리처드 버틀러는 1998년 12월 이라크 폭격이 있기 전에 사찰단을 이라크에서 철수시켰는데, 이는 지금까지 보도된 것과는 상반된 것이다. 미국 정부는 이라크가 사찰단을 "추방시켰다"고 주장했다. 사실은 그와 정반대였다. 버틀러 자신의 기록을 보더라도, 그의 무기사찰팀은 12월 폭격이 있기 전 몇 주 동안 수많은 곳을 사찰했고 전혀 방해받지 않았다. 다만 무기사찰단의 의도적 도발이 분명한 몇 곳에서만 사찰할 수 없었다.[16]

버틀러 자신은 폭격 바로 전 주에도 미국 군부와 계속 통신을 했다고 밝혔다. 그는 종종 워싱턴의 지시를 받기도 했다. 더욱이 (<워싱턴 포스트>의 곤혹스러운 보도 이후에) 미국 정부는 유엔 무기사찰단을 이용해 이라크에 대한 스파이 행위를 했다고 시인했다. 이라크는 전에도 유엔 무기사찰단이 스파이 행위를 한다고 주장한 바 있지만 미국 정부는 그런 주장을 일축했었다.[17] 이라크에서 유엔의 모든 활동 경비와 심지어 미국의 통제 아래 스파이 행위를 하는 유엔 관리들의 경비까지 이라크가 석유를 판매한 돈으로 충당한다는 사실은 역설이다.

과거에 이라크와 협상하기 위한 노력은 협력과 대화 재개로 이어졌다. 무기사찰을 종결하고 이라크 정부의 개선 노력을 인정하는 일정이 분명하게 제시된다면 장래의 대화와 협력을 위한 자극이 될 것이다.

신화 5 : 이라크 정부가 식량과 의약품을 교묘하게 빼돌려 쌓아둔 채 정치적 동정심을 얻고 경제 제재를 중단해야 한다는 관심을 끌기 위해 국민의 고통을 가중시키고 있다.

미국 국무부는 이라크가 사악한 의도로 의약품을 창고에 쌓아두고 있는 것으로 보인다고 여러 번 주장했다.[18] 그러나 의약품 창고를 정밀 조사한 유엔은 이와 상반된 입장을 발표했다. 구호담당 조정관이자 2000~2002년 바그다드의 유엔 '석유—식량 교환' 프로그램의 책임자인 툰 미야트는 이라크가 핵심 물품들을 잘 분배하고 있다고 칭찬했다. 그는 <뉴욕 타임스>에서 "나는 이라크의 식량 분배 체계가 이 세계의 그 어느 곳보다 뛰어나다고 생각한다. 이라크에서는 식량이 돌아가야 할 사람들에게 모두 돌아간다."[19]

현지 유엔 관리들에 따르면, 현재 분배에서 생기는 격차는 제2차 걸프전 때의 파괴와 12년 동안의 경제 제재에서 비롯한 물류 문제 때문이다. 이라크의 인도주의 프로그램에 대한 유엔의 주기적인 보고서는, 이라크 국민 2200만 명에게 의약품과 기타 생활필수품들을 제공하는 데서 오는 복잡하고도 기술적인 문제들을 나열하고 있다. 효율적인 분배를 하지 못하게 하는 장애물 중에는 이라크 창고 노동자들의 저임금, 불충분한 수송 시설 그리고 각 지역의 형편없는 창고 시설이 포함돼 있다.

유엔은 이라크에 보관돼 있는 식량과 의약품 재고를 정기적으로 조사한다. 전직 구호담당 조정관 한스 폰 스포넥(그는 경제 제재에 반대해서 2000년에 사임했다.)과 그의 부관 파리드 자리프는 거듭거듭 분배에서 "정치성을 배제"할 것을 요구했으며, 창고에 물건을 쌓아두는 것은 이라크 정부의 사악한 의도라기보다는 파괴된 기반 구조 때문이라고 주장했다.[20]

많은 경우 이라크는 해외에서 물건을 구입해야 한다. 품목들은 따로따로 들어온다. 예를 들어 치과용 의자가 들어오지만 압축기는 다른 나라에서 주문해야 하고, 세척기는 들어오지만 주사용 침은 들어오는 데 오랜 시간이 걸리기도 한다. 더욱이 유엔 경제 제재 위원회는 일부 주문에 대해서는 한참 뒤에야 승인을 하기 때문에, 이라크로서는 보완 장비가 수입 승인을 얻을 때까지 의약품을 창고에 보관해 둘 수밖에 없다.

여름철 이라크의 기온은 화씨 130도[섭씨 약 54도]까지도 올라가곤 한다. 그래서 암 치료제, 수술용 장갑, 음식물 등 부패하기 쉬운 물품을 싣기 위해선 냉장 트럭이 필수적이다.[21] 하지만 이라크에는 냉장 트럭이 사실상 존재하지 않는다. 왜냐하면 경제 제재 위원회는 이 트럭을 "민군겸용 금지" 조항에 따라 금지하고 있기 때문이다.[22] 냉장 트럭이 군사적 목적에 사용될 수 있다는 말은 사실이지만 의약품을 싣는 데도 필수적이다.

한스 폰 스포넥에 따르면, 이라크 전역의 사회 기반시설이 너무 형편없어서 의약품과 예비 부품이 부족한 문제조차 "산적한 문제에 비하면 빙산의 일각"에 불과하다.[23] "당신은 [우리에게] 식량과 의약품을 원하는 대로 줄 수 있다. 하지만 주거, 전기, 깨끗한 물과 위생, 기타 필수 서비스가 복구되지 않는 한 생활 수준은 개선되지 않을 것이다."라고 툰 미야트가 말했다.[24] 이라크의 핵심 기반시설을 재건하는 데는

대략 500억 달러에서 1000억 달러가 들 것으로 추정된다.[25]

이라크가 원유 수입을 제2차 걸프전 배상금, 유엔 행정 비용, 기타 위임 통치 비용으로 쓰고 나면 석유-식량 교환 프로그램에서 나오는 돈 가운데 이라크인들에게 돌아가는 평균 액수는 크게 부족하다. 2002년 5월 이전에 "이라크에 들어온 식량, 의약품, 교육·위생·농업·기반 시설 품목의 총액은 1인당 연간 175달러로, 하루 49센트도 되지 않는다."고 폰 스포넥이 말했다.[26]

이라크는 석유-식량 교환 프로그램이나 소위 융통성 있는 경제 제재의 신규 조항을 통해서는 사회 기반 구조를 재건할 수 없다. 상하수도 시설, 발전소, 통신망, 교육 자원 들은 경제 제재가 중단될 때까지 영구적으로 피폐된 상태로 남아 있을 것이다.

신화 6 : 이라크 지도부는 인도주의적 목적으로 들어온 돈을 유용해 궁전을 짓는 등 자기 배만 불리고 있다.

석유-식량 교환 프로그램이 시작되기 전에 이라크 정부가 국민에게 식량을 분배하고 있었다는 사실을 환기하는 것이 중요하다. 1995년 유엔 식량농업기구(FAO)는 이라크의 배급 시스템이 1990년 9월부터 시작됐다고 말했다. "배급 시스템을 통해 제공되는 식량은 사람들의 생명을 유지할 뿐 아니라 이라크 가계에 매우 실질적인 소득 보조금이 되기도 한다."[27]

이라크는 제2차 걸프전 전보다 더 많은 원유를 추출하고 있지만 유가 변동과 1990년 이후의 극심한 인플레 때문에 많은 돈을 벌지는 못하고 있다. 1990년에 3디나르로 1달러를 살 수 있었지만 요즘은 1달러를 구입하는 데 2천 디나르가 든다는 점을 고려할 때 1990년과 오늘날 사이의 구매력 차이는 상당하다. 이라크가 원유를 추출하는 대로 다

판매할 수 있다고 해도 그 돈은 사담 후세인의 수중에 들어가는 것이 아니라 뉴욕 소재 파리은행의 유엔 위탁 계좌에 입금된다.

경제 제재가 이라크의 엘리트 지배계급을 약화시키려는 의도였다고 할지라도 실제로는 오히려 그들의 정치적 헤게모니를 더 강화시키고 있다. 기아, 질병 그리고 미국과 영국의 폭격에 대한 두려움 때문에 이라크 인구가 격감한 상황은 시민 사회의 발전을 방해하고 있으며 다원주의에 대한 희망 역시 요원하다. 이라크의 엘리트들은 돈벌이가 되는 지하 시장을 통해 더 많은 권력을 얻고 있다. 경제 제재로 황폐화가 진행되는 상황에서 이라크 정부는 대중적 지지와 미국 정부에 대한 반감을 더 잘 동원할 수 있다.

신화 7 : 이라크 남부보다 북부 — 유엔이 거의 집중적으로 개입한 곳 — 에서 분배가 더 잘 되고 있다. 이것은 이라크 정부가 식량과 의약품을 자국민에게 적절하게 분배할 수 없음을 입증하는 것이다.

경제 제재가 이라크 북부와 남부에 똑같은 영향을 미치지는 않는다. 지역별 사망률의 차이는 다양한 요인들 때문이다. 쿠르드족이 거주하는 북부 지역은 이라크의 다른 지역보다 더 오랫동안 인도주의적 지원을 받아 왔다. 북부 지역의 농업은 수확률이 더 높다. 북부에서는 경제 제재를 피하는 것이 더 수월한데, 북부 지역 국경선의 허점이 훨씬 많기 때문이다. 북부 지역은 남중부 지역에 비해 석유-식량 교환 프로그램으로부터 일인당 22퍼센트의 돈을 더 받는다. 북부는 유엔이 통제하는 보조금을 현금으로 받지만 나머지 지역은 물품으로 받는다.[28] 남부 지역은 제2차 걸프전 동안 열화우라늄탄 공격과 더불어 더 많은 폭격을 받았다.

신화 8 : 2002년 5월 유엔 안보리는 이라크에 대한 "융통성 있는 경제 제재"를 만장일치로 찬성함으로써 이라크 국민들의 필요를 충족시키겠다는 결의를 보여 주었다.

결의안 1409호('융통성 있는' 경제 제재 결의안)는 긴급한 인도주의적 위기에 대한 공허한 해결책일 뿐이다. 미국과 영국의 결의안 지지자들은 이라크의 민간 제품 수입 제한을 철폐하고 대량 살상 무기 수입이나 생산을 막는 데만 초점을 맞추면 이라크가 겪는 고통은 감소할 것이라고 주장한다.

그러나 변경된 결의안의 진정한 목적은 평범한 이라크인들의 고통을 경감시키는 것이 아니라 오직 홍보전에서 승리하려는 것뿐이다. "이 결의안은 경제 제재를 완전히 철폐하려는 움직임에 타격을 가하고 경제 제재 조치들이 지도자보다는 평범한 이라크인들에게 타격을 주고 있다는 비판을 잠재우기 위한 것이 그 목적이다." 하고 <뉴욕 타임스>의 소미니 센굽타가 보도했다. "또한 후세인을 무력을 통해서 권좌에서 제거해야 한다고 부시 행정부가 밝힌 만큼 이 결의안은 그 외교적 근거를 마련하기 위한 일환인 것으로 보인다."[29]

"이것은 이라크의 인도주의적 문제들이 누구 책임인지를 두고 벌어지는 선전전일 뿐이다. [유엔] 결의안은 모든 책임을 워싱턴에서 바그다드로 전가하려는 것을 목적으로 하고 있다."고 한 고위 관리가 < 뉴욕 타임스 매거진>에서 말했다.[30]

융통성 있는 경제 제재 하에서 미국은 유엔에서 자신의 힘을 이용해 "민군 겸용"이라는 이유로 핵심 제품들의 수입을 가로막고, 이라크에 절실히 필요한 품목들을 구입하지 못하도록 차단하고 있다. 그러나 그런 품목들은 현대적인 사회라면 어디서나 화학·생물학 무기 프로그램에 사용할 수 있는 것들이다.

결의안 1409호가 채택됐을 때, 50억 달러 상당의 계약이 "보류됐다." 이것은 주로 미국이 유엔 경제 제재 위원회에 보류하라는 압력을 넣었기 때문이었다. 여전히 미국과 영국 관리들은 이라크 정부에게 모든 책임을 떠넘기고 있다. "석유-식량 교환 프로그램 하에서 인도주의적 민간 제품들을 이라크로 반입하는 것이 언제나 가능하다. 그러나 이라크 정부가 자신의 자원을 이러한 물품의 수입에 사용하기를 거부하는 것이 주된 장애물이라고 생각한다."고 유엔 주재 미국 대사 존 D 네그로폰드가 말했다.[31]

이라크에서 활동하는 유엔 관리들은 매우 다른 견해를 갖고 있다. "(석유-식량 교환) 프로그램의 분배 네트워크는 세계 최고다. 그들(이라크인들)은 매우 유능하다. 우리는 어떤 물품이 분배되어서는 안 될 곳으로 분배된 경우를 본 적이 없다."[32]고 이라크의 유엔 대변인인 애드난 자라가 <월스트리트 저널>에서 최근에 말했다.

1999년 3월 안보리 산하 인도주의 위원단은 이라크가 복구되려면 "석유-식량 교환 프로그램만으로는 충분하지 않으며, 석유·에너지·농업·위생 분야를 포함한 많은 주요 분야에서 대규모 투자가 필요하다."고 보고했다.[33]

전쟁으로 파괴된 이라크의 사회 기반시설을 재건하는 데 외국인 투자를 유치하는 것을 가로막아 이라크 경제를 장기 침체에 빠뜨리는 '융통성 있는 경제 제재' 하에서는 대규모 투자가 불가능할 것이다.

한스 폰 스포넥이 지적했듯이, "전쟁과 수출입 금지로 파괴된 사회 기반시설을 재건하기 위한 대규모 투자 없이는 대부분의 이라크 가정이 약속된 민간 제품을 구입할 수 있는 수입을 얻지 못할 것이다. 과거의 모든 개정안과 마찬가지로, '융통성 있는 경제 제재'는 문제의 근본 원인인 민간 경제의 교살이라는 점은 건드리지 않은 채 내버려 두고 있다."[34]

신화 9 : 미국과 영국 전폭기들이 '비행 금지' 구역을 정찰하는 것은 이라크 내의 약소 집단들을 보호하기 위한 것이다. 1998년 12월 말의 폭격 이래로 이 지역에서 '부수적 손실'은 없었다.

1998년 12월 이라크를 폭격한 이래로 미국과 영국 전폭기들이 이라크 북부의 쿠르드족과 남부의 시아파를 보호한다는 미명 아래 북부와 남부의 '비행 금지' 구역에 수천 회의 출격을 했다. 미국과 영국 전폭기들이 이라크 영공을 정찰하고 있어서 1980년대와 달리 지금은 이라크 정부가 자국민을 공격할 수 없다고 그들은 말한다. 유엔 결의안에는 이라크 소수 집단의 보호를 호소하고 있지만 이 지역에서의 군사 행동에 관한 규정은 없다.[35]

유엔의 이라크 구호담당 조정관에 따르면, 미국과 영국 비행기들은 수백 명의 무고한 시민들을 죽였을 뿐 아니라 그보다 더 많은 사람들을 다치게 했다.[36] 예를 들어, 1999년 1월 25일 유도 미사일이 바스라의 민간인 거주 지역에 떨어져 10명이 넘게 죽었다. 펜타곤은 민간인 사상자가 없다고 부인했지만 목격자들은 폭탄이 목표를 벗어나는 바람에 죽거나 다친 아이와 가족 수십 명을 만났다고 증언했다.[37]

미국은 북부의 쿠르드족을 이라크 정부의 탄압으로부터 보호하고 있다고 주장하지만, 터키가 이라크의 '비행 금지' 구역을 비행해 쿠르드인 거주 지역을 폭격했을 때 미국은 터키가 미국의 동맹국이라는 이유로 침묵했다.[38]

폭격은 유엔의 인도주의적 노력을 어렵게 만든다. 구호 요원들은 쿠르드족 지역이나 시아파 지역으로 구조 활동을 하러 가는 것을 중단할 수밖에 없으며, 많은 민간인들이 사고로 다쳐 그렇지 않아도 발병률을 낮추고 질병 예방을 위해 고군분투하는 병원들의 부담이 더욱 늘어났다.

신화 10 : 현 정책이 아닌 다른 현실적인 대안은 없다.

경제 제재의 대안은 경제 제재를 끝내는 것이다. 경제 제재의 종결과 더불어 이라크 정부가 식수, 위생 그리고 보건 시설을 위해 꼭 필요한 발전소 시설을 재건할 수 있도록 자본 투자를 하는 것, 이 모든 것이 어른과 어린이가 모두 잘 살기 위해 필요한(현대의 도시화된 모든 국가에서 그렇듯이) 것이다. 이와 마찬가지로 수송에서 농업까지, 산업에서 교육과 기술까지 경제의 모든 영역에서 자본이 필요하다.[39]

대안적인 정책은 단순히 미국과 그 동맹국의 정치적 이해관계를 고려할 것이 아니라, 파괴와 폭력이라는 실패한 정책 때문에 극심한 고통을 겪는 평범한 이라크 사람들의 복지를 고려해야 한다.

미국, 영국 그리고 유엔은 이라크가 인접국과 협력할 수 있도록 자극을 줘야 한다. 그러한 정책의 첫 단계는 "모든 협상 당사자들이 처음에는 낮은 수준에서, 그리고 막후에서 신뢰 회복 절차"를 시작하는 것이다.[40]

이라크와 그 국민 그리고 이라크 경제의 고립은 끝나야 하고 이러한 국제적 협력 관계는 회복돼야 한다. 한때 미국과 다른 나라들은 이란을 상대로 한 이라크의 유혈낭자하고 비극적인 전쟁을 환호하고 적극 지원한 바 있다.

이라크는 국내 인권 상황을 대폭 개선해야 하고 쿠르드족이 이라크 경제에 통합되어 발전하도록 제도를 정비해야 한다. 이라크 정부는 국민에게 선택의 자유를 허용해야 한다. 결국, 이라크인들이 분노하는 외부의 적이 사라지고 생활 수준이 회복되는 때가 오면 정치적 변화의 기회도 많아질 것이다.

제2차 걸프전 전까지 십여 년 동안 이라크를 무장시킨 책임의 일부는 미국과 다른 안보리 회원국들이 져야 한다. 또한, 전쟁 이후 이라크 무장 해제라는 미명 아래 이라크 국민에게 엄청난 고통을 안겨준 책임도 그들에게 있다.

대안적인 정책은 이라크가 대량 살상 무기를 개발하려는 것에 관심을 가져야 할 뿐 아니라 이윤을 노리고 이라크 — 와 그 인접국들 — 를 무장시키려고 하는 나라들이나 기업들에도 관심을 가져야 한다. 이라크의 변화가 효과적이려면 그 지역의 광범한 변화와 연계돼야 한다.

신화 11 : 미국과 영국이 이라크를 공격하려는 것은 석유 이득과는 무관하다.

이라크는 세계 2위의 원유 매장 국가로서, 최근 추정치에 의하면 전 세계 매장량의 약 11퍼센트인 1125억 배럴이 매장돼 있으며, 가스 매장량도 원유 못지 않게 거대하다. 많은 전문가들은 이라크에는 아직 발견되지 않은 원유도 많을 것이라고 생각하는데, 만약 이라크의 원유 시추 수준을 사우디아라비아 수준으로 끌어올린다면 총매장량은 두 배로 늘어날지도 모른다. 이라크의 원유는 양질일 뿐 아니라 생산비도 저렴하기 때문에 세계에서 가장 수익성 높은 원유 중 하나다. 석유 기업들은 수천억 달러의 가치가 있는 이라크의 풍부한 유전을 독점하고 싶어한다. 산업 자원이라는 측면에서 보면, 이것은 "터지기를 기다리고 있는 대박"이다.[41]

앞으로 10~15년 사이에 세계 석유 수요가 증가해 세계 대부분 지역의 매장 원유가 고갈될 것이기 때문에 이라크산 원유가 세계 에너지 공급에서 차지하는 중요성이 커질 전망이다. 어떤 산업 전문가에 따르면, "전 세계에서 이라크를 예의 주시하지 않는 석유 기업은 단 하나도 없다."[42]

지난 세기 내내 주요 국가들 사이의 지정학적 경쟁은 흔히 석유 자원에 대한 통제권을 둘러싸고 전개됐다.[43] 다섯 기업이 전 세계 석유 산업을 지배하고 있는데, 두 기업은 미국에, 다른 두 기업은 주로 영국에, 나머지 하나는 주로 프랑스에 근거를 두고 있다.[44] 미국에 근거를 두고 있는 엑손모빌은 세계 최대의 석유 기업이며, 몇 가지 기준으로 보더라도 세계에서 가장 거대한 기업이다. 따라서 미국은 석유 부문에서 첫째를 차지하며, 영국은 둘째, 프랑스는 약간 처진 3등이다.

미국과 영국이 경제 제재를 주장하고 실행하는 데 거의 한목소리를 낼 뿐 아니라 세계 4대 석유 기업들의 본국이라는 점을 고려하면, 우리는 경제 제재 정책과 이 강력한 기업들의 이윤 사이에 있음직한 관계를 무시할 수 없다.

오랫동안 미국과 영국 기업들은 이라크에서 생산된 석유의 4분의 3을 차지했지만 1972년 이라크 석유회사가 국유화된 다음부터는 이를 상실했다.[45] 이라크 정부가 자국산 석유에 대한 통제권을 더 강화하려 하자 이라크 석유회사는 정부를 상대로 10년 동안 적대 관계를 지속하다가 결국은 국유화됐었다. 국유화 이후 이라크는 프랑스 기업들과 러시아(구 소련) 정부에 의지해 자금과 협력을 얻었다.[46]

오늘날 미국과 영국 기업들은 옛 지위를 되찾으려 안달이다. 그들은 그런 지위를 되찾는 것이 장차 세계 석유 산업을 주도하는 데서 결정적이라고 본다. 미국과 영국 정부도 이라크와 걸프만의 석유에 대한 통제권이 더 광범한 군사적·지정학적·경제적 이해관계에서 핵심적이라고 여긴다. 동시에 다른 국가와 석유 기업들도 이라크에서 지배적이거나 높은 지위를 차지하고 싶어 한다. 탈국유화가 석유 부문을 휩쓸고 있는 상황에서, 세계 석유 기업들은 이라크가 사업 확장에 필요한 극히 매력적인 곳이라고 생각한다. 오랫동안 이라크와 유대 관계를 맺어 왔던 프랑스와 러시아가 미래의 지배자가 되려고 하는 영·미에

맞서 가장 강력하게 도전하고 있지만, 중국·독일·일본 등 주요 경쟁
국들도 이라크를 둘러싼 도박에 뛰어들고 있다.[47]

1990년대에 러시아의 루크오일, 중국의 인민석유공사, 프랑스의 토
탈피나엘프는 이라크 경제 제재가 중단되는 즉시 이라크 유전 개발
계획에 참여하기 위해 이라크 정부와 협상을 벌였다. 1997년 루크오일
은 이라크 서부의 쿠르나 유전을 개발하기로 합의했으며, 중국 인민공
사는 같은 해에 북부의 루마일라 유전 개발 합의문에 서명했다. 동시
에 프랑스의 토탈피나엘프도 엄청난 마이눈 유전을 장차 개발하기 위
한 논의를 시작했다.

미국과 영국 기업들은 경쟁 업체들이 세계 석유 사업에서 장기적
으로 유리한 고지를 장악하는 것에 큰 관심을 기울이고 있다. 1998년
샌프란시스코에서 열린 커먼웰스 클럽 연설에서 셰브론의 최고경영자
케네스 T 데어는 "이라크에 매장된 석유와 가스는 엄청나다. 그 석유
와 가스에 셰브론이 접근할 수 있기를 바란다."며 열의를 보였는데, 그
자리에서 그는 경제 제재를 강력하게 지지한다고 발표했다.[48] 경제 제
재는 [미·영 기업들의] 경쟁 업체들을 궁지에 몰아넣는 분명한 이점
이 있었다. 미국과 영국 기업들은 후세인 정권이 무너지기를 바란다.
그렇게 되면 뒤에 들어설 이라크 정부와 협상할 때 자신들이 경쟁 업
체들보다 훨씬 더 유리할 수 있기 때문이다. 하지만 경제 봉쇄가 느슨
해지고 사담 후세인이 권력을 계속 유지함에 따라 미국과 영국 기업
들이 결국 밀려날 수도 있기 때문에 경쟁의 판돈이 커지고 있다. 엑손,
셸, 영국석유(BP), 셰브론에게 미국과 영국의 직접적인 군사 개입은
구미가 당기면서도 위험스러운 도박이다. 그것은 이라크 석유에 대한
직접적인 통제권을 확보해 줄 수도 있지만 그 지역에서 정치적 폭발
을 일으켜 역풍을 초래할 수도 있다.

1999년 미국 중부사령부 사령관 앤서니 C 지니는 의회에서 가장

많은 석유가 매장된 걸프 지역은 미국에게 "장기적으로 매우 중요한 이해관계를 갖고" 있으며, 미국은 "그 지역의 자원에 자유롭게 접근할 수 있어야 한다."[49]고 증언했다. "자유 접근권"이란 석유 자원에 대한 군사적·경제적 통제권을 의미하는 듯하다. 이것은 제2차세계대전이 끝난 이후 미국 전략의 주요 목표였다. 1971년 이전에는 영국(옛 식민 열강)이 중동 지역을 순찰하면서 석유 자원을 통제했다. 그 이후에는 미국이 군사력을 계속 증강해 압도적인 무력의 힘으로 "자유 접근권"을 확보했다.[50]

미국이 이라크를 상대로 벌이려는 전쟁은 이런 관점에서만 이해할 수 있다. 테러리즘, 대량 살상 무기, 사담 후세인이 저질렀다고 하는 인권 유린 등에 대한 모든 주장은 미국의 정책을 추진하는 데서 핵심 사항이 아니다. 오히려 이라크 석유에 대한 "자유 접근권"과, 미국 군대를 움직이고 세계 제국의 패권을 걸 만큼 판돈을 키워 놓은 미국과 영국 기업들이 이 지역의 석유에 대한 궁극적인 통제권을 장악하는 것이 핵심이다. <인베스터 비즈니스 데일리>가 지적하듯이, 미국이 이라크를 장악한다면 그것은 "장래의 (군사) 작전에서 핵심 발판을 획득하는 것"일 뿐 아니라 "전 세계 석유 매장량의 11퍼센트에 대한 통제권을 장악하는 것"이다. "이 11퍼센트는 이라크 점령에 드는 비용을 보상할 것이며" 또한 "1980년대에 미국이 소련을 붕괴시키기 위해 값 싼 석유를 이용했듯이, 석유에 의존하고 있는 아랍 국가들을 통제하는 수단이 될 수 있다."[51]

주

1. Unicef and Government of Iraq Ministry of Health, *Child and Maternal Mortality Survey 1999: Preliminary Report* (Baghdad: Unicef, 1999). http://www.unicef.org 참조. 또 WHO Resource Center, H*ealth Conditions of the Population in Iraq Since the Gulf Crisis* (Geneva: WHO, 1996). http://www.who.int도 참조.
2. Unicef press release, "Iraq Survey Shows 'Humanitarian Emergency,'" August 12, 1999 (Cf/doc/pr/1999/29) 참조.
3. United Nations, "Report of the Second Panel Pursuant to the Note by the President of the Security Council of 30 January .1999 (S/1999/100), Concerning the Current Humanitarian Situation in Iraq," Annex II, S/1999/356, March 30, 1999, p. 6, article 20.
4. 금지 품목 목록은 UN Office of the Iraq Program 웹사이트 http://www.un.org/Depts/oip 참조.
5. 이에 대한 몇 가지 연구는 이 책 12장과 13장의 참고 문헌 참조.
6. 미국은 1999년에만 이라크 폭격에 10억 달러 넘게 썼다. Steven Lee Myers, "In Intense But Little-Noticed Fight, Allies Have Bombed Iraq All Year," *New York Times*, August 13, 1999, p. A6 참조. 이 수치는 최근에야 약간 떨어졌다. Vernon Loeb, "'No-Fly' Patrols Praised: U.S. Says Effort Pressures Iraq, Yields Intelligence," *Washington Post*, July 26, 2002, p. A23 참조.
7. Marc Lynch, "Iraq: Why Not Do Nothing?" *Christian Science Monitor*, July 31, 2002, p. 9 참조.
8. Carola Hoyos, "Iraq Faces Hobson's Choice Over UN Arms Inspections," *Financial Times*, March 7, 2002, p. 20 참조.
9. Scott Ritter, "The Case for Iraq's Qualitative Disarmament," *Arms Control Today* 30: 5 (June 2000) 참조. http://www.armscontrol.org/act/2000_06/iraqjun.asp도 참조.

10. Andrew Cockburn and Patrick Cockburn, *Out of the Ashes: The Resurrection of Saddam Hussein* (New York: Harper-Collins, 1999); Noam Chomsky, *Deterring Democracy, updated ed.* (New York: Hill and Wang, 1992), p. 152; Dilip Hiro, *The Longest War: The Iran-Iraq Conflict* (New York: Routledge, 1991); and Mark Phythian, *Arming Iraq: How the U.S. and Britain Secretly Built Saddam's War Machine* (Boston: Northeastern UP, 1996)참조.

11. 2002년 말, 미국 정부는 자국 생물 무기 시설에 대한 국제기구의 사찰 시도를 거부했는데, 이는 "미국의 생물 무기 방어 활동이 (생물 무기) 협정을 위반했다는 사실을 강제 사찰과 외부 사찰이 파악할까 봐" 우려했기 때문이다. Editorial, "Germ War Treaty Redux," *Boston Globe*, November 6, 2001, p. A14 참조.

12. 2000년에 미국은 사우디아라비아에 19억7천만 달러, 터키에 23억 달러, 이스라엘에 29억 달러어치의 무기를 제공했다. Federation of American Scientists, http://www.fas.org 참조. 더 최근 사례는 웹사이트 http://www.worldpolicy.org/projects/arms에서 구할 수 있는 Arms Trade Resource Center의 탁월한 보고서 참조.

13. 유엔 안보리 결의안 687호의 제14항. 인용된 유엔 결의안들은 모두 http://www.un.org에서 구할 수 있다.

14. Suzanne Goldenberg, "Our Son, the Rebel," *Guardian*, June 5, 2002, p. 6 참조. 또 Dan Ephron, "Lifting the Veil on How Israelis Got the A-Bomb," *Boston Globe*, November 11, 2001, p. A6 참조. Seymour M. Hersh, *The Samson Option: Israel, America, and the Bomb* (Boston: Faber and Faber, 1993), pp. 198~99, and Avner Cohen, *Israel and the Bomb* (New York: Columbia UP, 1998) 참조.

15. 예를 들어 2000년 1월 2일 방송된 NBC의 Meet the Press에서 팀 러서트 (Tim Russert)가 매들린 올브라이트와 인터뷰한 것을 보라. 더 최근에 국방장관 도널드 럼스펠드는 이렇게 설명했다. "미국 정부는 지금까지 여러 해동안 이라크 문제의 해결책이 정권 교체라고 생각했다." Department of Defense, "Secretary (Donald) Rumsfeld's Media Availability at Kuwait

City International Airport," June 10, 2002 참조.

16. Richard Butler, "Iraqi Bombshell," *Talk* 1:1 (September 1999): 240 참조. 이라크가 유엔 특별위원회 무기사찰단에 적극 협조했다는 사실은 Mark Huband, "Misery and Malnutrition Form Bedrock of Iraq's New National Character," *Financial Times*, March 21, 1998, p. 4도 참조.

17. Barton Gellman, "US Spied on Iraqi Military Via UN," *Washington Post*, March 2, 1999, p. A1.

18. 예컨대 US Department of State, *Saddam Hussein's Iraq* (September 1999) 참조. 이 자료는 http://www.usia.gov/regional/nea/nea.htm에서 구할 수 있다.

19. Christopher S. Wren, "Iraq Poverty Said to Undermine Food Program," *New York Times*, October 20, 2000, p. 16 참조.

20. 사회적 책임을 위한 워싱턴 의사 협회, 1999년 4월 5일 바그다드에서 한스 폰 스포넥과 한 인터뷰(http://www.wpsr.org), 그리고 스티븐 킨저, "Smart Bombs, Dumb Sanctions," *New York Times*, January 3, 1999, p. 4: 4 참조.

21. 사회적 책임을 위한 워싱턴 의사 협회, 1999년 4월 5일 바그다드에서 한스 폰 스포넥과 한 인터뷰.

22. 금지 품목 목록은 UN Office of the Iraq Program 웹사이트 http://www.un.org/Depts/oip 참조.

23. 사회적 책임을 위한 워싱턴 의사 협회, 1999년 4월 5일 바그다드에서 한스 폰 스포넥과 한 인터뷰.

24. Wren, "Iraq Poverty Said to Undermine Food Program," p. 16 참조.

25. The Economist Intelligence Unit, "Iraq Country Outlook," *Country View*, July 13, 2000 참조.

26. Hans von Sponeck, "Too Much Collateral Damage: 'Smart Sanctions' Hurt Innocent Iraqis," *Toronto Globe and Mail*, July 2, 2002.

27. UN Food and Agriculture Organization Technical Cooperation Program, *Evaluation of Food and Nutrition Situation in Iraq* (Rome: FAO, 1995), p. 8.

28. Unicef press release, "Iraq Survey Shows 'Humanitarian Emergency,'" August 12, 1999 (Cf/doc/pr/1999/29) 참조. 또 Pellett, "Sanctions, Food, Nutrition, and Health in Iraq."도 참조.

29. Somini Sengupta, "U.N. Broadens List of Products Iraq Can Import," *New York Times*, May 15, 2002, p. A1.

30. Bill Keller, "Sunshine Warrior," *New York Times Magazine*, September 22, 2002, 6: 48ff.

31. John D. Negroponte, "UN Votes New Export Control Regime for Iraq," U.S. Department of State Press Release, May 14, 2002 (http://usinfo. state.gov/regional/nea/iraq/text/0514ngpt.htm). Reuters, "Russia Delays U.N. Vote on Iraq Penalties," *New York Times*, May 10, 2002, p. A14도 참조.

32. Hugh Pope, "Iraq's Economy Shows More Vitality," *Wall Street Journal*, May 2, 2002, p. A12.

33. Campaign Against Sanctions on Iraq, "CASI Disappointed at 'Mirage' of Smart Sanctions," Press Release, May 15, 2002 (http://www.cam.ac.uk/ societies/casi/briefing/prscr1409.html) 참조.

34. Hans von Sponeck, "Too Much Collateral Damage: 'Smart Sanctions' Hurt Innocent Iraqis," *Toronto Globe and Mail*, July 2, 2002.

35. Steven Lee Myers, "US Jets Strike 2 Iraqi Missile Sites 30 Miles Outside Baghdad," *New York Times*, February 25, 1999, p. A7을 보면 "사실, 어떤 유엔 결의안도 제한 구역을 설정한 바 없다."고 드물게 인정하고 있다.

36. UN Security Section/UN Office of the Humanitarian Coordinator for Iraq, Air Strikes in Iraq: 28 December 1998–31 May 1999 (Baghdad, UNOHCI, 1999), pp. 1~12. 폰 스포넥은 2000년 10월 사임할 때까지 독자적인 조사를 통해 1년이 채 안 되는 기간에 144명이 사망하고 446명이 부상했다는 사실을 밝혀냈다.

37. Vijay Joshi, "Iraq Says American Attack Kills 11," Associated Press, January 26, 1999.

38. Thomas E. Ricks, "Containing Iraq: A Forgotten War; As U.S. Tactics

Are Softened, Questions About Mission Arise," *Washington Post*, October 25, 2000, p. A1 참조. 또 FAIR Action Alert , *"New York Times* on Iraq Airstrikes: Zero Dissent Allowed," February 23, 2001도 참조.

39. 사회적 책임을 위한 워싱턴 의사 협회, 1999년 4월 5일 바그다드에서 한스 폰 스포넥과 한 인터뷰.

40. H.C. von Sponeck, "Iraq: International Sanctions and What Next?," *Middle East Policy Journal*, October 4, 2000.

41. Dan Morgan, David B. Ottaway, and Ken Bredemeier, "In Iraqi War Scenario, Oil Is Key Issue: U.S. Drillers Eye Huge Petroleum Pool," *Washington Post*, September 15, 2002, p. A1. 2002년 6월 5일 세계정책포럼의 기타 저자들과 나눈 대화, *Iraq Sanctions: Humanitarian Implications and Options for the Future* (http://www.globalpolicy.org/security/sanction/iraq1/2002/paper.htm)도 참조. 이 장(5장)은 주로 James A. Paul, "Iraq: The Struggle for Oil," August 2002 (http://www.globalpolicy.org/security/oil/2002/08jim.htm)에 기초하고 있다. 친절하게도 이를 허락해 준 저자 Paul은 세계정책포럼(www.globalpolicy.org/)의 창립 간부다.

42. 위의 글.

43. 예를 들어 Daniel Yergin, *The Prize: The Epic Quest for Oil, Money, and Power* (New York: Touchstone Books, 1993) 참조.

44. 이들 기업들을 규모 순으로 보면, 엑손 모빌, 로열 더치-셸, 브리티시 피트롤리엄-아모코, 세브론-텍사코 그리고 토탈피나엘프 순이다. 로열 더치-셸은 흔히 영국-네덜란드 기업으로 묘사되며, 토탈피나엘프는 가끔 프랑스-이탈리아 기업으로 묘사된다.

45. 이라크 석유회사의 주요 주주는 셸, 영국석유(BP), 에소(엑손의 전신), 모빌, 그리고 프랑스 국영기업인 CFP였다.

46. 이 기간에 대한 설명으로는 Joe Stork, *Middle East Oil and the Energy Crisis* (New York: Monthly Review Press, 1975), pp. 188~94 참조. 1918년 이래로 프랑스는 이라크를 세계 석유의 주요 원천이자 영미 기업들과 균형을 이루기 위한 주요 수단으로 여겨왔다.(Yergin, *The Prize*, pp. 188~91 참조).

47. Michael Tanzer, "Oil and Military Power in the Middle East and the Crimean Sea Region," *The Black World Today*, February 28 and March 6, 2002 (athena.tbwt.com/content/article.asp?articleid=61 and athena.tbwt.com/content/article.asp?articleid=104) 참조.

48. Kenneth T. Derr, "Engagement-A Better Alternative," speech to the Commonwealth Club of California, San Francisco, California, November 5, 1998 (www.chevrontexaco.com/news/archive/chevron_speech/1998/98-11-05.asp). 현재 국가안보 보좌관인 콘돌리자 라이스는 당시 세브론의 이사였는데, 이 회사의 초대형 유조선 한 척을 그녀의 이름인 콘돌리자 라이스 호라고 명명했다. 부통령 체니를 포함해 부시 행정부 인사들이 많은 석유 및 에너지 산업과 연관이 있다는 주장도 매력적이긴 하지만, 정당과 개인을 막론하고 석유 문제는 미국의 대외 정책에 시종 일관 커다란 영향을 미쳤다.

49. 1999년 4월 13일 상원 군사위원회에서 증언한 내용.

50. Michael T. Klare, *Resource Wars: The New Landscape of Global Conflict* (New York: Henry Holt, 2001), 특히 chapter 3 참조, "Oil Conflict in the Persian Gulf," pp. 51~80.

51. Brian Mitchell, "U.S. Strategy In Middle East Goes Way Beyond Just Iraq," *Investor's Business Daily*, September 20, 2002, p. A16.

6장
언론의 이라크 보도 : 은폐와 왜곡

알리 아부니마/라니아 마스리

　걸프전이 발발하고 유엔의 경제 제재가 부과된 지도 12년이 지났다. 그때부터 지금까지 이라크는 계속해서 미국과 세계 언론의 주목의 대상이 되고 있다. 이라크를 다루는 미국과 영국 언론의 보도 태도는 유엔이 부과한 경제 제재와 민간인 폭격의 파괴적 결과를 계속해서 완전히 무시하는 것이었다. 그들은 또 주요 사안에 대한 왜곡 보도를 일삼아 왔다. 대표적인 사례가 무기사찰 관련 보도다. 이와 함께 그들은 미국 정책에 동조하는 자들의 의견만을 배타적으로 소개한다. 1990년 이후로 이라크 관련 보도가 엄청나게 늘어났다. 이 장에서 우리는, 특별히 최근 두 시기의 이라크 관련 보도에 초점을 맞춰 우리가 그 동안 살펴본 일반적 현상의 실례로 제시하려 한다. 첫 시기는 1998년 12월 15일부터 22일까지의 한 주간이다. 이 기간에 미국과 영국은 이라크에 주요 군사 공격을 감행했다. 약 400기의 크루즈 미사일과 600발의 폭탄이 이라크 땅에 떨어졌다. 두 번째 시기는 1999년 8월 1일부터 그해 10월 1일까지의 기간이다. 8월 12일 경제 제재 결과를 다룬 유니세프의 주요 문서가 발표됐고, 같은 달 말 미국 의회 대표단이 이라크

를 방문했다.[1]

≪미국의 이라크 전쟁≫ 2002년판을 위해 우리는 최근의 이라크 관련 보도에서 몇 가지 사례를 추가했다. 불행히도 새로 추가한 사실들이 우리의 기본 주장을 강력하게 뒷받침하고 있다. 미국이 이라크 지상 공격을 감행하려 하는 현 시점에서 호전적 애국주의에 물든 왜곡 보도가 특히 두드러지고 있는 것이다.

이 장의 목적은 이라크와 관련해 신뢰할 만한 보도를 제시하는 것이 아니다. 우리는 이라크 상황이나 중동과 이라크에서 미국과 영국 정부가 수행하는 역할을 왜곡하고 은폐하기 위해 언론이 이용하는 몇 가지 전술들과 의제들을 지적할 것이다. 우리의 목표는 독자가 더 비판적인 뉴스의 '소비자'가 되도록 돕는 것이다. 우리는 1999년에 두드러진 몇몇 긍정적인 흐름─9·11과 뒤이은 '테러와의 전쟁' 여파로 지금은 시들해져버린─을 지적할 것이다. 아울러 우리는 이라크와 관련해 공정하고 진실한 보도를 요구하는 과정에서 활동가들이 적용할 수 있는 전략을 제안하려고 한다. 우리가 각기 다른 전략을 채택한 것일 수도 있지만 어쨌거나 우리는 활동가들에게 가장 큰 관심의 대상이 되고 있는 문제에 주의를 집중하기로 했다. 경제 제재의 파국적 결과와 이라크 민중의 운명이 바로 그것이다. 우리는 사태의 군사적·정치적 측면을 다룬 보도에 대해서도 전반적인 분석을 조금이나마 제공할 것이다.

걸프전 기간 동안 미국 정부가 수행한 언론 조작과 언론계가 이에 순응한 행태에 관해서는 다른 분들이 증거를 제시하며 분석한 바 있다.[2]

이에 우리는 최근의 사태에 관심을 집중하려 한다. 그러나 [우리 눈에 비친] 이라크의 모습은 미국 언론의 상투적인 오해와 아랍과 회교 문화에 대한 중상을 반영하고 있다는 사실을 잊어서는 안 된다. 미국의 대중문화는 아랍인들을 테러리스트나 불순한 폭력배쯤으로 묘사하는 일에 익숙하다. 이 지나치게 단순하고 왜곡된 이미지가 이라크의 이미지를 강화할 뿐 아니라 이번에는 이라크의 이미지가 그런 단순하고 왜곡된 이미지를 강화하기도 한다.[3] 에드워드 사이드와 다른 저술가들이 아랍과 회교도의 개념, 정부 정책, 언론 사이의 관계를 조사·연구한 바 있다.[4]

언론의 6가지 대죄

우리는 비판가와 활동가들이 경계해야 할 언론의 이라크 보도 태도를 6가지 경향으로 구분했다. 거짓 정보를 제공하는 명백한 문제점과 심층적인 사태 분석을 등한시하는 언론의 일반적 경향은 여기서 제외한다.

▶ 유엔의 경제 제재가 이라크 민중에게 가한 고통을 무시하거나 경시하기
▶ 폭격으로 인한 민간인 희생자 관련 보도를 무시하거나 그 신뢰성에 의문을 제기하기
▶ 사담 후세인 개인과 이라크 전체를 동일시하기
▶ 정부 발표를 맹목적으로 추종하기
▶ 허위 '공정' 보도
▶ 입맛에 맞는 '전문가들'만 선택적으로 이용하기

이하에서 우리는 이 6가지 항목을 차례로 살펴볼 것이다.

전거(典據)

우리는 렉시스-넥시스[Lexis-Nexis, www.lexisnexis.com]이 제공

하는 검색 서비스]의 광범한 데이터베이스를 사용해 두 조사 대상 시기를 한정해 '이라크'라는 검색어를 입력하고 그 결과를 살펴보았다. 12월에는 주요 신문이 1천 건 이상의 기사를 게재했음을 확인할 수 있었다. 8월에도 800건 이상의 기사가 실렸다. 이 결과 속에서 검색어 '민간인(들)'을 입력했더니 12월 폭격 기간에 겨우 78건의 기사가 검색됐다. 8월과 10월 사이에도 '경제 제재와 유니세프' 관련 기사는 겨우 17건에 불과했다. 우리는 ABC, CBS, CNN, NBC, 공영 라디오 방송 (NPR)의 8월 방송분 원고도 검토했다. 이 다섯 개 방송의 이라크 관련 기사는 모두 합해 53건이었다. 그러나 유엔이 부과한 경제 제재의 파국적 결과를 단 한 건이라도 보도한 방송사는 공영 라디오 방송과 CNN뿐이었다(물론 이 방송사들도 각각 한두 건에 불과하다). 공영 라디오 방송은 자사의 <토크 어브 더 네이션> 프로그램에 필자 중 한 명인 라니아 마스리를 초대해 이라크를 특집으로 다루기도 했다.[5] 우리는 이 두 시기에 관심을 집중하면서 우리의 관찰 결과를 입증하기 위해 다른 기간의 사례들과 비교했다.

유엔의 경제 제재가 이라크 민중에게 가한 고통을 무시하거나 경시하기

경제 제재로 인한 고통을 증언하는 보도를 불신하는 경향이 미국과 영국 언론의 이라크 관련 보도에서 지속적으로 드러나는 주요 특징이다. 대부분의 시기에 그런 기사는 완전히 무시됐다. 경제 제재가 단행된 이후 유엔 기관과 독립적인 국제 인권단체가 다양한 사례와 풍부한 증거를 제시했음에도 주류 언론은 좀처럼 이 사실을 취급하지 않았다. 1999년에 발표된 유니세프 보고서 ─ 1991년 이후 이라크의 아동과 여성 사망자 수를 전국에 걸쳐 종합적으로 조사한 최초의 보고서다 — 도 이런 보도 행태에 영향을 미치지 못했다.

렉시스-넥시스에 따르면 이 보고서가 발표된 후 두 달 동안 주요 신문의 (검색어) '이라크' 관련 기사는 810건이었다. 그러나 이 가운데 17건의 기사만이 '경제 제재'와 '유니세프'를 언급했다.

CBS와 NBC는 이 보고서를 완전히 무시했다. 유니세프 보고서가 발표되고 4일이 지난 8월 16일, 피터 제닝스가 진행하는 ABC 방송의 <월드 뉴스 투나잇> 프로그램이 바그다드의 생활을 다룬 내용은 더욱 어처구니없는 사건일 것이다. 이 보도물은 유니세프의 조사 결과를 완전히 무시한 채 바그다드의 가두 시장에서 손목시계 판매가 증가하고 있다는 내용을 태평하게 내보냈던 것이다.[6] 공영 라디오 방송의 주요 뉴스 매거진 프로그램도 유니세프 보고서가 발표되고 한달 이상이 지난 9월 22일까지 관련 보도를 일체 내보내지 않았다.[7]

1999년의 유니세프 보고서가 광범하게 인용되고 토론 쟁점으로 떠오르자 기자들의 일반적인 반응은 아동 사망자 수가 두 배로 늘어난 것이 경제 제재 때문이라는 보고서의 결론에 의문을 제기하는 것이었다. 그들은 경제 제재 정책은 내버려 둔 채 이라크 정부를 물고 늘어지며 비난을 퍼부었다. 런던에서 발행되는 <인디펜던트>의 다음과 같은 기사를 살펴보자. "유엔 아동기금(유니세프)이 작성한 한 보고서에 따르면, 후세인의 통치권이 미치고 있는 이라크 중남부 지역에서 5세 이하 어린이 사망자 수가 1984~89년의 연간 1천 명당 56명에서 지난 5년 동안 1천 명당 131명으로 치솟았다."[8] 이런 후안무치한 보도는 사망자 수가 늘어난 이유가 후세인의 통치 때문이라고 암시하고 있다. 그러나 유니세프 보고서는 그렇게 주장하지 않았다.[9]

유니세프의 조사 보고서를 이런 식으로 조작한 사례를 <워싱턴 포스트> 사설에서도 찾아볼 수 있다. "어린이들의 고통"이라는 제하의 사설 내용은 이렇다.

사담 후세인이 어린이들이 겪는 고난을 전쟁 수행 도구로 이용한 최초의 인물은 아니다. 그러나 그가 이라크의 어린이들이 겪는 고통을 교묘하게 이용하고 있다는 점만은 분명하다. 이라크의 가장 취약한 시민들의 고통을 악용해 그가 달성하려 하는 목표는, 거의 10년 전 [이라크가] 쿠웨이트를 침공한 대가라며 유엔이 강요한 무역 통제를 무력화하는 것이다. 그는 이렇게 소름끼치는 방법으로 이라크 국민의 미래를 희생시켰다.[10]

그런 다음 사설은 이라크 정부가 어린이들에게 공급할 식량을 주문하는 일을 능장부리고 있다며 비난을 퍼붓는다. 긴급히 필요한 인도주의적 수입의 승인을 지연하는 미국과 영국 당국의 작태는 언급하지 않으면서 말이다. <워싱턴 포스트>는 사설 "어린이들의 고통"에서 분노를 표시하긴 하지만 유니세프가 발표한 충격적 사실에는 눈을 감아버렸다. 이라크에 경제 제재가 부과되지 않았더라면 생존할 수 있었을 어린이가 무려 50만 명에 이른다는 사실 말이다.[11]

<로스앤젤레스 타임스>는 경제 제재 정책과 그 논리의 가장 큰 피해자는 이라크가 아니라 미국이라는 논조의 기사를 실었다. "클린턴 행정부는 이라크의 사담 후세인 체제를 제거하기 위한 정책을 지속하기 위해 동맹국 일부와 함께 전투를 치러야 할지 아니면 한때 아돌프 히틀러에 비유되기까지 한 그 독재자가 계속해서 권좌에 머무를 수 있도록 타협할지를 다음달까지 결정해야만 한다."[12]

유니세프 보고서는, "경제 제재를 지속하고 후세인을 봉쇄하기" 위해 워싱턴 당국이 극복해야 하는 장애물 가운데 하나로만 제시될 뿐이다. 이라크 민중이 처한 상황과 운명은 고려 대상이 아닌 것이다.

고의적인 누락과 반쪽 짜리 진실만을 제시하는 수법은 경제 제재의 책임을 이라크에게 돌리기 위해 사용하는 또 다른 방법이다. 바바라 크로셋의 <뉴욕 타임스> 1999년 8월 13일치 기사가 전형적이다.

기사의 제목은 <유니세프, 이라크의 아동 사망률이 증가했다고 보고하다>이다. 그러나 이 기사에서 그 유니세프 보고서의 내용은 이게 전부다. 기사의 나머지는 입증되지도 않은 주장과 거짓 진술로 채워졌다. 한 문장만 예로 들어보겠다. 크로셋은 여기서 명백한 거짓말을 세 번이나 하고 있다. "경제 제재 초기부터 후세인 대통령은 아무런 제약 없이 식량과 의약품을 수입해 왔다. 그러나 석유 판매가 가로막히면서 그는 그나마 수중에 들어온 돈을 호화로운 궁전과 건설 사업에만 썼다."[13]

첫째로 "경제 제재 초기부터"라는 진술을 통해 그녀는 경제 제재 조처가 사실상 식량과 의약품 수입을 제한하지 않는다는 그릇된 인상을 심어준다. 둘째, 이라크 정부는 "아무런 제약 없이" 식량과 의약품을 수입하지 못했다. 뉴욕에 본부를 두고 있는 유엔 안전보장이사회 경제 제재 위원회는 [이라크가] 올린 제안을 멋대로 거부할 수 있다. 그리고 실제로 자주 그렇게 해왔다.[14] (갱신된 유엔 결의안 1409호, 곧 이른바 융통성 있는 경제 제재 결의안(smart sanctions resolution)이란 것도 필수품이 이라크 내부로 반입되는 것을 계속 금지했다. '민군 겸용' 가능성이 그들이 내세운 이유다.)

셋째, 이라크 정부는 석유-식량 교환 프로그램을 통해 "가용 자금"을 수중에 넣지 못하고 있다. 수출 대금 전부가 유엔이 관리하는 통제 계좌로 들어간다. 그리고 대금의 지출 계획과 집행은 유엔 안보리의 승인을 받아야 한다. 참고로 덧붙이자면, 이 대금의 약 25퍼센트는 패전 배상금으로 따로 압류된다.[15]

크로셋은 더 나아가 이렇게 적었다. "(석유-식량 교환 프로그램이 시행된) 이후 이라크가 의약품을 비축하고 있는 듯하며, 5세 이하 어린이와 산모에게 필요한 식량을 더 구입하라는 권고안은 무시해 버렸다고 이 계획을 감독하는 유엔 관리들이 전했다." 그러나 전직 유엔 구호담당 조정관 데니스 핼리데이와 그 후임자들인 한스 폰 스포넥, 툰 미야트 등 이라크 관련 구호담당 업무를 책임졌던 유엔의 주요 인사들은 이런 주장에 상당한 의문을 제기했다.[16] 크로셋은 또, 당시 국무부 대변인 제임스 루빈의 말을 인용하면서 이렇게 적었다. "이라크는 석유-식량 교환 프로그램을 통해 얻을 수 있는 원조를 스스로 차단하고 있다. 따라서 …… 외부 사람들이 할 (수 있는) 일은 아무것도 없다." 그녀는 폰 스포넥도 인터뷰하지 않았다. 그는 3주 전 로이터 통신과 회견에서 이렇게 말했다. 유엔의 감시로 밝혀진 이라크의 배급 상황이 "그다지 만족스럽지는 않지"만 그렇다고 "이라크 정부가, 주문한 의약품의 배포를 일부러 늦추고 있다는 증거도 전혀 없다."[17] (2001년 7월 13일에 크로셋은 다시 한번 거짓 기사를 썼다. "이제 이라크는 자유롭게 나머지 돈을 쓸 수 있다. (전후 배상금과 기타 유엔 공제액을 지불하고 나면) 이런저런 물품을 광범하게 수입할 수 있는 것이다." 여기에 또 거짓 주장이 보태진다. "영국과 미국의 새 계획("융통성 있는 경제 제재")이 발효되면 민간 무역에 가해졌던 제약도 사라질 것이다."[18]) 상황이 이런데도 비슷한 중상과 모략이 계속해서 되풀이되고 있다. 2002년 5월 8일, AP통신은 어떠한 의문도 제기하지 않은 채 국무부 대변인 리처드 바우처의 다음과 같은 주장을 보도했다. "이라크 내에서 민수품이 부족하고 분배 역시 제약받고 있는 것은 어떤 외부의 통제 때문이 아니다. 그것은 오히려 이라크 체제의 작동 방식에서 기인한다."[19]

미국과 영국 정부는 유니세프가 보고한 아동 사망자 수의 지역적 편차까지 악용했다. 쿠르드족이 통제하는 북부 지역이 상대적으로 낮은 반면 이라크 정부가 통제하는 중남부 지역이 높았던 것이다. 그들은 이것이야말로 이라크 국민이 겪고 있는 고통의 원흉이 바로 후세인 정권임을 입증하는 '증거'라며 목소리를 높였다. 이 주장에는 심각한 결함이 있었지만 언론에서는 아무런 의문도 제기하지 않았다. 이러한 차이가 더 높은 농업 생산성, 더 많은 일인당 원조, 북쪽 국경 지대에서 터키와 이루어지는 상당량의 무역과 관계가 있다고 유니세프 보고서가 지적했음에도 <인디펜던트>는 영국 외무부 장관 제프 혼과 제임스 루빈의 미심쩍은 주장을 그대로 보도해 버렸다.[20]

폭격으로 인한 민간인 희생자 관련 보도를 무시하거나 그 신뢰성에 의문을 제기하기

1998년 12월 15일부터 22일까지 한 주 동안 1000건이 넘는 이라크 관련 보도 중에서 '민간인 사상자'를 언급하고 있는 기사는 겨우 10퍼센트에 불과하다. 민간인 희생자 수를 정확히 추산하는 것이 어려울 뿐더러 이라크 당국이 기자들에게 제약을 가하고 있지만 소수의 기자는 진실에 접근하기 위해 자유의 한계를 시험하기도 했다.

12월 폭격은 세계 여론의 지지를 받지 못했기 때문에 영국과 미국의 지도자들은 이라크의 민간인 사망자 수가 여론의 흐름을 뒤집을 수 있다며 전전긍긍했다. 그들의 전쟁 선전은 기자들이 민간인 희생자 관련 보도를 무시하거나 그 신뢰성에 의문을 제기하도록 격려하는 것이었다. 전하는 바에 의하면, 12월 폭격이 한창일 때 영국의 정부 각료들은 "서방 기자들에게 도시의 병원들을 취재하도록 허용한 이라크의 전술에 깜짝 놀랐다."고 한다. "그들이 전국의 가정에 고통받는 [이라크] 민간인들의 생생한 이미지를 방송할 수 있었던 것이다." 그리하여 영국 정부는 기자들에게 민간인 피해와 관련한 이라크의 주장을 "신중히 검토하고 의심해 보라."고 주문했다.[21]

일부 미국인 기자들에게는 그런 훈계도 필요치 않았다. <애틀랜타 저널 칸스티튜션>은 일체의 이견을 배제한 채 소위 '국방 전문가들'의 다음과 같은 주장을 실었다. "이라크 대통령이 뉴스 매체를 교묘하게 이용해 미국과 영국의 야간 미사일 공격에 대한 세계의 여론을 쥐락펴락하고 있다." 기사는 이렇게 계속된다. "이런 공세적 선전술을 통해 그 이라크 지도자[후세인]는 이라크 민중이 겪는 고통의 책임을 우리 미국인에게 덮어씌우고 있다."[22]

12월 19일 <로스앤젤레스 타임스>는 "민간인 사상자 수를 최소화하기 위해 정부가 극도로 주저하고 있음이 분명하다"[23]고 말했다. 희생자 관련 보도를 막고 또 그 신뢰성에 의문을 제기하려는 정부의 기도가 명백했음에도 이 신문은 자신의 주장을 입증할 만한 어떠한 증거도 제시하지 않았다. 그들은 펜타곤[미국 국방부]의 주장만을 앵무새처럼 되뇌었다.

일단 폭격이 종료되자 많은 언론들이 민간인 희생자 수를 산정하는 일이 어렵다는 것을 알게 됐다. 그런데도 일부 언론은 이라크의 주장을 즉각 무시해 버렸다. 예를 들어, <클리블랜드 플레인 딜러>의 사설은 "경미한 민간인 사상자 수로 볼 때 …… 만족할 만하다"[24]고 보도했다.

한스 폰 스포넥 같은 독자적인 관찰자, 원조 활동가, 학자, 평화 운동가를 취재한 기자는 거의 없었다. 사진과 직접 기록한 증언, 민간인 마을에서 회수한 유산탄 등을 통해 폭격의 실상을 일부나마 전한 사람은 바로 이들이었다.

이라크 민간인에 대한 유엔 자체의 식량 공급도 폭격으로 중단됐지만 이 사실 역시 그냥 묻혀 버렸다. 1998년 12월 22일 공영 라디오 방송은, 폭격으로 인한 식량 배급 체계의 붕괴는 전혀 없다는 미국 국무부 부장관 토마스 피커링의 주장을 인용 보도했다. 미국의 대다수 다른 언론기관과 마찬가지로 공영 라디오 방송도 하루 전에 AP가 타전한 폰 스포넥과의 회견 기사를 무시해 버렸다. 그는 폭격으로 식량

배급이 마비됐으며 쌀 2600톤을 보관하고 있던 창고가 파괴됐다고 증언했다.[25]

미국 언론은 민간인 피해가 거의 없다고 주장하며 계속해서 농간을 부렸다. 폭격이 "엄격한 작전 계획"에 따라 이루어지며 "정확"하기 때문이라는 것이다. 예를 들어 <워싱턴 포스트>는 이렇게 적었다. "이번 주에 단행된 공습은 대부분이 정밀 무기로 이루어졌다. 1991년 [공화국] 수비대를 격파하기 위해 수행된 폭격에서는 압도적으로 재래식 폭탄이 사용됐고, 따라서 목표물을 놓친 경우가 많았다는 점과는 확실히 구분된다."[26]

공습이 끝났다. 런던에서 발행되는 <가디언>은, "미국 항공모함 엔터프라이즈 호에서 출격한 항공기들이 투하한 레이저 유도 폭탄의 4분의 1이상이 목표물에서 빗나갔음을 해군 장성들이 시인했다"[27]고 보도했다. 귀찮게 이런 보도를 하는 언론은 거의 없었다. 토마호크 크루즈 미사일이 "85퍼센트의 명중률"을 자랑한다고는 떠벌이면서도 빗나갔을 나머지 15퍼센트, 곧 60발의 미사일이 어디에 떨어졌는지, 또 어떤 민간 목표물을 '정확히' 타격했는지에 관해서는 거의 아무런 언급이 없었다.[28]

사담 후세인 개인과 이라크 전체를 동일시하기

미국 정부와 언론이 외국의 지도자들을 악마로 탈바꿈시키는 습성은 이미 악명이 높다. 이라크의 경우는 특히 교활한데, '사담'과 '이라크'를 동의어로 사용하는 미디어 종사자들의 태도가 2200만 이라크인의 고통은 물론 그 존재까지도 감춰버리기 때문이다. 정부 관리의 입에서 이런 말이 나오는 것은 흔해빠진 일일 뿐더러 놀랍지도 않다. 정부 정책에 대한 대중의 지지를 확보하는 것이 이들의 목표이기 때문이다. 그러나 수많은 민간인의 생명을 앗아간 경제 제재와 폭격의 파국적 결과를 은폐하는 행태가 겉보기에 '객관적인' 언론과 그들의 보도에서도 현저하게 드러난다.

"다시 한번 사담 후세인이 폭탄 파편을 헤치고 솟아올랐다. 4일 간에 걸친 미국과 영국의 합동 공습에서 살아남은 이 명 질긴 압제자가 승리를 선언하며 도전장을 던지고 있다." <샌프란시스코 크로니클>의 사설 첫머리를 장식하는 앞 문장이 이 현상의 추악한 극단을 보여주고 있다.[29] 이런 식의 중상과 비방이 특히 방송에 만연해 있다. 예를 들어, NBC의 <투데이 쇼> 진행자 맷 라우어는 초대 손님에게 '비행 금지' 구역에서 미국의 전폭기가 계속 "사담을 공격 목표로 삼아야" 하는 이유를 물었다.[30]

이라크 침공과 점령을 위해 병력과 군비를 증강하면서 군사 행동이 오직 한 사람에게만 영향을 미칠 것처럼 선전하고 있다. NBC의 캠벨 브라운 기자는 2002년 8월 27일 <투데이>에서 다음과 같이 보도했다. "딕 체니 부통령이 세계에 전달한 메시지는 이렇다. 일단 당국이 사담 후세인과 전쟁에 돌입하기로 결정하면 동맹국의 지지가 있든 없든 공격이 단행될 것이라는 강경한 내용이다."[31] 폭스 TV의 진행자 그레타 반 서스테른도 예비역 육군 중령 밥 매기니스를 초대 손님으로 불러놓고 비슷한 질문을 했다. "우리가 사담 후세인과 전쟁에 돌입할지 말지를 결정할 때 해소되어야만 하는 의문점들이 무엇이라고 보는가?"[32]

정부 발표를 맹목적으로 추종하기

일부 언론이 이라크와 사담 후세인을 구분하지 않는 반면 다수 언론은 기자의 본분을 망각하고 미국 정부와 스스로를 동일시했다. 한 퇴역 공군 장성과의 인터뷰에서 NBC의 라우어가 이렇게 물었다. "그 [후세인]가 우리에 대항해 방공망을 가동하는 데도 그것을 무력화하지 않겠다는 말인가?"[33]

라우어는 얼마 후 "그의 항공망이 우리를 겨냥하고 있다"고 말하면서 다음과 같이 의문을 제기하기도 했다. "우리가 회피해야만 하는가? 그의 항공망이 우리를 겨냥하도록 내버려두어도 좋단 말인가?" 그는 계속해서 이렇게 말한다. "우리가 처음으로 하기 시작했다. 그가 우리 사찰단원들, 유엔 무기사찰단원들을 쫓아내면서 이 모든 문제가 시작됐다."[34] 주류 언론이 되풀이한 주장과 달리 이라크 정부는 유엔 특별위원회[1991년 이라크가 걸프전에서 패한 후 이라크의 대량 살상 무기 실상을 조사하고 파괴하기 위해 설치됐다] 사찰단을 내쫓지 않았다. 유엔 특별위원회의 책임자 리처드 버틀러의 명령에 따라 사찰단원들이 철수했던 것이다. (이 주장은 수도 없이 논박됐지만 계속 유포되고 있다. 2002년 8월 4일, 공영 라디오 방송의 린다 베르트하이머가 이렇게 말했다. "이라크를 무장 해제하는 임무가 유엔에 부과됐다. 그러나 사담 후세인 정부는 결코 충분히 협력하지 않았다. 1년 반 전에 바그다드가 유엔 무기사찰단을 내쫓았던 것이다."[35] 2002년 8월 3일, 공영 라디오 방송의 특파원 다니엘 쇼어도 이렇게 언급했다. "(후세인에게) 비밀 무기가 있다면 그가 사찰단을 쫓아낸 이후로 4년 동안 그것들을 전부 은닉할 수 있었을 것이다."[36])

1998년 12월 16일은 "사막의 여우 작전" 또는 크리스마스/라마단 폭격이 시작된 날이다. 이라크 공습이 개시된 그날 공영 라디오 방송의 국제 담당 편집자 로린 젠킨스가 자신의 집중 논평 시간에 '우리'와 '미국'을 바꿔 사용해도 상관이 없는 해설 기사를 내보냈다. "작년 (1997년) 11월에도 우리는 이라크를 공격"했다고 그가 말했다. 이 일촉즉발의 공격이 이라크의 양보로 중단될 수도 있다고 관측하느냐는 질문을 받고 그는 이렇게 대답했다. "나는 이라크인들이 방향을 바꾸지 않을 거라고 생각합니다. 또 그들이 그렇게 하겠다고 말한다 해도 우리가 믿지 않을 거라고 생각합니다."[37]

이라크와 그 지도자를 구분하지 않는 방식은 대중에게 이라크의 상황을 잘못 알리고 더 나아가 은폐한다. 한편으로 미국과 영국 정부, 심지어 유엔과 관련해 기자들이 '우리'라는 말을 남발하는 태도는 인위적 단결을 강제하고 더 나아가 영미인들이 하나의 단일한 견해로 뭉쳐 있다는 인상을 심어 준다. 그리고 이런 상황이 비폭력 행동 같은 대안을 모색하는 토론의 가능성을 억압한다. 기자들은 어느새 의사 결정자가 되어 정부 전복을 포함해 이라크를 응징하는 전략을 옹호하게 된다. 일부 언론인이 부시의 '테러와의 전쟁' 정책을 변호하는 것을 확인할 수 있다.[38]

미국 정부의 이라크 공격 여부를 놓고 최근 벌어진 논쟁에서 기자들이 '우리'라는 용어를 사용하는 일이 더욱 잦아졌다. "하필 이 시기에 이라크 공격을 결정해서 중동 지역의 동맹국 모두가 우리에게 등을 돌리고 우리의 대테러 전쟁을 지원하지 않으면 결국 그런 사태야말로 오히려 미국에게 더 나쁘지 않겠는가?" 2002년 8월 27일 CNN 앵커 캐럴 코스텔로가 초대손님에게 이렇게 의문을 제기했다.[39] 이 과정에서 제임스 카빌 기자가 2002년 8월 19일<크로스파이어>에 출연해 보여준 신경질적 흥분이 주목된다. "이라크를 침공할지 말지를 놓고 계속해서 설왕설래하며 앞으로 또 4년 동안 집중분석(crossfire)만 하고 있을 셈인가? (부시 대통령은) 도대체 언제쯤 우리에게 임무를 말해줄 참인가?"[40]

허위 '공정' 보도

한 주제를 놓고 두 가지 이상의 견해를 전달하는, 겉보기에 '공정한' 뉴스조차도 때때로 심각하게 왜곡될 수 있다. 세 가지 사례가 이점을 명확히 보여 줄 것이다.

이라크의 쿠웨이트 침공으로 촉발된 1990~1991년의 걸프 사태 이후 바그다드는 국제 사회의 폭넓은 제재를 받아왔다. 이라크는 경제 제재로 많은 민간인들이 고통 받고 있다고 주장한다. 그러나 미국은 이라크 국민이 굶주리는 것은 후세인 때문이라며 그의 정부를 비난했다.[41]

클린턴 대통령은, 바그다드 당국이 자국의 대량 살상 무기에 관해 상세한 정보를 제공하면 이라크의 석유 수출 통제를 부분적으로 유예해 줄 수도 있다고 오늘 발표했다. 석유 수출 통제는 1990년 이라크가 쿠웨이트를 침공한 후 취해졌다. 바그다드는 경제 제재가 민간인, 특히 어린이들에게 파국적 결과를 초래했다고 주장한다.[42]

미국과 이라크는 이라크 남부 비행 금지 구역 상공에서 고양이와 쥐 게임을 벌이고 있다. 오늘 관리들이 미국과 영국 전투기가 이번 주 초에 이라크의 지상 목표물을 공격했다고 확인해 주었다. 이라크는 이 공격으로 네 명이 부상을 입었다고 주장하지만 한 영국 관리의 말에 따르면 사상자는 전혀 없었다고 한다.[43]

이 각각의 사례들에서 확인할 수 있듯이, 사실 보도 기사에는 신뢰성이 서로 충돌하는 두 개의 '주장'이 함께 제시된다. 하나의 주장을 입증하고 나머지 주장을 논박하는 독립적인 증거는 이와 같은 기사에서 의도적으로 배제된다. 위의 인용문이 발췌된 기사에서 <뉴욕 타임스>와 공영 라디오 방송, 폭스 TV는 이라크의 상황을 알리는 수많은 독립적 보고서들과 진술들을 완전히 배제했다. 그리하여 경제 제재가

야기한 참상을 전하는 사실 보도 기사들이 이라크의 단순한 '주장'으로 축소되고 만다. 결국 [자신들이 보도했으면서도] 기사 내용이 날조됐을 수도 있으며 논쟁의 여지가 있다는 뉘앙스를 풍기는 것이다. 이러한 허위 공정 보도를 통해 기자들은 이렇게 말한다. "나는 내 할 일을 다 했다. 나는 양편의 주장을 모두 전달했다."

이런 작태는 방송 언론이 각기 다른 견해에 할당하는 시간에서도 확인된다. 다시 한번 공영 라디오 방송의 사례를 보자. 이라크에 우호적인 전직 유엔 구호담당 조정관 데니스 핼리데이—그는 이라크를 옥죄는 유엔의 경제 제재에 강력하게 반대한다—가 워싱턴 근동정책연구소의 패트릭 클로슨과 경제 제재 정책을 놓고 초청 '토론'을 벌였다. 패트릭 클로슨은 이 정책의 강력한 지지자로, 그가 근무하는 연구소도 미국-이스라엘 공무 위원회의 산하기관이다. 1999년 1월 2일, 공영 라디오 방송의 그 '토론'은 총 6분 동안 방송됐다. 1월 9일, 국방대학에서 나온 케네스 폴랙은 6분 내내 자신의 주장을 개진했다.[44] 그가 경제 제재와 이라크 공격을 지지했음은 말할 나위도 없다. 군사 공격 기간은 물론 그 뒤 몇 주 동안에도 동일한 기회를 부여받은 경제 제재 비판가는 단 한 사람도 없었다.

공영 라디오 방송의 간판 뉴스 매거진 프로그램인 <올 싱스 컨시더드>와 <모닝 에디션>은 매일 이라크 관련 보도에서 변함없이 경제 제재의 결과를 무시하고 갈등의 군사적·외교적 측면에만 관심을 집중한 반면, 매일 방송되는 인기 있는 시청자 전화 참여 프로그램 <토크 어브 더 네이션>은 가끔 이라크 특집을 편성해 피상적인 내용을 보도했다.[45]

입맛에 맞는 '전문가들'만 선택적으로 이용하기

위기가 고조될 때, 특히 1998년 12월이나 아프가니스탄 폭격이 절정에 이르렀던 2001년 가을처럼 맹렬한 공습이 단행되는 시기면 언론은 주로 퇴역 군인과 보수적 연구기관 인사 일색인 '전문가들'을 모셔다가 분석을 요구한다. 당연히 미국 기업연구소나 친 이스라엘 성향의 워싱턴 근동정책 연구소, 국방대학 인사들이 TV 화면에 대거 등장하고 또 이들의 글이 신문을 도배한다. 폭격과 경제 제재의 반대자들은, 인터뷰를 하더라도 '소수 의견'으로 처리되는 게 고작이다. 인터뷰도 꼭 시위 현장이나 전화로만 한다.

1998년 12월 이라크 공습 작전과 관련한 공영 라디오 방송의 보도 태도가 이런 특징을 전형적으로 보여주었다. 12월 17일부터 12월 22일에 걸쳐 공영 라디오 방송은 반전 관련 특집을 네 꼭지 편성해 내보냈다. 하나는 '황야의 목소리'의 캐시 켈리의 주장과 활동을 담았고, 또 다른 하나는 우리[필자들] 중 한 명을 다른 활동가들과 함께 소개하는 것이었다. 나머지 두 꼭지는 아랍계 미국인과 회교도 미국인이 미국의 공격에 대해 어떻게 느끼고 있는지를 소개했다.[46] 이 네 꼭지의 특집이 전쟁 반대 의견을 보도한 것은 분명하지만 방송 시간은 다 합해 봐야 5일 동안 겨우 16분에 불과했다. 전쟁 반대 의견이 있기는 하지만 '소수'의 견해에 불과하다는 식으로 제시된 것이다. 같은 기간에 공영 라디오 방송은 엄청난 양의 이라크 보도물을 쏟아 냈다. '전문가 집단'의 특집 인터뷰와 좌담회, 쟁점 토론 따위로 도배를 한 것이다. 출연자 대다수가 군인이나 정부 관료 출신, 아니면 보수적 두뇌집단이나 연구원들이었음은 물론이다.[47]

조지 W 부시 대통령의 첫 번째 이라크에 대한 "외교 정책 과제"를 다룬 탐 젤틴의 기사를 보면, 그가 인용한 '전문가들'의 선택은 부시에게 가능한 '선택권' — 결국 이라크를 폭격할 것인가 말 것인가로 귀결되는 — 을 토론하는 틀에서 벗어나지 못한다는 것을 알 수 있다. 젤틴이 언급한 전문가들 중에는 아비그도르 헤이즐콘도 포함되는데, 젤틴은 헤이즐콘을 "중동 문제 전문가"라고만 소개했다. 하지만 이 작자는 이라크와 팔레스타인 모두에게 강경 대응할 것을 요구해 온 우익 이스라엘인이다. 젤틴의 기사에서 인용되거나 언급된 다른 인물들의 면면을 나온 순서대로 살펴보자. 먼저 익명을 요구한 미국 관리, 국방부 대변인 크레이그 키글리 제독, 전직 유엔 무기사찰단장 찰스 딜페르, 또 다른 익명의 미국 관리, 국가안보 보좌관 콘돌리자 라이스, 랜드 연구소의 대니얼 바이먼 등이다.[48]

적극적 행동에 자극받아 우호적 보도가 늘어나다

이라크와 관련해 많은 중요한 사실들이 왜곡됐거나 은폐됐기 때문에 언론은 활동가들의 집중 표적이 됐다. 전국에 걸쳐 개인과 집단의 운동이 활발해졌고 그 결과 몇몇 의미 있는 보도를 이끌어 내기도 했다. 다른 상황에서라면 결코 생각할 수도 없는 일이었다. 1998년 12월 공습 기간 중에 다수의 지방 신문이 반전 시위를 기사로 다루었다. 이런 기사들이 종종 활동가들의 주장이 실리는 유일한 곳이었다. 1999년 봄에 데니스 핼리데이와 필리스 베니스가 조직한 전국 순회강연이 긍정적인 변화를 많이 낳았고 몇몇 지방 신문은 그들의 기명 기사를 실어주기도 했다.[49] 9·11 이후로 이라크와 전쟁에 돌입해야 한다는 주장이 만연한 가운데 한스 폰 스포넥의 이견이 철저히 무시됐다. 활동가들의 캠페인으로 그의 의견이 다시 보도될 수 있었던 게 천만다행이다.[50]

이것은 운동 단체가 조직하고 주도한 활동이 이라크 관련 보도를 늘린 사례들이다. 그러나 언론의 변화를 목표로 삼는 직접 행동도 보도의 개선을 가져올 수 있다. <시애틀 포스트-인텔리전서>에 8페이지 분량의 칼라 별쇄 특집이 주목할 만하다. 경제 제재에 반대하는 활동가들이 그 신문 편집자들과 수년 동안 관계를 지속해 온 결과였다. 그리하여 이 신문은 경제 제재와 전쟁이 이라크에 미친 영향을 가장 탁월하고 예리하게 보도한 주류 언론사 가운데 하나가 될 수 있었다.[51]

적극적 행동주의와의 직접적 연계를 보여주는 것이 일회적으로만 가능한지도 모르겠다. 그러나 우리는 경제 제재에 반대하는 운동이 정부의 정책 방향 토론과 미국 내 신문의 편집 방침에 영향을 주기 시작했다고 믿는다. 펜타곤과 세계무역센터가 공격받기 전까지는 확실히 그랬다. 이제 우리는 더 나아가 우리의 운동이 이라크와의 전쟁을 독려하는 언론의 태도를 바꾸는 데 중요한 역할을 할 수 있을 것이라고 생각한다. 1999년 하반기만 보더라도 <산호세 머큐리 뉴스>, <오렌지 카운티 레지스터>, <로스앤젤레스 타임스>, <댈러스 모닝 뉴스>, <크리스천 사이언스 모니터>가 경제 제재를 해제하거나 진지한 재검토가 필요하다고 주장하는 사설과 기명 기사를 실었다.[52]

<시카고 트리뷴>은 사설에서 이렇게 물었다.

야비한 독재자 한 명을 응징하기 위해 무고한 민간인을 죽이는 행위를 지지할 미국 사람이 있을까?
아마 없을 것이다. 그러나, 1990년 이라크의 쿠웨이트 침략을 구실로 단행된 지난 9년 동안의 경제 제재가 가져온 결과는 아마 순수한 의미에서 민간인 살해 그것이었을 것이다.[53]

눈에 띄는 또 다른 언론 보도 사례는 1999년 9월 12일자 <휴스턴 크로니클> 일요판 1면의 이라크 기사다. 여기에 이라크의 일상 생활을 상세히 전하는 기사가 네 꼭지 실렸다.[54]

회교도가 테러리스트로 박해받고 이라크인들이 악마로 묘사되며 이라크 민간인들에게 절실한 품목들에 대한 수입 금지 조치가 대부분 (아니 완전히) 해제됐다고 언론이 떠들어 대는 지금 상황에서는 <휴스턴 크로니클>에 실린 기사와 같은 이야기들이 절대적으로 필요하다.

활동 지침

이 장의 필자들과 다른 활동가들의 경험에 따르면 기자들을 '교육하고' 또 그들의 '취재원'이 되는 것이 종종 가장 효과적인 결과를 낳았음을 알 수 있었다. 이 방법을 요약해 다음과 같이 간단한 실천 지침을 제시한다. 언론을 상대하는 활동가들에게 길잡이가 됐으면 한다.

지침 1. '비판적 분석가'가 돼라

당신이 듣거나 읽는 모든 기사에 대해 다음과 같이 질문해 보라. "누구의 목소리를 싣고 있나? 누구의 목소리가 배제됐나? 이 보도(기사)를 더 나은 것으로 만들려면 어떻게 해야 할까?" 지지할 수 없는 피상적인 진술은 하지 말라. 당신 지역의 신문이 이라크와 관련해 10건의 악의적인 기사를 싣고 좋은 기사는 딱 한 편밖에 게재하지 않았다고 치자. 그렇더라도 그들의 보도 전부가 잘못이라고 비난하지 말라. 오히려 잘 쓴 그 한 편의 기사를 칭찬하라. 그리고 그 기사를 나머지 기사와 대조해 보여 주라. 왜 좋은 보도가 더 많이 필요한지를 입증하는 사례로서 활용해 보라.

지침 2. 전장을 숙지하고 무기를 골라라

우리 중 어느 누구도 모든 것을 다 읽고 들을 수 없다. 하지만 당신은 한두 개의 프로그램이나 신문 정도는 골라 볼 수 있을 것이다. 일단 선택했다면 그것들을 지속적으로 모니터하라. 이를 통해 당신은 시간을 두고 반복되는 보도 패턴과 심지어 기자 개인의 보도 스타일까지 정통해질 수 있다. 결국 당신은 당신의 주장을 입증할 수 있는 매우 강력한 논거를 갖게 될 것이다. 이런 지식을 바탕으로 당신은 영향을 주고자 하는 주변 사람들과의 대화에서 더 나은 설득력을 발휘할 수 있다.

지침 3. 사실을 철저하게 수집하라

렉시스-넥시스를 사용하라. 수천 건의 뉴스 원고를 완벽한 데이터베이스 형태로 갖추고 있는 이 검색 서비스는 강력한 데다 사용하기도 아주 쉽다. 주요 신문과 지방지, 잡지는 물론 텔레비전과 라디오의 방송 원고까지도 제공한다. 대학 도서관과 일부 공립 도서관에서 많은 대학생과 연구진이 이 서비스를 무료로 이용하고 있다. 현재 일부 대학은 인가받은 사용자들에게 웹 서비스의 형태로 이 데이터베이스를 제공한다.

뉴스 통신사를 활용하라. 이곳에는 신문 기사나 방송 보도로 전달되지 않는 많은 정보가 '편집되지 않은 채' 쌓여 있다.

월드 와이드 웹을 활용하라. 인터넷은 대안적 정보의 원천에 접근하고 또 배울 수 있는 방법을 다양하게 제공한다. 일부 웹 사이트는, 사실을 신뢰할 수 있는 훌륭한 문서들을 보유하고 있다. (이와 관련해서는 16장에 소개한 목록을 보라.)

외국 언론의 기사를 읽고 보라. BBC, <르 몽드 디플로마티크>, <타임스 어브 인디아>, 기타 유럽 신문 등 해외 언론의 이라크 관련 보도가 더 낫다. 이들과 친숙해지면 미국이나 영국의 보도와 비교·대조해 볼 수 있을 것이다. 런던에서 발행되는 <인디펜던트>의 로버트 피스크(7장을 보시오), 기자이며 다큐멘터리 제작자인 존 필저(4장을 보

시오) 같은 저널리스트의 글은 인터넷에서 정기적으로 읽을 수 있다.[55]

스스로 조사하고 연구하라. 정확하고 신중해야 한다. 확신이 서지 않는 사실은 말하지 말라. 분명하지 않을 경우 다시 한 번 출처를 확인하라. 렉시스-넥시스는 사실을 확인하는 데 최적의 도구다. 사실들에 정통하고 또 자유자재로 이용할 수 있게 되면 연구는 훨씬 더 쓸모 있게 될 것이다.

다른 사람의 말을 정확히 인용하라. 라디오와 텔레비전 근처에 펜과 연필을 늘 준비하라. 이를 통해 당신만의 전거를 만들 수 있다. 잊지 마라. 당신의 신뢰성이야말로 귀중한 자산이라는 사실을.

지침 4. 의사 전달을 효과적으로 하라

기자나 언론기관과 대화하기 전에 당신의 목표를 분명히 결정하라. 독자 편지로 실을 것인지 아니면 기자나 편집자를 훈계할 것인지를 말이다. 만약 당신이 단체를 대표하고 있다면 신문사 편집진과의 만남을 요구할 수도 있다. 그런 회합을 하기 전에 해당 신문사의 편집 방향과 이라크 관련 보도를 철저하게 조사하라. 긍정적 측면과 부정적 측면 모두를 적시할 만반의 준비를 해야 한다.

기자나 편집자들과 이야기할 때는 그들이 귀찮아하면서도 한편으로는 압력을 받는다는 사실을 명심하라. 직업상 그들은 많은 사람의 목소리를 듣기 때문에 당신이 능숙하고 효과적으로 이야기하지 못하면 또 하나의 괴짜쯤으로 생각하고 결국 당신의 의견을 묵살해 버릴 것이다. 편지를 쓸 때, 읽는 사람이 내용에 관해 당신만큼 잘 알고 있을 것이라고 가정하지 말라. 언제나 관련 정보(날짜, 기자의 이름, 내용)를 포함시켜야 한다. 당신이 비판하려 하는 기사의 내용을 간단히라도 다시 언급하라. 만약 당신이 신문에 실리기를 바라면서 편집자에게 편지를 쓰는 것이라면 다른 방법을 생각해 볼 수 있다. 간략하게 쓸 것이며 요점에 충실하라. 기자에게 경종을 울릴 편지라면 좀더 길게 쓸 수도 있고 더 많은 내용을 담을 수도 있다.

해로운 오보를 접할 때 당신은 좌절감을 느끼기도 하겠지만 거기서 굴복하면 안 된다. 주변 사람들을 항상 진정한 동료로 대하라. 비록 그들이 당신 의견에 동조하지 않을지라도 당신을 존중하며 가끔 물어 오기도 할 것이다. 이런 관계가 당신이 편집자나 기자와 대화할 수 있는 기회를 마련해 줄 것이다.

기자들은 '대변자들'을 의혹의 눈초리로 바라본다. 그런 대변자로 배척당하지 않으려면 사실에 입각해 주장할 수 있어야 한다. 다른 주장에 용의주도하게 대처하지 못하면 무시당하기 십상이다. 물론 당신이 반대 의견을 예상하고 그 주장을 무력화할 수 있다면 훨씬 더 좋다.

지침 5. 스스로 뉴스 생산자가 돼라

우리의 경험에 의하면 기자들의 압도 다수는 나쁘지 않은 사람들이다. 그들은 당신이 관심 있는 주제를 잘 모를 수도 있고 그래서 취재원이 제공하는 정보에 의존한다. 따라서 신뢰할 수 있는 정보와 분석을 적시에 제공함으로써 당신 스스로 뉴스 생산자가 될 수도 있다. 적당한 양의 정보를 제공하라. 당신이 기자의 흥미를 자극할 것이라고 생각하며 장문의 이메일 기사를 써 보낼지라도 그 또는 그녀가 읽지 않을 가능성이 많다. 이라크와 관련해 기자들에게 자극이 될 만한 지역의 행사와 소식들을 계속해서 그들에게 알려 주라.

일단 당신이 역량을 보여 주고 또 신뢰를 쌓게 되면 기자들이 당신에게 의견을 묻기 시작할 것이다. 인터뷰를 요구할 수도 있다. 이제 당신이 뉴스의 생산자가 된 것이다.

지침 6. 관계망을 만들어라

관심을 보이는 친구들과 동료 활동가들에게 당신의 편지와 작업을 보여주고 공유하라. 다른 사람들도 당신의 모범을 좇아 따라할 것이다. 당신은 다른 사람들이 더 비판적이고 통찰력 있는 뉴스의 소비자가 되도록 도울 수 있다.

지침 7. 무엇보다도 지속적이어야 한다

미디어 비평은 쉽지 않을 뿐더러 헛되어 보이기까지 한다. 그러나 이 작업은 효과가 있으며 과거보다 더 쉬워졌다. 당신이 전문적 지식을 더 발전시키고 더 많은 정보를 모을수록 단순한 대응을 넘어 건설적 대안과 토론을 구체화하는 게 더 쉬워진다.

주

1. Los Angeles Times Wire Services, "US Congressional Staffers Pay Visit to Iraqi Hospital," *Los Angeles Times*, August 31, 1999, p. A9; and Unicef, *Child and Maternal The Media's Deadly Spin on Iraq 107 Mortaliy Survey 1999: Preliminary Report* (Iraq: Unicef, 1999). Hereafter Unicef 1999. http://www.unicef.org 참조.

2. John MacArthur, *Second Front: Censorship and Propaganda in the Gulf War* (Berkeley: University of California Press, 1992); Douglas Kellner, *The Persian Gulf TV War* (Boulder: Westview Press, 1992); Hamid Mowlana, George Gerbner, and Herbert I. Schiller, eds., *Triumph of the Image: The Media's War in the Persian Gulf-A Global Perspective* (Boulder: Westview Press, 1992).

3. 최근 사례로는 다음과 같은 것들이 있다. 1998년 헐리우드 영화 <비상계엄>. 이 영화는 아랍계 미국인을 테러리스트나 테러 용의자로 묘사하는 등 부정적인 내용을 담고 있다. <걸프전>이라는 비디오 게임을 판촉하기 위한 잡지 광고도 있다. 이 비디오 게임의 인쇄 광고에는 변기를 갖춘 욕실이 나온다. 화장지 걸이 위에 성조기가 있고 바닥에는 아랍어 신문이 놓여 있다. 그리고 등장하는 광고 문안이 이렇다. "그만하면 이라크 놈들이 우리를 충분히 깔보지 않았는가?" NBC 드라마 <웨스트 윙>의 1999년 가을 시리즈도 빼놓을 수 없다. 시리아가 미 공군의 제트 여객기 한대를 격추해 50명이 사망하자 이에 분노한 미국이 시리아를 폭격한다는 설정이 이 프로그램의 스토리라인이다. 아랍계 미국인 차별반대 위원회는 1999년 10월 7일자로 NBC에 보낸 편지에서 이 프로그램이 아랍인에 대한 폭력을 조장하고, 아울러 민간 항공기 격추라는 단 세 번밖에 — 미국, 소련, 이스라엘이 자행했다 — 일어나지 않은 사건을 묘사했다며 항의했다(http://www.adc.org/action/1999/7oct99.htm).

4. Edward W. Said, *Covering Islam: How the Media and the Experts Determine How We See the Rest of the World*, revised ed. (New York:

Vintage Books, 1997); Jack Shaheen, *The TV Arab* (Bowling Green: Bowling Green State UP, 1984) and *Arab and Muslim Stereotyping* (Washington: Georgetown UP, 1997); Hussein Ibish, "'They Are Absolutely Obsessed with Us': Anti-Arab Bias in American Discourse and Policy," in *Race in Twenty-First Century America*, ed. Curtis Stokes et al. (East Lansing: Michigan State University Press, 2001), pp. 119~42; and Jack G. Shaheen, *Reel Bad Arabs: How Hollywood Vilifies a People* (Northampton, MA: Interlink, 2001).

5. Ray Suarez, Rania Masri와 Patrick Clawson의 인터뷰, NPR, *Talk of the Nation*, September 1, 1999.

6. "Making Time in Baghdad," ABC, *World News Tonight*, August 16, 1999.

7. Ted Clark, "UN Security Council Takes Up the Matter of Sanctions Imposed on Iraq," NPR, *All Things Considered*, September 22, 1999.

8. Rupert Cornwell and Clare Garner, "Children Pay Price for Blockade," *The Independent*, August 13, 1999, p. 11; emphasis added.

9. Unicef 1999.

10. Editorial, "The Suffering of Children," *Washington Post*, August 17, 1999, p. A14.

11. Unicef, *Child and Maternal Mortality Survey 1999* (Iraq: Unicef, 1999).

12. Robin Wright, "US Nearing Key Juncture in Iraq Policy," *Los Angeles Times*, August 29, 1999, p. A1.

13. Barbara Crossette, "Children's Death Rates Rising in Iraqi Lands, Unicef Reports," *New York Times*, August 13, 1999, p. A6.

14. 예를 들어 Stephen Kinzer, "Smart Bombs, Dumb Sanctions," *New York Times*, January 3, 1999, p. 4: 4 참조.

15. 석유-식량 교환 프로그램이 시행된 대부분의 기간 동안 UN은 이라크의 석유 수출 대금을 걸프전 배상금 외에도 다음 분야에 전용했다. 이라크 내에서 UN 경비로 약 5%, 석유 송유관 유지·보수에 2%, 이라크 북부의 300만 쿠르드족에게 인도주의 구호품을 전달하는 데 15%(http://www.un.org/

Depts/oip/reports/basfact.html에서 구할 수 있는 UN Office of the Iraq Program "Oil-for-Food — The Basic Facts."). 2001년에 이 비율이 약간 바뀌어 조금 더 많은 액수가 유엔 위탁 계좌로 들어갔다.

16. Denis Halliday and Jennifer Horan "A New Policy Needed for Iraq," *Boston Globe*, March 22, 1999, p. A19; and Michael Powell, "The Deaths He Cannot Sanction — Ex-UN Worker Details Harm to Iraqi Children," *Washington Post*, December 17, 1998, p. E1 참조. 그밖의 기사들은 http:// www.iraqaction.org/denis.html에서 구할 수 있다. 미야트는 "나는 이라크의 식량 분배 체계가 십중팔구 세계 제일이라고 생각한다." 하고 말했다. "이라크에서는 식량을 받아야 할 모든 사람에게 식량이 제대로 전달되고 있다." 그는 또 <뉴욕 타임스>에 이렇게 말하기도 했다. "주택, 전기, 상수도, 위생 시설, 기타 필수 서비스가 복구되지 않으면 생활 수준도 나아지지 않을 것이다." Christopher S. Wren, "Iraq Poverty Said to Undermine Food Program," *New York Times*, October 20, 2000, p. A16.

17. Dominick Evans, "UN Sees British Concern on Iraq Embargo," Reuters, July 22, 1999.

18. Barbara Crossette, "Effort to Recast Iraq Oil Sanctions is Halted For Now," *New York Times*, July 3, 2001, ·p. A1.

19. Sonya Ross, "UN Security Council Agrees on Sanctions against Iraq, White House Says," Associated Press, May 7, 2002.

20. Rupert Cornwell and Clare Garner, "Children Pay Price for Blockade," *The Independent*, August 13, 1999, p. 11.

21. Jon Hibbs, "Reporters Warned of Lies Over Casualties," *Daily Telegraph*, December 19, 1998, p. 3.

22. Julia Malone, "In War of Words, Saddam May Be Winning," *Atlanta Journal Constitution*, December 20, 1998, p. 1.

23. Paul Richter, "Crisis in the Gulf," *Los Angeles Times*, December 19, 1998, p. A19.

24. Editorial, "Something Gained in Iraq," *Cleveland Plain Dealer*, December 22, 1998, p. 10B.

25. Neal Conan, Thomas Pickering과 한 인터뷰, NPR, *All Things Considered*, December 22, 1998. Leon Barkho, "Humanitarian Program Set Back, 2,600 Tons of Rice Destroyed," Associated Press, December 21, 1998.

26. Barton Gellman and Vernon Loeb, "US Strikes Iraq a Third Night," *Washington Post*, December 19, 1998, p. A1.

27. Richard Norton-Taylor, "Iraq: After the Missiles," *Guardian*, December 22, 1998, p. 4.

28. Dana Priest, "US Commander Unsure of How Long Iraq Will Need to Rebuild," *Washington Post*, December 22, 1998, p. A31.

29. Editorial, "Beyond the Bombing," *San Francisco Chronicle*, December 22, 1998, p. A24.

30. Matt Lauer, Gideon Rose와 한 인터뷰, NBC, *Today Show*, September 1, 1999.

31. Campbell Brown, NBC, *Today*, August 27, 2002.

32. Greta Van Susteren, Fox, *On the Record with Greta Van Susteren*, August 15, 2002.

33. Matt Lauer, Perry Smith와 한 인터뷰, NBC, *Today Show*, December 29, 1998.

34. Matt Lauer, Gideon Rose와 한 인터뷰, NBC, *Today Show*, September 1, 1999.

35. Linda Wertheimer, NPR, *All Things Considered*, August 4, 2000.

36. Daniel Schorr, NPR, *Weekend Edition Saturday*, August 3, 2002.

37. Loren Jenkins, NPR, *Talk of the Nation*, December 16, 1998.

38. 예를 들어 Richard Lowry, "End Iraq," *National Review* 53: 20 (October 15, 2001) 참조.

39. Carol Costello, CNN, *CNN Daybreak*, August 27, 2002.

40. James Carville, CNN, *Crossfire*, August 19, 2002.

41. Alan Cowell, "Major Nations Report Progress on Pact to Ease Sanctions on Iraq," *New York Times*, September 16, 1999, p. A6.

42. Linda Wertheimer, NPR, *All Things Considered*, June 17, 1999.

43. Steve Centanni, Fox, *The Big Story with John Gibson*, August 15, 2002.

44. Scott Simon, Kenneth Pollack과 한 인터뷰, NPR, *Weekend Edition Saturday*, January 9, 1999; Daniel Zwerdling, Patrick Clawson과 Denis Halliday의 인터뷰, NPR, *Weekend All Things Considered*, January 2, 1999.

45. 예를 들어*Talk of the Nation* included Phyllis Bennis on December 17, 1998, and Rania Masri on September 1, 1999 참조.

46. David Welna, "Peace Groups" and "Protests Against the US Air Strikes on Iraq Being Held Across the Country," NPR, *All Things Considered*, December 17, 1998; Andy Bowers, "Islamic Leaders on Iraq," NPR, *Morning Edition*, December 18, 1998; Don Gonyea, "How Arab-Americans Feel About Bombing of Iraq," NPR, *Weekend Edition Saturday*, December 19, 1998.

47. 이런 인터뷰에 응한 사람 중에는 다음과 같은 인물들이 있다. Richard Schultz, Pentagon consultant and Tufts University professor (*Morning Edition*, December 17, 1999); retired US Navy commander Tom Mariner (*Morning Edition*, December 17, 1999); retired US Army colonel Ralph Peters (*Morning Edition*, December 17, 1999); Dean of the Fletcher School of Law and Diplomacy John Galvin, a retired general (*Morning Edition*, December 18, 1999); Adeed Dawisha, professor of international relations at George Mason University (*Saturday Weekend Edition*, December 19, 1999); John Bolton of the American Enterprise Institute (*Weekend All Things Considered*, December 20, 1999); Georges Legelt, a disarmament specialist at the Eris Strategic Studies Institute (*Morning Edition*, December 22, 1999); and retired Air Force general Perry Smith (*All Things Considered*, December 22, 1999).

48. Tom Gjelten, NPR, *All Things Considered*, January 23, 2001.

49. 예를 들어 Denis Halliday and Phyllis Bennis, "End Iraqi Suffering and Focus on Mideast Arms Glut," Houston Chroncile, March 4, 1999, p. A29 참조. 2장도 참조.

50. Hans von Sponeck and Denis Halliday, "The Hostage Nation," *The*

Guardian(London), November 29, 2001, p. 21; and Tom Heinen, "Use U.N. to Resolve Conflict with Iraq," *Milwaukee Journal Sentinel*, August 1, 2002, p. 2A 참조.

51. Larry Johnson, "Life and Death in Iraq," *Seattle Post-Intelligencer*, May 11, 1999(www.seattle-pi.com/iraq/ 참조). 1995년, 시애틀의 평화운동가 버트 색스(Bert Sacks)가 이라크의 진실을 신문 편집자들에게 알려야겠다고 작정했다. 색스 — 그는 현재 법령 위반으로 1만 달러의 벌금을 부과받은 상태다 — 는 <뉴 잉글랜드 저널 어브 메디슨>과 <랜싯>의 기사를 통해 경제 제재의 참상을 알고 충격을 받았던 것이다. 그는 시애틀의 두 주요 신문, <시애틀 타임스>와 <시애틀 포스트-인텔리전서>의 편집자들에게 계속 전화했고 또 사무실도 방문했다. 결국 소수지만 시애틀의 국제부 편집자들이 그에게 관심을 갖기 시작했다. 아마도 색스가 그들에게 이라크의 높은 아동 사망률을 알린 최초의 사람일 것이다. 그는 주도면밀한 사실 확인을 통해 자신의 역량과 신뢰성을 입증했다. 다음해에 색스가 랜돌 멀린스(그도 이라크에 구호 물자를 전달했다는 이유로 1만 달러 벌금형 계고장을 받은 상태다)와 함께 바그다드를 방문하자 <시애틀 포스트-인텔리전서>의 한 유선 통신 서비스 편집자가 두 사람에게 수신자 지불 전화로 여행기를 올려달라고 주문했다. 그 후 <시애틀 포스트-인텔리전서>는 새로 부임한 국제부 편집자 래리 존슨에게 사진기자를 대동하고 직접 이라크를 취재해 줄 것을 요구했다. 이 취재 여행에는 '사회적 책임을 위한 의사 협회'의 제리 헤인스가 이끄는 시애틀 지역 파견단도 동행했다. 이렇게 해서 생생한 현지 취재 특집 기사가 탄생한 것이다. 시애틀의 두 신문은 꽤 지속적으로 지역 평화 운동가들의 이라크 관련 활동을 보도했고 또 편집자에게 날아오는 편지는 물론 이라크 관련 기명 기사를 게재해 주었다. (이상은 루스 윌슨이 알려준 내용이다.)

52. Editorial, "Silent Slaughter of Children," *San Jose Mercury News*, August 2, 1999, p. 6B; Editorial, "The Forgotten War," *Orange County Register*, August 16, 1999, p. B6; David Cortright and George A. Lopez, "End UN Sanctions Against Iraq," *Los Angeles Times*, August 20, 1999, p. B7; Robert Jensen, "Even a Child Sees Though Iraqi Policy," *Dallas*

Morning News, August 27, 1999, p. A29; and Brett Wagner, "US Sanctions: Make Them More Precise, Less Ham-Handed," *Christian Science Monitor*, September 15, 1999, p. 21.

53. Editorial, "A Morally Unsustainable Iraq Policy," *Chicago Tribune*, September 17, 1999, p. 1: 18.

54. Deborah Horan,"Once-Prosperous Iraq Collapses Into Despair," *Houston Chronicle*, September 12, 1999, p. A1과 p. A24의 관련 기사들.

55. http://www.johnpilger.com과 http://www.independent.co.uk 참조.

7장

숨겨진 전쟁

로버트 피스크

이라크 남부 사막을 가로지르면 연합군이 사용한 열화우라늄탄 (DU)이 흙 속에 그대로 방치돼 있다. 반면, 영국 정부는 이라크 아이들에게 암을 유발하는 것으로 의심되는 바로 그 무기의 시험 발사[의 위험성]으로부터 자국 국민을 보호하기 위해 어마어마한 거리를 이동한다.

거의 6개월 전에 발표됐지만 사실상 무시된 정부 보고서를 보면, 영국에서 시험 발사된 열화우라늄탄을 '터널'이라고 부르는 콘크리트 건물에 집어넣어서 방사선 찌꺼기를 소독하고 시멘트로 봉합해 컴브리아 주[영국 북부의 주]로 수송했다는 것을 알 수 있다.

이라크 의사들은 남부 지방에서 4배나 증가한 암 — 1998년 3월 4일 <인디펜던트>에서 보도했듯이 — 으로 고통받는 아이들이 1991년 전쟁 당시 다국적군이 사용한 열화우라늄 때문에 아프게 됐다고 오랫동안 의심해 왔다. 1991년 2월 열화우라늄탄 수만 발이 이라크 남부 바스라 시 남쪽 들판에 떨어졌다. 그곳은 수많은 이라크인이 식량을 얻는 비옥한 토지였다. 백혈병과 임파종으로 죽어간 수많은 아이들은 전쟁 당시에는 태어나지도 않았다.

텅스텐보다 거칠고 단단한 합금으로 만든 열화우라늄탄은 장갑 차량 내부에서 연소하게 돼 있다. 미국 참전 군인들의 모임은 열화우라늄탄이 미군 병사들에게 수천 가지 '걸프전 증후군(임파종을 포함한)'을 일으킨 원인이라고 의심했지만, 미국이나 영국은 이라크에서 암이 발생하는 원인을 밝히려는 어떠한 시도도 하지 않았다. 미국 국립 걸프전 자료 센터는 4만 명의 미국 병사들이 전장에서 열화우라늄 먼지에 노출됐을지 모른다고 주장했다.[1] 영국 걸프전 참전 군인·가족 협회의 회장 대행인, 토니 플린트는 열화우라늄탄이 영국 참전 군인 30명의 죽음에 책임이 있다고 말했다.

그러나 1997년 12월 [영국] 환경부가 국방부의 방사능 폐기물 관리 실태를 점검한 결과를 보면, 전문가들의 생각보다 오염의 위험이 더 심각하다는 것을 알 수 있다. 방사능 폐기물 관리 자문 위원회의 보고서에 따르면, 컴브리아 주 해안에 있는 이스크밀 사격장에서 시험 발사하는 열화우라늄탄은 오염을 피하기 위해 여과 추출기가 설치돼 있고 물로 압력 세척하는 특별한 터널을 지나 발사된다.

"그 세척액은 여러 탱크에 옮겨 담은 뒤에 시멘트 드럼통에 넣어 드리그[방사능 폐기물 처리장]로 보낸다."고 보고서는 밝힌다. 만약 열화우라늄탄이 장갑차 철판 속에 박히면, 그 철판을 그대로 드리그에 보내 처리한다. 그래서 열화우라늄탄이 건강을 위협하는 것을 우려한 영국 정부는 현장에 보건물리연구소를 두고 이스크밀 사격장의 작업을 감시하도록 조치했다. 환경부 보고서는 우라늄을 포함한 발사 실험이 1981년 이후 사격장에서 계속되고 있으며, "전체 열화우라늄탄 중 단지 90퍼센트만 회수됐다."고 밝혔다. 1991년 걸프전장에서는 오염된 찌꺼기를 회수하려는 노력이 단 한 번도 없었다.

이스크밀 사격장에는 7개의 거대한 공기 측정기가 있고 매년 1천

회의 측정이 이뤄진다. 특수 측정기는 그 보고서에서 "몽크 무어스에 사는 것으로 밝혀진 …… 공중(원문 그대로)[방사능 피폭은 작업 도중 주로 작업 결과로 발생하는 직업상 피폭(Occupational Exposure), 주로 의료 진단이나 치료 과정에서 환자가 받는 의료상 피폭(Medical Exposure), 그리고 다른 모든 피폭을 포괄하는 공중 피폭(Public Exposure) 등 세 가지 유형으로 구분한다] 속의 임계 집단[방사선에 가장 높게 피폭 당한 집단]"이라고 부른 대상을 검사한다. 스코틀랜드의 커크커드브라이트에서도 열화우라늄탄을 시험 발사하는데, 거기서는 해마다 솔웨이 만을 향해 1.5톤의 열화우라늄탄을 쏘아 보낸다. 보고서는 그 폭탄들이 "해저에 그대로 남아 점차 부식되어 우라늄 수산화물로 이루어진 녹지 않는 침전물이 될 것이다. …… 부식 정도를 알기 위해 이 폭탄의 일부를 회수하려는 1993년의 시도는 성공하지 못했다."고 경고한다. 켄트 주의 포트 할스테드에 있는 국방평가연구원 현장에서 소량의 열화우라늄 폐기물이 발생해 이스크빌의 오염물처럼 컴브리아의 드리그로 보내져 처리됐다.

'소어즈 투 플라우셰어즈(Swords to Plowshares)[칼을 녹여 보습을 만들자는 뜻]'라는 또 다른 미국 걸프전 참전 군인 단체에 따르면, 열화우라늄탄이 장갑에 부딪히면 주변의 70퍼센트까지 불에 타고, 방사능과 화학적으로 유독한 분진이 표적 주변으로 퍼지게 된다.

1993년 미국 회계감사원 보고서는 주방위군의 144 보급 중대 병사들이 걸프전 때 사용한 미군 차량들을 회수하라는 명령을 받았을 때 방사능 위험에 대해서는 들은 바가 전혀 없었다고 기록했다. 그 차량들은 열화우라늄탄을 사용한 '아군 오폭'의 희생물들이었다.[2]

따라서 서방의 증거는 걸프전장에 있는 열화우라늄탄 찌꺼기가 건강에 치명적인 위협일 거라는 이라크 의사들의 주장을 뒷받침하고 있다. 바스라 주민들이 소비하는 거의 모든 농산물은 열화우라늄탄 수천 발이 떨어진 그 땅에서 자란다. <인디펜던트>가 1998년 2월 그 지역을 방문했을 때, 그 지역 농부들은 자기 가족들 사이의 암 발생률이 높다고 한탄했다.

철갑탄의 효과는 주로 그 재료의 밀도에 달려 있다. 영국 정부의 보고서를 보면, 열화우라늄이 "다른 금속들보다 상당히 뛰어난 성능을" 보여 준다고 나와 있다. 이것은 이라크의 암 환자들이나 걸프전 참전 군인들에게 별로 위안이 되지 않는다.

"서방의 지독한 유산"
<인디펜던트> 1998년 5월 28일치 13면

우리는 지금 막판 시합중이다. 서방의 이라크 정책이 최후의 파산을 맞이했으며 마지막 주사위가 던져졌다. 우리는 이라크에 200기의 크루즈 미사일을 발사하고 무엇을 기대하는가? 벌을 받은 사담 후세인이 자신이 얼마나 잘못했는지 설명하기 위해 벙커 밖으로 나올까? 그가 유엔 사찰단이 바그다드로 돌아와 '대량 살상 무기'를 발견하기를 원한다고 우리에게 말할까? 이것이 우리가 생각한 것인가? 이것이 미국과 영국의 폭격이 노리는 것인가? 그렇다면, 앞으로 무슨 일이 벌어질까? 미사일 공격이 끝나고 — 물론 이라크인의 종교 감정을 고려해 무슬림의 단식이 시작되는 라마단 직전에 끝내야 한다 — 사담 후세인이 유엔 사찰단의 복귀를 허가하지 않는다면 무슨 일이 벌어질까?

클린턴은 크루즈 미사일을 발사하면서 사담이 "(유엔) 사찰단을 무장 해제시켰다."고 주장했다. 그리고 토니 블레어는 (모두 14명의 조종사가 포함된) "영국 공군"의 생명을 걱정하는 척 하면서 "우리의 행동은 선택의 여지가 없다."고 말했다.[3] 이렇듯 너무나 유치하게 수요일 밤에 전쟁이 시작됐다. 정책도 없고, 전망도 없다. 폭격이 끝난 뒤에 어떻게 할 것인지도 전혀 알 수 없다. 유엔 사찰단이 이라크에 복귀하지 않으면 우리는 무슨 일을 해야 할까? 이라크에 전면전을 선언해야 하나?

블레어는 우리가 사담을 "처벌하고 있다."고 믿기를 바란다. 그러면서 온갖 진부한 말을 뱉어댄다. [전 미국 대통령] 로널드 레이건은 1985년 리비아 폭격 직전에 미국은 "리비아 국민과 싸우고 싶지 않다."고 말했다. 조지 부시도 1991년 이라크 폭격 직전에 "이라크 국민과 싸우고 싶지 않다."고 말했다. 그리고 지금 우리는 토니 블레어가 이라크를 폭격하면서 "이라크 국민과 싸우고 싶지 않다."고 말하는 광경을 보고 있다.[4]

이런 허튼소리를 마구 쏟아내는 컴퓨터가 있을까? 사담이 "자국민에게" 가스를 사용했다는 미국 국무장관 매들린 올브라이트의 케케묵은 소리를 [영국 외무장관] 로빈 쿡에게 제공하는 다우닝가의 진부한 부서가 있을까?

우리는 사담이 할라비야의 쿠르드족에게 가스를 사용한 것에는 거의 관심이 없었다. 왜냐하면 당시 쿠르드족은 이란과 동맹 관계였고, 우리 서방은 이란을 침공한 사담을 지원하고 있었기 때문이다.

이라크에 대한 합리적이고 장기적인 정책은 존재하지 않는다. 클린턴과 블레어에 따르면, 우리의 인내는 한계에 달했다. 사담은 약속을 지킬 리가 없다.(그들은 지금에야 깨달았다.) 그리고 "인접 국가들을 위협"할 수 있는 사담의 능력을 "무력화"시켜야 한다.(그러나 이 인접 국가들은 우리가 이라크를 폭격하지 않기를 바란다.) 무력화라는 용어는 1991년 걸프전에서 슈와르츠코프 장군과 그 동료들이 처음 사용한 군사적인 개념이며, 이번 주의 화두 중 하나다. 사담의 대량 살상 무기는 "무력화"돼야 한다. 어제 우리의 쿡[영국 외무장관] 씨는 사담의 군사 능력을 "무력화"해야 한다고 또 한 번 역설했다.

어떻게? 유엔 무기사찰단 — 거의 대부분의 시간을 스콧 리터(그는 스스로 이스라엘 군 정보부와 계속 연락하고 있었다는 사실을 인정한 사람이다)가 이끈 — 은 사담의 핵무기와 생화학 무기가 숨겨진 곳을 찾을 수가 없었다. 그들은 이라크 정보부 요원들에게 시달렸고, 임무 수행에 곤란을 겪었다. 그런데도 우리는 사찰단이 발견할 수 없었던 군사 시설들을 폭격하고 있다. 어떻게 우리가 그럴 수 있는가? 매우 중요한 질문이 제기되지 않고 있다. 즉, 사찰단이 무기를 발견하지 못 했는데도, 어떻게 우리는 크루즈 미사일로 폭격해야 할 곳을 알게 됐 는가 하는 질문이다.

줄곧 우리는 이라크에 살인적인 경제 제재를 강요했다. 쿡과 올브 라이트가 허가한 경제 제재 때문에 무고한 이라크인들이 죽어가는 반 면 사담은 전혀 피해를 입지 않았다. 올브라이트는 사담이 궁전을 계 속 짓고 있는 것에 분노한다. 쿡은 이라크 정권이 [성형 수술용] 지방 제거 장비를 사들였다는 보고에 고민하고 있다. 이것이 만약 사실이라 면 경제 제재가 완전한 실패임을 증명하는 것이다.

쿡은 이라크가 1년에 100억 달러 이상 석유를 수출해 식량, 의약품, 기타 인도적인 물건을 수입할 수 있다고 떠든다. 그러나 석유를 판매 한 수입의 30퍼센트 이상이 유엔 배상 기금과 이라크에 주둔하는 유 엔의 경비로 사용된다. 쿡의 말은 전혀 사실이 아니다.[5]

바그다드에서 유엔의 석유-식량 교환 프로그램의 책임자였던 데니 스 핼리데이는, 경제 제재 때문에 매달 수천 명의 이라크 어린이들이 죽어간다는 것을 알고 나서 [항의의 표시로] 사임하면서 "우리는 사회 전체를 파괴하고 있다. 이것은 불법이고 비도덕적이다." 하고 선언했 다. 그렇다면 핼리데이가 정신나간 거짓말쟁이(물론 나는 그렇게 생각 하지 않는다)거나 쿡이 진실로 심각한 문제를 갖고 있거나(나는 그렇 게 생각한다) 둘 중 하나다.

지금 우리는 경제 제재로 고통받고 있는 사람들을 폭격하고 있다. 1991년 전쟁 때 연합군이 열화우라늄탄을 사용한 것 때문에 십중팔구 이라크 남부에서 암에 걸린 어린이들이 폭발적으로 증가했다는 것은 사소한 문제에 속한다. 걸프전 참전 군인들도 같은 병으로 고통 받고 있을 것이다. 영국 정부가 그 가능성을 정밀 조사하기를 거부했지만 말이다. 최근 공습에서 우리가 쓴 탄환의 일부도 열화우라늄으로 만들었다.

1991년에 우리가 이라크 국민에게 독재자에 대항해 봉기하라고 호소했던 것보다 더 야심 찬 쿠데타 계획이 실제로 진행되고 있는지도 모른다. 당시 봉기한 이라크 국민은 다국적군이 신속하게 자기들을 구해 줄 것이라고 믿었지만 다국적군은 그들을 저버렸다. 클린턴은 이라크의 민주주의를 원한다고 말하지만, 이것은 최근에 한 다른 제안들과 마찬가지로 비현실적이다. 그는 이라크 정부가 "자국민을 대표하고" 시민들을 "존중"하기를 원하고 있다. 자국민에게 그런 만족을 주는 아랍 정권은 단 하나도 없다. 특히 미국의 우방 사우디아라비아 정권은 더욱 그렇지 않다. 우리는 워싱턴과 런던이 이라크의 완전한 민주주의를 위해 이라크 국민을 열심히 도와준다고 믿는 듯하다.

사실, 우리가 이라크에 원하는 것은 골목대장 노릇을 하는 또 다른 독재자다. 그러나 우리 말을 잘 듣고, 우리 눈에 거슬리는 나라(이란)를 침략하고, 그렇지 않은 나라(쿠웨이트)의 영토 주권을 존중할 줄 아는 그런 독재자를 원한다.

그러나 이에 대해서는 어떤 문제도 제기되지 않았으며 어떤 거짓말도 폭로되지 않는다. 이스라엘 정보부에 협력하던 미국 해병대 출신의 사찰단원 리터는 자신이 이스라엘을 방문한 사실들을 리처드 버틀러 — 이번 주에 터진 새로운 전쟁을 촉발한 보고서를 작성한 사람 — 가 알고 있었다고 주장했다. 이것이 사실일까? 누군가가 버틀러에게 묻지 않았을까? 그는 당연히 그런 접촉을 피하고 싶었을 것이다. 그러나 대답을 들어보는 것이 좋을 것이다.

그렇다면 사담을 어떻게 해야 하나? 첫째, 우리는 이라크에 대한 사악한 경제 제재 정책을 포기해야 한다. 우리는 무고한 생명을 충분히 빼앗았다. 우리는 아이들을 충분히 죽였다. 그리고 우리는 이라크 민주주의의 진정한 지지자들을 후원할 수 있다. 이들은 소위 이라크 국민의회(INC)의 악당과 사기꾼이 아니라 1991년 조국의 자유를 요구하며 베이루트에 모인 진정한 반대자들이다. 그러나 그들이 친서방 독재자를 지도자로 원하지 않는다는 사실이 분명해지자 미국은 그들을 재빨리 무시했다.

그리고 우리는 워싱턴을 신뢰하지 않아야 한다. 부통령 앨 고어는 어제 미국인들에게 "국가적 결심과 단결"[6]이 필요한 시간이라고 말했다. 여러분은 일본이 진주만을 막 폭격했거나, 맥아더 장군이 바타안 [필리핀 루손 섬 중부의 군]을 막 포기했다고 생각할지 모른다. 클린턴은 모니카 르윈스키 스캔들로 궁지에 몰리자, 아프가니스탄과 수단을 폭격했다. 이제 탄핵 위기에 직면하자, 이라크를 폭격한다. 우연의 일치가 얼마나 갈 수 있을까?

이번 주에 기독교 국가의 두 군대 ― 미국과 영국 군대 ― 가 이라크라는 이슬람 국가와 전쟁을 벌이고 있다. 목적은 없지만 상투적인 말을 쏟아내면서 그들은 유엔 무기 통제 시스템을 포기한 채 무기사찰의 가능성을 봉쇄하고 이라크에 대한 무제한 군사 공격으로 가는 길을 열었다. 그런데 분명한 질문을 하는 사람은 전혀 없다. 다음에 무슨 일이 벌어질까?

"무력화 작전의 치명적인 대가"
<인디펜던트> 1998년 12월 18일치 5면

필 가너가 이번 주에 내게 전화해서 암에 걸린 이라크 어린이들을 치료하고 있는 의사와 접촉할 방법을 물었다. 그는 1991년 걸프전 당시 미군과 영국군이 사용한 열화우라늄탄과 이라크의 암 사이의 관계를 입증하는 증거가 점점 늘고 있다는 <인디펜던트>의 연재 기사들을 읽고 있었다.

전쟁 당시, 가너는 영국군 의무병이었다. 그는 전방에서 근무하지는 않았지만, '아군 오폭'에 희생된 영국군 사상자들 — 미군의 열화우라늄탄 공습으로 피해를 입은 병사들 — 의 전투복을 처리했다. 지금 그는 천식, 요실금, 장염, 목 오른편의 종기 때문에 고통받고 있다.

나는 목에 난 종기가 어떤지 알고 있다. 이번 달에 나는 배에 종양이 생긴 이라크 아이들을 많이 보면서 분노를 넘어 공포를 느꼈다. 바그다드의 만수르 병원에서 헤바 모르타바의 어머니가 어린 딸의 청색 드레스를 들어올리자 끔찍하게 부어오른 배에 난 수많은 종양이 보였다. 의사들이 외과 수술을 통해 종양들을 많이 제거했지만 그 자리에는 괴물 같은 다른 종양들이 새로 자라날 뿐이었다.

헤바가 살던 바스라 근교는 1991년 전쟁 당시 너무 많은 폭격을 받아서 그녀의 가족은 바그다드로 피했다. 그녀는 이제 겨우 9살이지만, 의사는 그녀가 10번째 생일을 볼 수 없을지도 모른다고 나에게 조용히 말했다.

1998년 2월과 3월, 내가 이라크의 어린이 암 병동을 처음 보도했을 때 — 그리고 전쟁 말기에 미국과 영국 탱크들이 수천 발의 열화우라늄탄을 퍼부은 바스라 주변의 들판과 농장을 방문했을 때 — 영국 정부는 내가 쓴 글의 신빙성을 떨어뜨리기 위해 애를 썼다.

나는 방위조달청장관 길버트 경이 쓴 편지를 간직하고 있다. 그는 <인디펜던트> 독자들에게 암에 걸린 이라크 어린이가 늘어난 것과 열화우라늄탄이 관계 있을 것이라는 나의 설명은 "로버트 피스크가 아닌 누군가가 보내고 있으며 …… 현실을 고의로 왜곡한 것으로 생각된다."고 말했다. 길버트 경에 따르면, 대전차 열화우라늄 강화탄두에서 나온 입자들은 "극히 소량이고 빨리 희석되며 기후에 의해 흩어지며 심지어 최첨단 검사 장비로도 검출하기 어렵다."[7] 이 편지를 길버트 경이 아닌 다른 사람이 보냈다면 그것은 오해를 조장하고 거짓을 퍼뜨리기 위한 것임을 시사하는 증거를 지난 몇 달 동안 나는 충분히 확보했다.

마찬가지로 설득력이 있지만 훨씬 더 상세한 설명은 영국 원자력공사의 판매회사인 'AEA 테크놀로지'의 사업개발 부장인 패디 바솔로뮤가 1991년 4월 21일에 런던의 육군 병기청에 보낸 편지에서 찾아볼 수 있다. 내가 복사본을 가지고 있는 바솔로뮤의 편지에는 열화우라늄탄이 쿠웨이트에서 일으킬 수 있는 방사능 오염의 위험에 대해 육군 병기청 장교와 한 전화 통화 내용이 나온다. 바솔로뮤는 동봉한 '위험 보고서'에서, 이러한 무기들에서 생긴 방사능과 독성 오염의 확산이 초래한 위험은 "전쟁 당시의 다른 위험에 비해 크지 않다."고 지적했다. 그럼에도 "평화 시기에 처리하지 않는다면, 장기적으로 문제가 될 수 있으며, 군인과 민간인 모두에게 위협이 될 수 있다."고 지적했다.

'영국 기밀 문서'라는 도장이 찍힌 이 문서는 계속 아래와 같이 말했다.

미군 탱크들은 5천 발의 열화우라늄탄을 발사했고, 미국 공군기들은 수만 발을 발사했으며, 영국 탱크들은 조금 발사했다. 탱크 포탄만으로도 5만 파운드 이상의 열화우라늄이 사용됐다. …… 국제방사선방호위원회(ICRP)는 만약 탱크용 열화우라늄탄 재고가 모두 소진됐다면 …… 50만 명이 죽을 가능성이 있는 것으로 최근 계산했다.

열화우라늄은 전장과 목표 차량 주위로 널리 퍼질 것이다. ······ 사람이 다량의 열화우라늄 근처에 오랫동안 있는 것은 현명하지 못하다. 만약 지역 주민들이 이 무거운 금속을 모아 보관한다면 그들이 영향을 받을 것은 분명하다.

바솔로뮤의 폭로 편지는 쿠웨이트의 오염은 "안타까운 일이며 따라서 조심스럽게 다뤄야 한다."고 말한다.

말할 필요도 없이, 헤바 모르타바와 다른 어린이 희생자가 죽어 가는 이라크 남부를 정화하자는 제안을 하는 사람은 아무도 없다. 왜 없는가? 정부는 왜 정화하려고 하지 않으며 우리에게 실상을 알리지 않는가?

그 이유를 알 수 있는 실마리가 여기 있다. 국립 로스 앨러모스 연구소의 미군 대령이 연구분석실의 라슨 소령에게 보낸 1991년 3월 1일 편지는 이렇게 말한다.

열화우라늄이 환경에 미친 영향은 계속 우려의 대상이었다. 그러므로, 열화우라늄탄이 전투에서 유효하다고 주장하는 사람이 아무도 없다면, 열화우라늄탄은 정치적으로 용납될 수 없을 것이고 병기고에서 제거될지도 모른다. 만약 최근 전투에서 열화우라늄탄의 가치가 입증된다면, 우리는 (더 나은 것이 개발될 때까지는) 열화우라늄탄이 미래에도 존재할 것이라고 확신할 수 있다.

그래서 이것이 존재한다. 대령의 밉살스런 말을 제외하면, 그 메시지는 단순하다. 훨씬 더 파괴적인 무기가 발명돼 열화우라늄탄을 대체할 때까지 우리 ― 서방 ― 는 열화우라늄탄이 건강에 미치는 위험을 감수해야 한다는 것이다.

그래서 1991년 걸프전에 참전한 군인 수만 명이 원인도 모르고 살아날 가망도 없는 병으로 고통받고 있고, 전쟁이 끝날 때는 태어나지도 않았던 아이들을 포함해 수천 명의 이라크 민간인들이 지금 원인을 알 수 없는 암으로 고통받고 있는 것을 보면서 내가 할 수 있는 것은 지난 3월에 쓴 기사를 반복하는 것뿐이다. 즉, 걸프전 말기에 뭔가 끔찍한 일이 일어났고 우리는 아직도 진실을 알지 못한다는 것이다.[8]

걸프전 참전 군인인 전직 상사 토니 더프는 "지금도 우리가 걸프전에서 승리한 성과라고 부르는 많은 것들이 잔혹하게 보일 날이 올 것이다. 권력자들이 이 열화우라늄탄의 진상이 드러나기를 원하지 않는 이유가 이것 때문인지 나는 궁금하다."고 어제 나에게 말했다.

우리에게 알려주려 하지 않는 이 무시무시한 비밀은 정확하게 무엇인가? 선더랜드 대학의 약리학 교수 맬컴 후퍼가 지적했듯이, 그것은 미·영 연합군이 사담 후세인의 사린과 타분 독가스 공장을 폭격한 결과(약 900개의 시설에 폭격을 퍼부었는데, 그 사실이 지금에야 드러났다)인가? 아니면 비밀스런 열화우라늄 성분인가?

나는 이것을 전쟁 범죄로 분류할 수 있는지 없는지는 알지 못한다. 그러나 1991년 걸프전에서 우리가 사용한 열화우라늄탄과 뒤이은 고통의 물결 사이에 아무 관련이 없다고 생각하는 사람은 산타클로스의 존재도 믿어야만 한다.

길버트 경은 산타클로스의 존재를 믿을까? 나는 궁금하다.

"우리가 걸프에서 암을 일으켰다는 증거가 있다"

<인디펜던트> 1998년 10월 16일치 4면

1991년 걸프전이 끝나갈 무렵에 뭔가 끔찍한 일이 벌어졌다. 우리가 이라크 군대를 쿠웨이트에서 쫓아내고 사담 후세인의 "이빨을 뽑은 것"을 자축하고 있는 동안, 알 수 없는 화학적 전염병이 메소포타

미아 남부 지역에 퍼졌다. 그것은 영국과 미국의 병사들을 불구로 만들었고, 아직 태어나지도 않은 아이들을 포함해 헤아릴 수 없이 많은 이라크 사람들도 불구로 만들었다. 우리 참전 군인들이 이런 증상에 시달리기 시작한 최근 몇 년 동안 우리는 이를 '걸프전 증후군'이라고 불렀다.

미국인들 역시 마찬가지였다. 이라크인들은 몇 년 동안 침묵을 지켰다. 심지어 자국 국민이 옛 전쟁터 주변에서 알 수 없는 암에 희생되기 시작했을 때조차 그랬다. 심지어 지금도 사담 후세인 정권은 주로 시아파 무슬림들을 괴롭히는 암이 창궐하는 것에 대해 성명서 한 줄도 발표하지 않는다. 이런 점이 클린턴 대통령, 토니 블레어 총리와 사담 후세인이 가진 공통점이다. 1991년 전쟁 이후 수천 명의 자국민을 괴롭히는 재난을 완전히 외면하는 것이다.

미국인, 영국인, 이라크인은 동일한 질병으로 고통받고 있는 것이 분명하다. 나는 바스라와 바그다드의 암 병동을 둘러보고, 임파종으로 죽어가는 남녀, 특히 아이들을 목격했다. 이라크 의사들이 말하듯이 그 이유는 다국적군이 사용한 열화우라늄탄 때문이다. 영국 걸프전 참전 군인·가족 협회의 회장 대행인 토니 플린트는 이 포탄이 적어도 30명의 영국 참전 군인들을 죽인 암에 책임이 있다고 경고했다. 딱 하루 뒤에, 미국의 걸프전 참전 군인들을 대표하는 국립 걸프전 자료 센터는 1991년 전쟁터에서 열화우라늄탄 먼지에 노출됐을지도 모르는 미군이 4만 명이나 된다고 발표했다.

현재 다국적군의 참전 군인들 사이에서 나타나는 신부전증, 호흡곤란, 암은 이라크인들을 괴롭히는 것과 동일한 것인 듯하다. 이라크인 희생자들은 대부분 몇 년이 지난 뒤에야 진단을 받았다. 마찬가지로 걸프전 증후군도 다국적군이 고향에 돌아온 후 오랜 뒤에야 미국과 영국이 마지못해 인정했다. 나는 1997년 이라크인들 사이에서 이런 증후군을 최초로 들었다. 다마스쿠스에서 이라크 반정부 지도자—1991년 이후 이란 남부에서 은신처를 찾고 있던 옛 이라크 군인들을 알고 있는 시아파 성직자—는 옛 병사들의 다수가 병에 걸렸다고 말했다. 그들 대부분은 바스라 남서부에서 전차전을 벌였다. 그들의 탱크는 미군 1보병사단이 사용한 열화우라늄탄에 폭파됐다. 미군 부대도 전투가 끝나고 전진하는 과정에서 이라크 기갑부대들의 오염된 잔해를 파괴하다가 같은 먼지에 노출됐다.

이라크 남부 바스라 서쪽의 전쟁터는 그 도시에서 가장 큰 농토가 포함돼 있었다. 그 지역 주민들은 우라늄 먼지로 뒤덮인 들판에서 나온 토마토, 양파, 감자, 고기를 계속 먹었다. 동일한 유독성 침전물이 강과 바스라의 수도에 흘러 들어가서, 도시의 상수원까지 오염시킨 것이 분명하다. 적어도 이것은 바스라의 암 전문의들의 견해다. 그것은 소름끼치는 이야기다. 히로시마 폭격 이후 암이 전쟁과 연관된 최초의 사례인 것이다.

그렇다면, 아무도 이런 병의 원인을 찾으려 하지 않는 것도 당연하다. 미군 참전 군인 단체들은 미국 국방부가 "수십만 명의 병사와 여성들이 방사능에 노출되는 것을 알면서도 그대로 방치한 책임을 회피하려고 계획적으로 시도했다."며 국방부를 상대로 법정 소송을 제기했다. 영국 국방부는 열화우라늄탄을 걸프전 증후군의 원인 중 하나로 조사하면서도, 여전히 피부 질환과 관련 있는 금속에 대한 증거가 없다고 주장한다.

이라크 내의 서방 구호 단체들도 똑같이 무관심하다. 유니세프는 보고를 받았음에도, 전쟁과 연관된 소아암 사망을 꼼꼼히 조사하지는 않았다. 훨씬 더 부끄러운 것은 경제 제재를 자행하는 유엔과 그 동조자들이 백혈병에 걸린 이라크 어린이들을 구할 수 있는 충분한 의약품을 공급하지도 않고 있다는 것이다. 이 약이 없으면 그들은 곧 죽게 될 것이다. 걸프전 증후군의 존재를 부정하는 것도 아마 죄가 될 것이다. 이라크 민간인들에게 의약품을 금지하는 것도 부끄럽다.

분명한 대답이 있다. 우리가 참전 군인들뿐 아니라 이라크 남부 사람들의 삶도 망치는 것이 무엇인지 확실히 알지 못한 상태에서 우리 ─ 영국, 미국, 서방 ─ 가 뭔가를 해야 하는 까닭은 무엇인가? 누누이 강조했듯이, 사담은 비난받아 마땅하다. 그러나 마찬가지로 분명한 반박이 있다. 유엔은 1991년 당시 싸웠던 사람들과 그때는 태어나지 않았지만 지금 거기서 살고 있는 사람들 사이에 퍼지고 있는 전염병에 대한 조사를 개시하라는 것이다. 이라크에 있는 유엔 사찰단들은 생화학 전쟁의 증거를 찾아 궁궐과 이라크 고위 관료의 사무실을 뒤질 수 있다. 그렇다면 왜 유엔은 '신세계 질서' 창출에 수반하는 암, 신부전증, 인명 손실에 대해 똑같이 강제적인 ─ 마찬가지로 인도적인 ─ 조사를 수행할 수 없는가?

"블레어, 클린턴, 사담이 공유하는 재앙"
<인디펜던트> 1998년 3월 9일치 17면[9]

주

1. http://www.gulfweb.org 참조.

2. 미국 회계감사원(GAO), *Operation Desert Storm: Army Not Adequately Prepared to Deal with Depleted Uranium Contamination*, GAO/NSIAD -93-90 (Washington, DC: GAO, 1993).

3. Bill Clinton, "'A Clear and Present Danger," *Financial Times*, December 17, 1998, p. 12, and Tony Blair, "Why We Had to Act Now," *Daily Mail*, December 17, 1998, p. 3 참조.

4. Sarah Schaefer, "Commons Debate-Blair Vows to Weaken Dictator" *The Independent*, December 18, 1998, p. 7 참조.

5. UN Office of the Iraq Program "Oil-for-food — The Basic Facts." 참조. (http://www.un.org/Depts/oip/reports/basfact.html)

6. Larry King, 앨 고어와의 인터뷰, CNN, *Larry King Live*, December 16, 1998.

7. Lord Gilbert, 편집자에게 보낸 편지(Letter to the Editor), "'Poisonous' Gulf Shells," *The Independent*, May 30, 1998, p. 22.

8. "The Catastrophe Blair, Clinton, and Saddam Have in Common," *The Independent*, March 9, 1998, p. 17 참조(printed below).

9. Robert Fisk, "Allies Blamed for Iraq Cancer Torment," *The Independent*, March 4, 1998, p. 1, and "Dusty Farm Ditches and Disused Trenches-The Tomato Plantations Are Still Killing Fields," *The Independent*, March 4, 1998, p. 13 참조.

8장

한 이라크 사람의 이야기

하워드 진

1998년 12월 20일 빌 클린턴과 토니 블레어가 이라크를 폭격하고 있을 때, 나는 영국에서 온 전자우편을 받았다.

존경하는 선생님께

저는 야만적인 사담 후세인 정권을 피해 이 곳 영국에 은신처를 구한 이라크 시민입니다. 후세인 정권은 2년 사이에 무고한 제 아버지와 막내 동생을 죽였습니다. 막내 동생은 제수 씨와 세 조카를 남겨 두고 그렇게 갔습니다. ……

저는 이라크 폭격 이틀째에 바그다드 교외에 있는 우리 부모님 집이 크루즈 미사일의 폭격을 받았다는 사실을 알리기 위해 이렇게 펜을 들었습니다.

제 어머니와 제수 씨, 조카 세 명이 모두 즉사했습니다. 이러한 비극은 저에게 눈물조차 흘릴 수 없을 만큼 큰 충격을 주었습니다. 저는 울고 있지만 이제는 눈물도 나오지 않습니다. 저는 모든 미국인과 영국인 들에게 제 눈을 보여 주면서 가혹하고 고통스런 슬픔을 알리고 싶습니다.

저는 미국 정부, 유엔, 다우닝가 10번지[영국 총리 관저]에 있는 사람들에게 제 이야기를 들려주고 싶습니다. 우리 가족은 모니카[모니카 르윈스키]와 클린턴을 위해 너무나 값비싸고 귀중한 대가를 치러야 했습니다. 제가 잃어버린 것을 그 누가 보상해 줄 수 있겠습니까? 저는 이라크에 가서 어머니 무덤 앞에서 눈물을 흘리고 싶습니다. 어머니는 돌아가시기 전에 항상 저를 보고 싶어 하셨습니다. ……

눈으로 진실을 볼 수 있고, 귀로 이 비극적인 이야기를 들을 수 있다고 생각하시는 모든 사람에게 제 이야기를 알려 주십시오.

안녕히 계십시오.

무함마드 알-오바이디 박사

이 편지는 사담 후세인과 미국 정부 지도자들 사이에 많은 공통점이 있다는 것을 소름끼치도록 명확하게 알려 주는 듯하다. 그들은 이라크 사람들에게 죽음과 고통을 안겨 주고 있다.

사담 후세인이 '대량 살상 무기'를 보유할 가능성과 장차 그것들을 사용할 수 있는 또 다른 가능성을 들먹이며 미국은 지금 뻔뻔스럽게도 크루즈 미사일, B-52 폭격기 같은 대량 살상 무기와, 특히 이라크 어린이 수십만 명을 죽인 경제 제재를 사용하려 한다.

12월 폭격 당시 빌 클린턴은 무함마드 알-오바이디 박사의 가족 다섯 명 외에도 수많은 이라크인들을 거리낌 없이 살해했다.(우리는 얼마나 많은 사람이 죽었는지 알지 못한다.) 왜? "메시지를 보내기 위해서"라고 클린턴 정부는 말한다.[1]

미국이 과연 "메시지를 보내기 위해" 그만큼 많은 자국민을 죽일수 있을까? 이라크인들의 생명은 우리보다 가치가 낮은 것일까? 이라크 아이들이 우리 아이들보다 덜 순수한가?

클린턴 대통령은 사담 후세인이 세계 평화를 위협하는 "명백하고 현존하는 위험"이라고 말한다.[2] 장차 사담 후세인이 어떤 위협을 가할지 모르지만, [지금] 그는 세계 평화를 위협하는 명백하고 현존하는 위험이 결코 아니다. 미국이야말로 세계 평화를 위협하고 있다. 대통령이 이렇게 자주 악용된 문구를 사용한 것에 주목하라. 제1차세계대전 당시 미국 대법원은 미국의 참전을 반대하는 전단을 돌린 사람들의 구속을 정당화하기 위해 이런 표현["명백하고 현존하는 위험"]을 사용했다.[3] 냉전주의자들은 매카시즘과 핵무기 경쟁을 정당화하기 위해 이런 표현을 사용했다. 이제 클린턴 대통령은 똑같이 불명예스러운 목적을 위해 그런 표현을 다시 사용했다.

또한 클린턴 대통령은 이라크 주변의 다른 국가들도 대량 살상 무기를 가지고 있지만, 실제로 그것을 사용한 나라는 이라크뿐이라고 말했다.[4] 그는 역사를 망각한 사람들에게만 이렇게 말할 수 있을 것이다. 미국보다 더 많은 대량 살상 무기를 가지고 있는 나라는 지구상에 없다. 미국보다 더 자주 그런 무기들을 사용하거나 그런 무기들로 민간인들의 목숨을 더 많이 빼앗은 나라도 없다. 미국은 히로시마와 나가사키에 원자폭탄을 투하해 10만 명 넘는 민간인들을 살해했다. 한국과 베트남에서는 '재래식' 무기로 수백만 명을 죽였다. 그러면서 과연 미국이 대량 살상 무기 사용을 억제한다고 자랑할 수 있을까?

[미국] 정부가 폭탄을 선호하다보니 인도주의적 위기에 제대로 대처하지 못한다. 그런 인도주의적 위기는 이라크에 국한되지 않는다. 허리케인 미치가 중앙아메리카를 강타해 수만 명이 죽고 100만 명 이상이 집을 잃었을 때, 사람들을 안전한 장소로 옮기고 음식과 의약품을 나를 헬리콥터가 절실하게 필요했다. 멕시코는 온두라스에 16대의 헬리콥터를 제공한 반면, 미국은 12대를 제공했다. 같은 시간에 펜타곤은 대규모 함대 — 헬리콥터, 수송기, B-52 등 — 를 중동에 급파했다.[5]

펜타곤은 1기당 약 100만 달러나 되는 크루즈 미사일을 300기 이상

이라크에 쏟아 부었다.[6]

같은 시간에 <나잇 리더> 뉴스는 국방부가 전국의 노숙자에게 담요를 공급하던 프로그램을 중지했다고 보도했다. 하원 국방위원회가 예산을 승인하지 않았던 것이다. 그 뉴스 속보에 따르면, "[국방]위원회는 무기예산에서 해마다 350만 달러가 (담요 공급 프로그램의 비용으로) 전환됐다고 말했다."[7]

이렇게 미국의 무기가 해외에서 사람들을 죽이고 있는 동안 미국 내에서는 노숙자들이 얼어 죽고 있다.

미국 정부의 도덕적 우선 순위야말로 터무니없이 왜곡돼 있지 않은가?

알-오바이디 박사의 편지를 받은 나는 그의 요청을 받아들여 전국 각지의 라디오 인터뷰에서 그의 편지를 읽었다. 나는 그에게 이런 사실을 이야기하기 위해 편지를 썼다. 물론 그 어떤 것도 그의 가족을 되살리지는 못한다. 우리가 할 수 있는 것은 미국 정부가 정치적·경제적 이익을 노리고 거듭 폭력을 사용함으로써 나타난 인도주의적 결과를 미국 국민에게 알리기 위해 노력하는 것뿐이다. 우리와 똑같은 사람들 — 가족들, 아이들 — 에게 무슨 일이 벌어지는지 깨닫고 느끼는 사람들이 많아지면, 우리는 군국주의와 전쟁에 대항하는 새로운 운동의 시작을 이 나라에서 볼 수 있을지도 모른다.

주

1. Lawrence F. Kaplan, "How to Send a 'Message': Use AT&T, Not USAF," *Wall Street Journal*, December 23, 1998, p. Al4 참조.

2. Bill Clinton, "Now is the Time to Strike," *Boston Globe*, December 17, 1998, p. A53.

3. Ellen Schrecker, *Many Are the Crimes: McCarthyism in America* (princeton: princeton UP, 1998), pp. 60~61과 199 참조.

4. Bill Clinton, "Now is the Time to Strike." *Boston Globe*, December 17, 1998, p. A53.

5. Michelle Ray Ortiz, Associated Press, "Many Remote Villages Hit by Mitch Still Lost," *Boston Globe*, November 14, 1998, p. A2, and Steven Lee Myers, "Air Force Scrambles to Send More Warplanes to the Gulf," *New York Times*, November 14, 1998, p. A6.

6. Dana Priest. "US Commander Unsure of How Long Iraq Will Need to Rebuild," *Washington Post*, December 22, 1998, p. A31 , and Steven Lee Myers, "US Says 85% of Iraqi Targets Were Hit," *New York Times*, December 22, 1998, p. A18.

7. Mary Otto, Knight Ridder, "Blanket Policy Covers Homeless," December 25, 1998.

바그다드와 모술을 잇는 도로 상에 위치한 사마라 소재 알 아샤리 사원 입구. 이라크인들은 사람이 죽으면 이런 현수막을 걸어 놓는다. 오늘날 이라크에서는 이런 현수막이 흔한 광경이 되었다. 이렇게 영어로 된 낙서("미국 타도")는 드물긴 하지만, 경제 제재가 계속되면서 반서방 감정이 커지고 있다. (사진: 니키 반 데어 가그, 1999년 5월 26일)

바그다드 시내의 소녀. (사진: 앨런 포그, 1998년 7월)

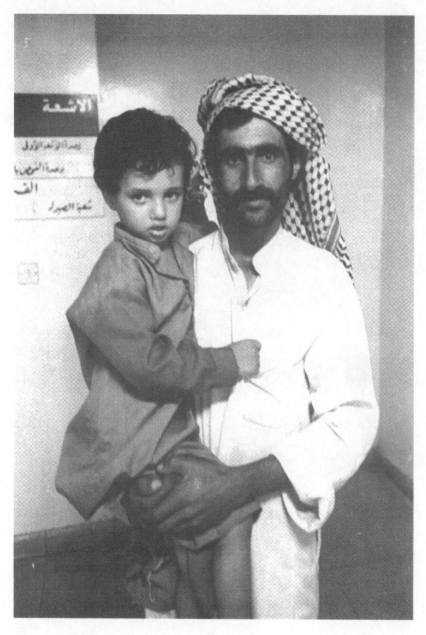

바그다드 소재 알 만수르 병원에서 아들을 안고 있는 아버지. 아동 백혈병 발병률은 네배로 뛰었지만 병원에는 가장 간단한 약품조차 없다. 병원 관리인의 한 달 월급은 대략 30달러(약 3만 6600원)다. (사진: 앨런 포그, 1998년 7월)

미국의 폭격으로 파괴된 아마리야 방공호(본문 228~229쪽). (사진: 앨런 포그, 1998년 7월)

바그다드 시내의 금요일 시장에서 담배를 팔고 있는 상인. 원래 이 시장은 동물을 주로 팔았지
만 지금은 사람들이 돈이 되는 것이라면 뭐든지 내다 팔고 있다. (사진 니키 반 데어 가그,
1999년 5월 21일)

바그다드의 작업실에 있는 무함마드 가니. 1991년 폭격으로 작업실 유리창이 부서지고 재료들을 구하기가 더 힘들어졌지만, 전 세계에서 전시회를 열었던 이 유명한 조각가는 고국을 떠나기를 거부하고 있다. (본문 124쪽). (사진: 니키 반 데어 가그, 1999년 5월 21일)

제3부

경제 제재가 가한 고통

9장

목소리를 높여라

이라크 어린이들의 상황, 1990~1999

캐시 켈리

1997년 1월 8일 오전 6시 15분 나는 볼티모어발 워싱턴 DC행 버스를 타고 있었다. 예수회 사제이자 신학 교수인 사이먼 하락과 볼티모어의 도미니크회 수녀인 아데스 플래트와 캐럴 길버트가 나와 동행했다. 우리는 상원의 하트 오피스 빌딩에서 아프트 라핀이라는 가톨릭 신도를 만날 예정이었다. 국무장관 매들린 올브라이트의 상원 인준 청문회에 참석하는 것이 우리의 계획이었다.

레슬리 스탈은 <60분> 취재를 위해 직접 이라크에 다녀왔다. 1996년 5월 12일 방영된 그 프로그램에서 그녀는 당시 유엔 주재 미국 대사였던 올브라이트에게 미국의 정책 방향을 설명해 달라고 요구했다. 이라크 어린이들이 겪고 있던 참상은 취재차 방문한 그녀에게도 충격이었던 것이다. 올브라이트는 이렇게 대답했다. "아주 힘든 결정이었다. 하지만 이라크는 대가를 치러야 했고, 또 소기의 성과를 거두고 있다고 생각한다."[1]

우리는 청문회가 시작되기 두 시간 전에 도착했다. 이미 서른 명이나 입장을 기다리며 줄을 서 있었다. 우리는 외투 안에 이라크 어린이들의 사진을 숨겼다. 내가 1996년 8월 이라크를 방문했을 때 찍은 사진을 확대한 것이었다. 아이들의 퀭한 눈은 굶주림과 질병에서 구해 달라고 애원하고 있었다.

청문회가 시작됐다. 일반인 참관 장소를 내부에 따로 마련하지 않았다는 소리가 들려왔다. 실망스럽다. 화가 난다. 이 순간을 위해 시카고에서 워싱턴까지 달려왔는데 ……. 모든 게 헛수고가 되어 버렸다. 잠시 후 다행스럽게도 국무장관 워런 크리스토퍼가 수행원을 대동하고 밖으로 나왔다. 경비원들이 줄 선 사람들을 열 명씩 입장시켰다. 청문회는 진행 중이었다.

입장이 허용된 40명 가운데 우리도 있었다. 우리는, 올브라이트가 연설을 마무리한 직후 한 사람씩 차례로 일어서서 가져온 사진을 펼쳐 보이며 우리의 간절한 호소를 전달하기로 사전에 약속했다.

올브라이트는 보편적 인권의 중요성을 강조했지만, 이라크와 관련해서는 계속해서 강력한 봉쇄 정책을 밀어붙이겠다고 재차 확인했다. 박수가 진정되기를 기다렸다가 내가 일어섰다.

나는 소리 높여 말했다. "올브라이트 지명자님, 50만 명이 넘는 이라크 어린이들이 미국과 유엔의 경제 제재로 죽었습니다. 1996년 5월 당신은 〈60분〉과 인터뷰에서 중동 지역에서 미국의 이해관계를 지키기 위해서는 마땅히 치러야 할 대가라고 말씀하셨습니다. 그 발언을 철회할 의사가 있습니까?"

장내 질서를 맡고 있는 구딘이라는 경비원이 어느새 내 옆에 와 있었다. 제스 헬름스 상원의원이 그에게 나를 어서 끌어내라고 손짓했다. 하지만 그 젊은 경비원은 부드럽게 손을 들었다. "잠깐만요, 그녀에게 말할 기회를 줍시다." 하고 말하는 듯했다. 그리고 내 팔을 부드럽게 치며 계속해서 말하라고 한다.

나는 긴 통로를 따라 내려가며 다시 한 번 외쳤다. "이 어린이들은 가엾은 희생자들입니다. 올브라이트 지명자님, 제발, 당신은 좋은 일을 아주 많이 할 수도 있습니다."

그 경비원은 오페라의 객석 안내원처럼 정중하게 나를 밖으로 인도했다. 이제 사이먼 하락의 차례였다. 자리에서 일어선 그는 올브라이트에게 미국의 요구에 따르지 않는 다른 나라에도 같은 정책을 펴겠느냐고 물었다.

아데스, 캐럴, 아프트도 차례로 일어나 발언했다. 우리를 모두 쫓아낸 후 올브라이트는 다음과 같이 연설했다고 한다.

나 역시 이 방에 있는 다른 어떤 사람 못지않게 이라크 어린이들을 염려하고 있습니다. …… 사담 후세인은 자국 이라크의 운명을 손에 쥐고 있는 자입니다. …… 굶주리는 이라크 어린이들에게 책임을 져야 할 자는 사담 후세인이지 우리 미국이 아닙니다.[2]

1997년 1월 10일, 이라크에 대한 경제 제재를 종식시키기 위한 미국 내 캠페인 중 하나인 '황야의 목소리'가 우리의 청문회 발언에 관한 성명을 냈다. 여기 그 일부를 소개한다.

이라크의 어린이들은 석유[를 장악하기 위한] 패권의 정치에 아무런 책임이 없다. 매들린 올브라이트를 포함해서 경제 제재 해제에 반대하는 자들은 모두 유죄다. 책임을 부인하는 자들은 세련된 외교 수완을 발휘할 것이다. 그러나 어린이들은 죽고 있다. 우리는 그들이 죽는 것을 보았다. 유엔의 자체 증거를 보더라도 수출입 금지 때문에 어린이들이 죽은 게 분명하다. 많은 유엔 회원국들이 경제 제재 완화의 필요성에 찬성했다. 미국 정부와 미국 정부의 유엔 대변인 매들린 올브라이트가 이런 움직임을 차단해 왔다.

이런 경제 제재는 사실상 전쟁이나 다름없다. 이 소리 없는 전쟁에서 고통받는 사람들은 무고한 비전투원인 여성 · 어린이 · 노약자 · 시민 들이다.[3]

1년 전 우리는 비폭력이라는 더 온건한 형태로, 이라크 민중에게 자행되는 유엔과 미국의 경제 제재를 위반하겠다는 결의를 천명한 편지를 법무부장관 재닛 리노에게 보냈다. 우리는 우리가 받게 될 처벌을 잘 알고 있지만 그녀가 우리와 함께 이라크에 대한 수출입 금지 해제를 미국 정부에게 요구해 주기 바란다고 말했다.

'황야의 목소리' 대표 네 명이 1996년에 이라크를 다녀왔다. 그리고 1999년 말에 추가로 30명 이상이 이라크를 방문하고 돌아왔다. 그들은 이라크 어린이들과 민간인 가족들에게 의약품을 직접 전달함으로써 경제 제재를 공개적으로 위반했다. 우리의 여행 자체가 한 편의 드라마였다. 우리는 우리의 여행이 이라크 민중, 특히 어린이들이 겪고 있는 비참한 상황에 대한 주의를 환기해 주길 바랐다. 돌아오자마자 우리는 분주히 움직였다. 학교를 방문하고 지역 사회 단체들에서 연설도 했다. 의원들을 만나고 우편물을 발송하고 주류 언론이 이 문제에 관심을 갖도록 하기 위해 노력했다.

그 사이 이라크에서는 날마다 150명의 어린이들이 죽어가고 있었다.

'포성 없는' 전쟁

1997년 1월 16일 숨이 턱까지 차올랐지만 정각에 도착했다. 드 폴 대학교의 종교학 수업 시간, 케냐인 친구 터러시아 힝가 박사가 양심과 도덕 판단에 관한 수업을 진행하고 있었다.

터러시아가 나를 따뜻하게 맞아 주었다. 나는 걸프전 때 이라크를 방문해 사우디아라비아 접경 지대의 평화 캠프 건설에 참여했었다. 그녀는 학생들에게 내가 그 뒤에도 여러 차례 이라크에 다녀왔다고 소개했다. 개인적으로 엄청난 위험과 박해가 따르는 이 일을 치하하며 그녀는 학생들에게 나의 말을 경청해 줄 것을 호소했다.

바로 그 때 아드난 알마니 박사가 교실 뒤에 와 있는 게 보였다. 나는 터러시아에게 감사 인사를 했다. 그리고 진짜 이라크에서 온 사람이 이 강의실에 있어서 무척 기쁘다는 말을 보탰다. 알마니 박사는 드폴 대학교에서 경영학을 가르치고 있었다. 나는 그의 친절한 눈인사에 기운이 났다.

나는 학생들이 어느 정도 나와 공통점을 발견하기를 바라면서 내 경력을 간단히 소개하는 것으로 연설을 시작했다. 내가 어린 시절을 보낸 시카고 얘기를 꺼내자 일부 학생들은 졸거나 쓴웃음을 지었다. 시카고의 남서 지구는 블루칼라 노동자들이 거주하는 지역이다. 절대로 중간계급 지구는 아니었다. 나는 10대 시절에 내게 큰 충격을 주었던 사건을 이야기했다. 영어 선생님께서 <밤과 안개>라는 영화를 보여 주셨는데, 그것은 나치의 홀로코스트를 다룬 다큐멘터리였다. 하지만 내가 대중 행동과 저항 운동에 투신하는 데는 10년의 세월이 더 필요했다고 학생들에게 고백했다. 그러다가 어느 순간 무기력한 방관자로 남기보다 사회의 불의에 맞서 싸워야겠다는 생각이 마음속 깊은 곳에서 솟아오름을 느꼈다. 그 때부터 마하트마 간디, 도로시 데이, 마틴 루터 킹 목사에 관한 책을 읽기 시작했다. 나는 사랑과 정의를 실천하기 위해 일신의 안위를 돌보지 않고 희생을 감수한 그들을 존경했다.

시계를 보니 서둘러야 했다. 나는 대학에서 신학을 전공했고, 2년 동안 고등학교에서 종교 과목을 가르쳤으며, 그 뒤에 웨이트리스 일을 하면서 신학 박사 학위를 땄다는 얘기를 했다.

대학원에서 신학을 공부하던 막바지 시절에는 가난한 사람들에 대한 관심이 멀어진 것이 못마땅했다. 억압에 맞서 투쟁하는 사람들을 좀처럼 찾아볼 수 없는 상아탑에서 공부하며 살고 있었던 것이다.

이런 고립 상태에서 벗어나고자 한 나는 감옥에 갇히기도 하고 전쟁터도 몇 군데 돌아다녔다. 걸프전이 발발한 처음 16일 동안 나는 이라크에 머물렀다. 나는 '걸프만 평화 실천단'의 일원으로 활동했다. 18개 나라에서 자원한 73명의 대원 가운데 한 명이었다. 우리는 전투가 발생할 가능성이 있는 지역의 한복판에서 연좌 농성을 벌이며 적대 행위 종식을 호소할 작정이었다. 우리가 이라크와 사우디아라비아의 국경 지역 사막에서 미군 부대를 앞에 두고 캠프까지 설치할 수 있었다는 사실을 생각하면 조금은 자랑스럽기까지 하다.

전쟁이 발발한 그날 밤 우리 실천단원들은 소형 단파 라디오에 귀를 기울이며 촉각을 곤두세웠다. 전쟁을 막을 막판 결의안을 기대했던 것이다. 군사 전문가들은 달빛이 없는 밤에 폭격이 개시될 것이라고 관측했다. 그날 밤은 칠흑같이 어두웠다. 오전 2시 폭격이 시작되었다는 소식이 우리 야영지에도 전해졌다.

"두렵지 않았나요?" 앞에 앉은 여학생이 불쑥 물었다. 나는 고개를 가로저었다. "아니요, 솔직히 지금껏 느끼지 못했던 깊은 환멸감이 밀려왔습니다. 미군과 다국적군의 폭격기가 상공에 나타나자 근처의 들개들이 울부짖었던 게 아직도 뇌리에 생생합니다. 개들은 목이 쉴 때까지 짖어 댔습니다. 인간이 벌이는 전쟁에 대한 가장 적절한 응답이라는 생각을 했습니다. 폭격기가 밤마다 상공을 지나갔고 어떤 때는 5분 간격으로 출격하기도 했습니다. 그리고 그 비행기들에는 엄청나게 많은 폭탄이 실려 있었죠. 이제 이라크에는 남아나는 게 없겠구나 하는 생각이 들었습니다."

1991년 1월 27일, 지상전이 시작되려고 하자 이라크 정부가 우리를 피난시키기로 결정했다. 파견된 민간인 대표가 얼른 짐을 싸서 바그다드로 함께 가자고 종용했다. 갈지 남을지 문제로 우리는 분열했다. 격렬한 논쟁이 계속됐고, 남기로 결의한 사람들은 짧지만 감동적인 의사 표명을 하기도 했다. 그러나 긴박한 시간이 흐른 후 곤혹스러워하던 이라크인들은 우리를 강제로 버스에 태웠다.

우리가 탄 버스는 오후 늦게 공습 목표로 간주돼 위험에 노출된 한 간선도로를 달리고 있었다. 우리를 태운 운전수들은 거대한 폭탄 구덩이를 피해 이리저리 차를 몰았다. 파괴돼 연기를 내뿜고 있는 차량들이 여기저기 널려 있었다. 유조차는 물론 구급차와 여객 버스도 한 대씩 있었고, 민간인 차량도 몇 대 눈에 띄었다.

바그다드에 도착한 우리는 호사스러운 알 라시드 호텔에 묵게 됐다. 하지만 물도 안 나왔고 방은 캄캄했다. 발전소가 모두 파괴된 탓이다. 근처 주차장에서 폭탄이 터지자 다시 한 번 우리의 안전이 걱정됐던지 이라크 당국자들이 급히 달려와 '걸프만 평화 실천단' 전원을 다시 버스에 태워 요르단의 암만으로 이송했다.

암만에서는 대규모 기자 회견이 우리를 기다리고 있었다. 내가 '걸프만 평화 실천단' 미국 대표로 발언하게 됐다. 난감했다. "어떻게 해야 하죠?" 영국인 기자이며 '실천단' 단원이기도 한 조지 루멘스에게 조언을 구했다. "전쟁의 흥분과 광기가 잠잠해지면 전 세계인들이 이 전쟁에 대한 지속적이고 더 적절한 대책의 필요성을 느낄 것이라고 믿는다고 말하세요. 우리가 불러일으킨 고통에 대해 양심의 가책을 느끼며 후회한다는 말도 잊지 마십시오."

그 뒤 전쟁 기간 동안 우리는 암만과 바그다드를 연결하는 도로를 오가며 의료 구호품 호송대원으로 일했다. 호송대와 함께 일하면서 우리는 미군과 영국군이 호송대를 표적으로 삼지 않기를 바랐다. 자국 국민에게 폭탄을 떨어뜨리지는 않을 것이라는 일말의 희망에서였다.

전쟁은 끝났다. 이라크가 우리의 입국을 허락했다. 전쟁과 그 이후 단행된 경제 제재의 파괴적 결과를 살펴보고 증언하기 위한 조사팀도 동행했다. 나는 6개월 동안 이라크에 머물면서 의료진을 조직하는 일을 도왔다.

미군 항공기가 이라크에 쏟아부은 폭탄의 양만도 8만 8천 톤이나 된다. 이것은 히로시마에 투하한 핵폭탄의 거의 다섯 배다.[4] 소위 스마트탄의 70퍼센트가 목표물을 빗나갔다. 민간인 거주지와 학교, 교회, 회교 사원, 공터에도 떨어졌던 것이다.[5] 그러나 목표물에 명중한 나머지 30퍼센트가 파괴한 것은 이라크의 발전소와 하수 처리 시설이었다. 교량, 도로, 고속도로, 운하, 공공 건물 등 이라크의 기반시설이 철저하게 파괴됐다.[6]

1991년 2월 12일 이라크에 대한 다국적군의 공격이 절정에 이르렀다. 전 세계의 기독교도들이 사순절의 첫날인 '재의 수요일'을 지킬 때, 무슬림들 역시 이드 알 피트르 축제[이슬람력으로 10월 첫날에 벌이는 축제. 라마단이 끝나는 날로 풍성한 음식을 즐기며 축하한다]를 지켰다. 무자비한 폭격이 계속되는데도 바그다드의 한 부촌에서는 축제를 벌이기로 했다. 그들은 아마리야 방공호에 모여 즐거운 시간을 갖기로 했다. 그 곳은 바그다드에서 알 라시드 호텔 인근 방공호 다음으로 안전한 시설이었다.

저녁이 되자 마을 사람들이 함께 식사를 하려고 모여들었다. 식사를 마치고 남성들은 얼른 자리를 떴다. 되도록 많은 여성과 아이들이 방공호에 몸을 피할 수 있도록 하기 위해서였다. 다른 지역에서 온 피난민들에게도 자리를 내주려면 그래야만 했다. 어머니·할머니·갓난아이·어린이·십대 들은 맹렬한 공습 속에서도 그나마 안전하게 잠을 청할 수 있었다.

그날 밤 미군의 스마트탄 두 발이 아마리야 방공호 환기구에서 새 나오는 불빛을 발견했다. 출입구가 봉쇄된 탓에 온도가 화씨 900도[섭씨 약 482도]까지 치솟았다. 이라크인 4백 명 이상이 죽었다.[7]

1991년 3월 적신월사(赤新月社)[중동 지역에서 활동하는 적십자사와 유사한 구호 조직] 차량 한 대가 우리 조사팀 네 명을 아마리야 지역까지 태워 주었다. 홀로 남은 가족들이 움푹 꺼진 방공호의 잔해를 에워싸고 있었다. 집집마다 검은 현수막이 내걸려 있었다. 이 참극으로 희생당한 가족의 이름이 흰색의 우아한 아랍 문자로 쓰여 있었다.

그 장면을 목격하면서 터져 나오는 눈물을 주체할 수가 없었다. 그런데 갑자기 조그만 팔이 내 허리를 부드럽게 감싸는 게 느껴졌다. 예쁜 이라크 어린이 한 명이 나를 쳐다보며 웃고 있었다. "안녕하세요?" 소녀는 반갑게 인사를 건넸다.

길 건너편에 검은 옷을 걸친 여자 두 명이 보였다. 우리를 에워싸고 있는 아이들을 데려가기 위해 다가오고 있는 것이 분명했다. 그들이 가까이 오자 나는 아랍어로 인사를 건넸다. "나는 미국인입니다. 정말 면목이 없습니다."

그러나 그들은 이렇게 말했다. "아니요, 아니요. 우리는 당신들이 당신들의 정부와 다르다는 것을 알고 있습니다. 그리고 당신 나라 국민이 우리에게 이런 짓을 하지 않으리라는 것도 잘 알아요." 두 여자 모두 미군의 폭격으로 가족을 잃은 사람들이었다.

다른 어느 곳에서 그렇게 따뜻하고 온유한 이해심을 기대할 수 있단 말인가!

돌이켜 보면 전기가 두절된 상태에서 그들이 더 행복하지 않았을까 싶기도 하다. 그 당시 라디오와 텔레비전을 통해 미국에서 쏟아져 나온 조롱과 비난을 듣지 못했던 게 그들에게 더 좋지 않았을까? 전쟁으로 사망한 이라크인이 몇 명이냐는 질문을 받자 콜린 파월 장군은 이렇게 대답했다. "안됐지만 사망자 수에는 관심이 없습니다."[8]

학생들에게 계속해서 나의 아마리야 방문기를 들려 주었다. 기자 한 명이 생존자들에게 이런 참극이 또 일어날 가능성에 대해 물었다. 그들은 고개를 끄덕이며 이구동성으로 말했다. "물론이죠!" 깊은 불신감이 배어나는 대목이었다. 한 사람이 말을 보탰다. "경제 제재 때문에 이보다 더 끔찍한 일이 매일 일어나고 있습니다."

나는 포스터를 한 장 들어 보였다. 아마리야 지구를 방문해 찍은 사진이 들어 있는 포스터였다. 포스터에는 내게 인사를 건넸던 귀여운 소녀도 있다. 궁금하다. 그 아이가 아직 살아 있을까? 그 참혹한 전쟁에서 살아남았다면 지금은 십대가 됐을 것이다. 이라크를 옴짝달싹 못하게 꽁꽁 묶어버린, 피도 눈물도 없는 경제 제재 속에서도 그 아이가 운 좋게 깨끗한 물과 충분한 음식을 제공받을 수 있었을까?

우리가 만든 포스터에는 다른 이라크 어린이들도 나온다. 그들은 밝게 미소짓고 있다. 포스터의 문구는 이렇다. "전쟁의 얼굴 : 바그다드에 있는 우리의 '적'"

나는 학생들이 걸프전을 현대전과 비교해서 그다지 파괴적이지 않은 '외과 수술 같은' 공격이라고 생각하기를 바라지 않는다. 한 나라의 경제 기반을 초토화하고 추가로 경제 제재를 단행해 국민 전체의 삶을 마비시킬 때 그 희생자들은 언제나 사회의 약자들, 곧 빈민, 노인, 병자, 그리고 무엇보다도 어린이들이라는 점을 나는 학생들에게 강조했다.

우리 단체의 파견단이 1996년 8월 취재해 온 사진을 바탕으로 제작한 포스터를 학생들에게 보여 주었다. 야위고 쇠약한 어린이들의 모습이 좀처럼 머리에서 떠나지 않는다. 어린이들은 머리도 빠지고 피골이 상접한 노인의 모습을 하고 있었다. 죽어가는 아이를 안고 어르면서도 내가 어머니와 아이 모두에게 마지막 순간이 될지도 모르는 시간을 방해하고 있는 것은 아닌지 안절부절못했던 게 생각난다.

한 학생이 조심스럽게 질문을 했다. "당신은 이라크 사람들이 어떻게 해야 한다고 생각하십니까?" 터러시아의 눈이 밝게 빛났다. 그녀는 우리가 초청한 손님 알마니 박사와 눈을 마주쳤다. 학생이 자기 질문을 부연한다. "제 말은 그들이 뭔가 변화를 원해야 한다는 것입니다. 그들은 왜 아무것도 하지 않는 거죠?"

알마니 박사가 학생들에게 이해를 호소했다. 그는 현실의 비참한 조건에 짓눌린 이라크인들이 변화를 이뤄내는 것은 쉬운 일이 아님을 이해해 달라고 말했다. 이라크의 언론 상황은 다른 나라만큼 자유롭지 못하다. 다음 끼니를 걱정해야 하는 처지에 있는 사람이 정치 운동에 가담하는 것은 쉽지 않을 것이다. 더구나 경제 제재 때문에 이라크의 거의 모든 가정이 부족한 식량이라도 얻으려면 정부 배급에 의존해야 하는 실정이다.

알마니 박사는 많은 이라크인들이 사담 후세인 체제가 붕괴하면 나라 전체가 피비린내 나는 내전에 돌입할 수도 있다는 점을 염려한다고 말했다. 주변의 적대 국가들이 내전을 조장할 가능성도 아주 크다고 보는 것이다.

수업이 거의 끝나가고 있었다. 청중을 어느 정도 설득했는지 궁금했다. 이라크에 대한 '폭격'과 '포성 없는' 전쟁을 비판적으로 살펴보기 위해 나처럼 모든 전쟁을 비난해야 하는 것은 아니다. 유엔의 자체 통계가 어린이 사망자 수와 같은 많은 [전쟁의 부당함에 대한] 증거들을 입증하고 있다. 나와 같은 목격자의 증언 역시 꾸준히 증가하고 있다.

청중들이 줄지어 나갔다. 필요하면 돕겠다는 학생도 있었다. 대다수 학생들이 고맙다는 인사를 건넸다. [이라크의] 현실을 알게 된 학생들은 분별 있는 판단력을 보여 주었다. 아마 모든 사람이 그렇게 될 수 있을 것이다. 다시 한번 묻는다. **목적이 수단을 정당화할 수 있는**

가? 경제 제재가 계속되어야만 하는가?

"우리는 동정을 바라지 않는다"

1996년 8월 10일, 사상 최악의 불볕더위가 기승을 부리는 이라크 남부에서 또 하루가 시작됐다. 나는 묵고 있던 바스라 타워 호텔 침대에서 꼼짝 못하고 누워 있었다. 머리 위에서 돌아가는 선풍기 바람에 감사했고, 밤이 되면 더위가 한풀 꺾이리라는 기대가 그나마 위안이 됐다. 특별히 피곤하지는 않았지만 동료들은 나에게 쉬라고 강권했다. 내가 바스라의 소아·부인 병원을 방문한 후 쓰러졌던 탓이다.

수련의 책임자인 젊은 타리크 하심 하베 박사가 우리를 소아 병동으로 안내했다. 뼈만 남은 아이들이 지저분한 병실에서 시들어가고 있었다. 어린이들은 심각한 영양실조와 호흡기 질환, 백혈병, 신장 질환으로 고통받고 있었다. 어떤 병실에 들어갔더니 인큐베이터 14대가 한쪽 벽에 쌓여 있었다. 수리할 부품이 없어 사용할 수가 없었던 것이다. 혈액 은행이라고 하는 곳에는 작은 냉장고 한 대와 구닥다리 원심분리기 한 대만 달랑 놓여 있었다.

하베 박사는 병원이 계속 인력 부족에 시달리고 있다고 설명했다. 의사들의 수입은 가족을 부양하기에도 모자랐다. 한 달에 3달러도 못 버는 경우가 있다고 한다. 그래서 의사 일을 그만두고 택시 운전사나 노점상, 급사로 일하는 사람도 생겨나고 있다. 간호사들 역시 그들이 배우고 훈련한 일을 계속하는 게 불가능하다는 것을 깨달아 가고 있다.

어린이들을 보살필 병원 인력이 없기 때문에 가족들이 밤낮 없이 침대 곁에서 아이들을 지켜야 한다. 집에 남아 있는 다른 아이도 돌봐야 하기 때문에 그들이 할 수 있는 최선은 시간을 잘 배정하는 일이다. 하베 박사는 적절한 장비도 없고 약도 없는 상황에서 월급도 제대로 못 받으면서 의료 행위를 한다는 게 얼마나 절망감을 안겨 주는 일인지 말했다.

"나와 환자 사이의 차이점은 내가 흰색 가운을 입었다는 것뿐입니다." 그는 슬픈 듯 어깨를 한 번 으쓱하고는 한 아이의 침대를 떠났다. 그 어린이는 항생제만 있으면 치료할 수 있는 호흡기 감염으로 죽어 가고 있었다.

바스라의 오늘 기온은 화씨 140도[섭씨 약 60도]다. 이런 날씨라면 하루에 적어도 1갤런 정도의 물은 마셔야 한다고 한다. 경제 제재 때문에 물을 정수하는 데 사용하는 염소를 구할 수 없어서 병에 담겨 팔리는 물조차도 오염되어 있었다. 수도 사무소 직원들이 녹슬어 구멍이 난 수도관을 보여 주었다. 이 구멍을 통해 오염 물질이 바스라의 식수로 유입되고 있었다.

나는 디즈브라엘 카삽 대주교가 우리에게 건네 준 물병을 집어 들었다. 주교가 이렇게 말했다. "이걸 드세요. 그리고 당신 병이라는 표시를 해 두세요. 그래도 이것은 바그다드에서 가져온 물로 우리는 이것을 달콤한 물이라고 부른답니다. 여기서 다른 병에 담긴 물을 드신다면 배탈이 나고 말 겁니다." 오전에 만났던 아이들이 생각나서 물을 마실 수 없었다. 나는 병을 내려놓고 말았다. 그 온화하고 친절했던 카삽 주교가 생각난다.

나는 바그다드의 '성심 교구'에서 그를 처음 만났다. 시카고에 사는 이라크인 친구들이 나에게 그의 전화번호를 주었다. 1996년 3월 바그다드에 도착한 첫날 그에게 전화를 걸자 그는 바로 그 날 나를 초대했다. 내가 찾아갔을 때 그는 마당을 쓸고 있었다. 그와 자원 봉사자 몇 명이 렌즈콩과 쌀, 설탕과 차를 나누어 줄 준비를 했다. 그의 교구는 인근 주민들에게 일 주일에 한 번씩 생필품을 나누어 주고 있었다.

나중에 그는 자기 사무실에서 우리가 벌이고 있는 운동을 소개한 기사들을 읽었다. "아주 좋습니다. 당신이 하고 계신 일을 계속 해 주세요. 당신은 수출입 금지에 이의를 제기하고 있지요. 하지만 우리는 자존심이 강한 민족입니다. 우리는 동정을 바라지는 않습니다. 우리가 원하는 것은 다시 일할 수 있고 또 그렇게 해서 스스로 우리 자신을 돌보는 것뿐입니다."

1996년 8월, 나는 '황야의 목소리' 두 번째 파견단의 일원으로 다시 바그다드에 갔다. 카삽 대주교는 이라크 남부의 바스라와 나시리야에 있는 칼데아 성당의 교구장으로 임명되어 바그다드에 없었다. 마침 잘된 일이었다. 우리는 바스라를 방문하고 싶었기 때문에 그에게 연락했다.

이틀 후 우리는 수수한 사무실에서 그와 마주 앉았다. 내가 동료들을 소개했다. 그러고는 제공할 의약품이 아주 적었음에도 우리의 경제 제재 중단 활동을 격려해 준 것에 감사한다고 말했다.

"아닙니다. 나는 생각을 완전히 바꾸었습니다." 카삽 주교는 아주 단호했다. "여기서 석 달을 지낸 지금은 동정을 받아들이겠다고 말하고 싶습니다. 얻을 수 있는 것이라면 뭐든지 받고 싶습니다. 사태가 정말 심각합니다."

바스라는 이라크에서 세 번째로 큰 도시다. 이란-이라크 전쟁, 걸프전, 그리고 경제 제재가 단행되기 오래 전에는 번창하던 석유 수출항이었다. 카삽 주교가 만나 본 3백 세대 중에서 한 명이라도 일을 하고 있는 가정은 겨우 45세대에 불과했다. 어쩔 수 없이 놀아야만 하기 때문에 좌절하고 상처 입은 바스라 시민들은 쓰레기 더미가 쌓인 더러운 거리를 배회하고 있었다. 5~6피트 높이의 오물더미가 30피트마다 한 무더기씩 말라비틀어진 채 방치돼 있었다. 사람들은 주택가 보도를 조심스럽게 걸어야만 했다. 똥더미가 넘쳐났고, 폐수는 길에서 인근 집으로 흘러들고 있었다.

경제 제재 거부하기

나는 세상에서 가장 좋은 사람들에 둘러싸여 우리 집 거실에 앉아 있다. 1997년 1월 18일, 걸프전이 발발한 지 6년이 지났고 한줌도 안 되는 우리가 '황야의 목소리' 캠페인을 시작한 지 1년이 됐다.

파견단 4명이 6만 달러 상당의 의약품을 가지고 이라크에 다녀오기도 했다. 미국 재무부는 우리가 당국의 허가를 받지 않은 채 이라크로 여행을 하고 인도주의적 화물을 선적했다는 이유로 징역 12년과 벌금 1백만 달러의 형을 받을 수도 있다고 통보했다.

1996년 1월 22일 미국 재무부 해외자산국이 우리에게 다음과 같은 내용의 팩스를 보냈다.

해외자산국은 당신과 '황야의 목소리'의 다른 회원들이 최근 미국 여러 곳에서 이라크인들에게 보낼 의약 구호품을 모집해 직접 이라크로 들고 가겠다는 의사를 밝혔다는 사실을 접수했습니다.

[외국자산관리규정] 제575조 205항은 특별히 허용하는 경우 외에는 이라크에 상품과 기술, 서비스의 수출·재수출을 금지하고 있습니다.[9]

도덕적 견지에서 우리는 정부의 거부권을 인정할 수 없다. 절박한 상황에 처한 같은 인류에게 구호품과 의약품을 보내고 연대감을 표시하는 것은 당연한 일이다. 실천적 견지에서도 우리는 쓸데없는 승인 절차를 기다리며 몇 달씩 관료들과 씨름하는 상황을 받아들일 생각이 없다.

나는 다시금, 양심의 가책과 뉘우침이야말로 전쟁에 대한 영구적인 대응이라는 조지 루멘스의 말을 떠올린다. 루멘스의 말은 여러 곳에서 거듭거듭 들려왔다. 우리는 학교와 커뮤니티 센터에서 우리의 주장이 호응을 불러일으킨다는 사실을 확인했다. 지방 신문과 라디오 방송국에서도 우리의 견해를 보고 들을 수 있다. 진지하고 분별 있는 판단과 생각은 계속 늘어나고 있다. "우리는 몰랐습니다. 우리는 정말 진실을 모른 채 살아왔습니다."

이제 우리는 일 년 동안 벌여 온 캠페인의 성과를 총화하고 다음 단계의 행동 계획을 짜려고 했다. 우리는 그 동안의 활동을 다함께 격의 없이 회상하며 평가하기도 하고 자유롭게 새로운 활동 방향도 개진하면서 그 날을 보냈다. 우리는 우리의 활동을 담은 사진을 살펴보기도 했다.

사진은 우리의 활동과 교육에서 아주 중요한 매체다. 사진은 대부분 바스라의 병원과 바그다드 외곽의 카디시야 병원에서 찍은 것이다. 1996년 8월 카디시야 병원을 방문했을 때 나는 우리가 만나는 여성과 아이들의 신원을 일부라도 확인해 두어야겠다고 마음먹었다. 그래서 그들이 겪고 있는 곤궁한 처지를 기록으로 상세히 남겨 놓았다. 반드시 필요한 일이었다. 오하이오 주 애크런 출신의 목수인 릭 맥도웰과 나는 팀을 이뤄 어머니와 아이들의 사진을 찍었다. 그리고 지친 어머니들에게 질문을 했다. 나이는 몇인가? 애는 몇 살인가? 애는 어떤 병으로 고통 받고 있는가? 얼마나 오랫동안 앓아 왔나? 다른 아이들도 있는가? 지금 누가 그들을 돌보고 있는가?

그러자 슬슬 이야기가 나오기 시작했다. 아나 안바는 27살이다. 그녀는 흐리멍덩한 표정에 완전히 지쳐 있었다. 금방이라도 눈물이 쏟아질 듯한 얼굴이었다. 그녀는 11일 동안 9살짜리 아들 알리의 침대 머리맡을 지켰다. 무표정한 얼굴의 알리는 의식이 거의 없어 보였다. 몇 달 전 알리가 호흡기 감염으로 몸져눕자 아나는 계속해서 수천 디나

르어치의 약을 구입했다. 그러나 차도는 없었다. 지금 그녀는 자신이 암시장에서 구입한 약의 유효기간이 지난 게 아닐까 의심하고 있었다. 그 약이 알리에게 정말 필요한 약이 아니었을 수도 있다.

우리는 그녀가 겪은 이야기가 미국의 부모와 가정을 각성시키는 데 도움이 되기를 바란다고 말했다. "언제쯤이면 그렇게 될까요?" 그녀의 물음에는 강한 분노가 배어 있었다. 통역하던 사람이 그녀의 분노를 애써 부드럽게 전해 주었다. "경제 제재가 6년이나 계속됐기 때문에 그녀도 지치고 좌절해 있답니다."

아나가 재빨리 끼어든다. "미국 여성들도 자기 자식들에게 이런 일이 벌어지기를 바랄까요?" 그러고는 알리에게 몸을 돌리며 조용조용 말을 덧붙인다. "우리가 이 참혹한 고통을 끝장내자고 호소하는 것은 우리를 위해서가 아니라 바로 우리 아이들을 위해서예요."

사진과 기록 외에도, 우리는 또 개인적으로 받게 된 요구 사항들도 처리해야 했다. 우리에게 전달된 메모들은 특정 의약품을 간절히 호소하고 있었다. 각료 수준의 공직에 있는 정부 관리들조차도 우리에게 아스피린과 안약, 어린이용 비타민, 그리고 미국에서라면 손쉽게 구할 수 있는 다른 일반 의약품들을 보내 달라고 간청했다.

우리의 비망록은 길었다. 앞으로 해야 할 일을 생각하면 기운이 빠진다. 먼저 경제 제재에 대한 우리의 도전을 극적으로 표현할 방법을 찾아야 했다. 가장 좋은 개선책은 현재 진행 중인 우리의 사업, 다시 말해 경제 제재 조치를 대중적·공개적으로 위반하면서 이라크 민중에게 구호품을 전달하는 사업인 것처럼 보였다.

시카고에서 가톨릭 신부로 봉직하고 있는 밥 보시가 근심스럽게 말했다. 그는 1996년에 이라크를 두 번 다녀왔고 '걸프만 평화 실천단' 단원으로도 활약했다. "많은 사람들은 (유엔) 결의안 986호에서 규정한 석유–식량 교환 프로그램 덕분에 이라크의 고통도 이제는 사라질 것이라는 선입견을 갖고 있습니다. 심지어 우리 지지자들 일부도 그렇게 생각하는 경향이 있습니다. 그러나 사실 석유-식량 교환 프로그램은 죽음의 속도를 다소 늦추는 역할을 할 뿐입니다."

우리는 걸프전 참전 군인들을 우리가 파견하는 대표단에 참여시키면 어떨까도 생각해 보았다. 1996년 7월 걸프전 참전 군인들의 질병 문제를 다루는 대통령 자문위원회가 시카고에서 공청회를 열었다.[10] 나는 이 자리에서 이라크 어린이들을 대신해 그들에게 발언하고 싶다고 사전 신청을 했다. 그들이 내게 10분씩이나 할애해 줬다는 사실에 나는 적잖이 놀랐다. 걸프전에 참전했던 퇴역 군인들도 10분의 발언 시간을 얻었다.

위원회에서 발언한 퇴역 군인들은 너무나도 감정이 격해진 나머지 중간에 울음을 터뜨렸고 평정을 되찾기 위해 증언을 중단해야만 했다. 그들은 정신적·육체적 고통에 시달리고 있었으며, 일부는 전시 복무의 후유증 때문에 가족들의 건강마저 심각한 상태라고 주장했다. 이들 남성과 여성이 페르시아만에 주둔하는 동안 그들에게 무슨 일인가가 일어났다는 것은 분명한 사실이다. 그런데도 이들을 그곳에 배치한 책임 당사자인 정부는 묵묵부답으로 일관해 왔다.

퇴역 군인 중 한 명은 자기가 미군이 폭파한 화학 무기 창고 근처에 있었다고 증언했다. 그는 걸프전 기간뿐 아니라 귀국한 후에도 외상성 상해와 정신적 충격에서 벗어나지 못하고 있다고 말했다. 의사가 이렇게 말했다고 한다. "당신은 가지 말아야 할 곳에 다녀온 것 같군요." 미칠 것 같은 병사에게는 하나도 위안이 안 되는 말이다. 나는 발언 기회를 기다리며 의사의 소견을 기억해 두었다. "분명한 것은 수십만 명의 이라크 어린이들이 있지 말아야 할 곳에 있었다고 우리가 쉽게 말해 버릴 수는 없다는 점입니다."

근심 걱정이 만연하게 된 한 가지 이유는 열화우라늄 때문이었다.

대중적 논란이 벌어졌고, 국방부는 열화우라늄이 인간에 미치는 독성과 방사능 효과에 관한 공식 연구에 착수하지 않을 수 없었다.

금속 형태의 열화우라늄은 과학계에 알려진 물질 가운데 가장 밀도가 높은 물질의 하나다. 열화우라늄은 원자로에 사용할 농축 우라늄을 생산하는 과정에서 부산물로 발생한다. 그 열화우라늄이 폐기되지 않은 채 전 세계에 엄청나게 쌓여 있다. 미국 군부에게 열화우라늄탄은 그 비축량을 줄이는 동시에 무기 체계를 '개선'할 수 있어 일거양득이었다.

그러나 열화우라늄이 내장된 공격 무기는 걸프전 전에는 사용된 적이 없다. 미군과 영국군이 사상 최초로 열화우라늄탄을 실전에 배치하고 사용한 것이다. 열화우라늄탄의 입자와 파편들이 걸프전 전장 전역에 흩어졌다. 가장 보수적인 군 당국 자료를 보더라도 3백 톤 이상의 잔해가 흩어졌을 것으로 추산된다.[11] 공기나 오염된 물에서 열화우라늄 입자를 흡수한 결과는 납 관련 질병에 비유될 수 있다고 한다. 열화우라늄은 우라늄과 마찬가지로 독성이 강한 중금속이기 때문이다.[12]

범죄나 다름없는 조치

무더운 날씨다. 사담 의료원 아동 병원 앞에서 방송 카메라맨 한 명이 위치를 잡는다. 영국 런던의 한 텔레비전 방송사가 미국 법을 위반하며 활동하는 나의 모습을 화면에 담는 작업을 하고 있다. 카메라맨의 시작 신호를 받고서 나는 서류 가방을 든 채 자동차에서 내려 병원 입구로 걸어간다. 구경꾼들이 호기심 어린 표정으로 촬영 모습을 구경한다. '황야의 목소리' 캠페인을 간단히 소개하는 전단을 읽는 사람들의 모습도 카메라에 담았다. 병든 아이를 안고 있는 어머니들도 내가 미리 나누어 준 전단을 보며 촬영에 협조해 주었다. 겸연쩍고 어색하긴 했지만 그래도 미리 짠 대로 나는 병원 출입문 앞에 자리를 잡고 선다. 작열하는 태양빛이 눈부셨고 어느새 나는 서류 가방을 꽉 붙잡고 있다.

이 병원 안에는 비샤르라는 이름의 귀여운 소년이 있습니다. 백혈병을 앓고 있는 이 소년은 상태가 악화되어 어제 이곳으로 이송됐습니다. 저는 제가 이 소년의 목숨을 구할 수 있는 약품을 이 서류 가방에 담아 왔다고 믿습니다. 빈크리스틴이라는 항독소와 3세대 항생제가 있으면 이 소년의 목숨을 구할 수 있습니다. 미국 정부는 말합니다. 제가 비샤르에게 이 약을 전달하면 죄를 짓는 것이라고요. 저는 제 행위가 잘못이 아니라고 여러분에게 힘주어 말하고 싶습니다. 경제 제재야말로 오히려 끔찍한 범죄입니다. 미국 정부는 전 세계에서 가장 어처구니없는 아동 학대를 자행하고 있습니다.

그러고는 병원 안으로 들어가 비샤르의 침대 머리맡에서 가져온 약을 담당 의사에게 전달한다.

영국 텔레비전 방송사는 우리에게 징역 12년에 벌금 1백만 달러가 선고됐다는 사실을 알고는 깜짝 놀랐다. 사실 그것만이 아니다. 이라크 어린이들에게 의약품과 구호물자를 전달한 '범죄' 때문에 행정 처벌로만 25만 달러의 과태료가 추가로 부과됐다. 1998년 말에 우리는 재무부에서 발송한 편지를 한 통 더 받았다. 벌금 16만 달러를 내라는 계고장이었다. 해외자산국은 1998년 12월 3일자로 우리에게 편지를 보냈다.

이 통지서를 발송하는 이유는 귀하와 귀하의 조직이 자산관리규정과 하위 법규, 집행 명령을 어겼기 때문입니다. 기부받은 물품 — 의약품과 장난감을 포함해 — 을 해외자산국의 특별 허가 없이 이라크로 수출하는 행위는 법으로 금지되어 있습니다. 아울러 귀하와 귀하 조직이 이라크를 여행한 것과 이라크에서 한 활동 역시 실정법에 저촉되는 것임을 알려드립니다.[13]

30일 안에 답변해야 했다. 우리 조직은 미 국무부의 명료한 경고에 감사하며 아울러 그들이 위반했다고 의심하는 일들을 우리가 해 왔음을 확인해 주는 편지를 써 보냈다. 우리가 앞으로도 계속해서 그 일을 할 것이며 그들도 우리의 활동에 동참할 것을 촉구하는 내용도 보냈다.

우리는 양심을 걸고 정부의 수출입 금지 정책을 반대한다. 우리는 정부가 우리의 양심을 통제하도록 허용하지 않을 것이다. 우리는, 미국 정부가 민주주의와 국가 안보라는 미명 하에 세운 전략에 동참하지 않을 것이다. 이라크 민중을 굶겨 죽이고 그들에게서 의약품과 구호물자, 경제 기반시설에 필요한 물자와 재원, 학생들의 연필, 물을 정화하는 데 필요한 염소, 장난감, 일자리, 생활필수품을 빼앗아 버리겠다는 전략에 동의할 수 없다.

우리는 그들이 부과한 벌금을 단 한 푼도 내지 않겠다고도 말했다. 우리에게 믿고 맡긴 돈은 우리의 활동을 조직하고 이라크에 더 많은 구호품을 보내는 데 사용하라고 기부한 것이다. "우리가 조성한 기금은, 의약품을 구입하고 수출입 금지를 종식시키는 캠페인을 지속하겠다고 대외적으로 표명한 목표에 공감한 이 나라 각지의 시민들이 기부한 것입니다. 우리는 양심에 비추어 우리가 천명한 임무를 포기할 수 없습니다."[14]

우리는 우리가 부당하다고 믿는 실정법에 도전함으로써 더욱더 대중에게 다가서고 또 그들의 의식을 바꿀 수 있기를 바란다. 이라크의 무고한 시민들이 겪고 있는 참상을 대중이 올바로 인식하게 되면 경제 제재 역시 종식될 수 있을 것이라고 우리는 믿는다. 우리는 목격자들의 증언을 통해 이라크인들이 겪고 있는 고통과 아픔을 전달하려고 노력한다. 아울러 우리는 입법 행위와 언론 홍보, 강연회, 기도, 시위, 논설을 통해 상황을 개선하는 데 기여하려 한다. 이 모든 것이 이라크에 대한 경제 제재를 종식시키는 캠페인에 필수적인 요소들이다.

지난 몇 년 동안 활동하면서 우리는 경제 제재가 오히려 이라크에서 후세인 체제를 강화하는 데 도움이 되어 왔다고 믿게 됐다. 정부가 수입을 독점하면서 대중은 배급 식량 때문에 더욱더 정부에 의존하게 됐다. 기본 생필품 수요를 충족시켜 주지 못하는 상황에서 내전이 발발하고 그리하여 결국 정부가 약해질 가능성도 있지만, 많은 이라크인들은 주저하면서도 현 정부를 지지하고 있다. 이라크인들은 외부 세계와 교류도 완전히 차단되어 있다. 중간계급은 몰락했다. '두뇌 유출' 또한 심각하다. 많은 사람들은 그저 살아남기에 급급하다. 이라크에서 새로 태어난 세대는 만성적인 영양실조에 시달린다. 발육은 부진하고 질병에도 더 쉽게 감염된다. 의료 기반시설이 붕괴하면서 사망자 수가 계속 늘고 있다.

'황야의 목소리'는 이라크 민중이 그런 희생을 치르는 일이 없어질 때까지 계속 활동할 것이다. 우리는 현재 자행되고 있는 범죄나 다름없는 조치의 진상을 깨달아야만 한다.

주

1. Leslie Stahl, "Punishing Saddam," produced by Catherine Olian, CBS, *60 Minutes*, May 12, 1996.
2. Lee Michael Katz, "Protest Doesn't Spoil Lovefest for Albright," *USA Today*, January 9. 1997, p. 10A 참조.
3. Voices in the Wilderness Update, January 10, 1997. http://www.nonviolence.org/vitw 참조.
4. Eric Schmitt, "US Weighs the Value of Bombing to Coerce Iraq," *New York Times*, November 16, 1997, p. 1: 3, and Scott Shepard and Joseph Albright, "Allied Air Strikes Reportedly Shatter Iraq's War Machine," *Atlanta Journal and Constitution*, January 17, 1991, p. Al.
5. Barton Gellman, "US Bombs Missed 70% of Time," *Washington Post*, March 16, 1991, p. Al.
6. Barton Gellman, "Allied Air War Struck Broadly in Iraq," *Washington Post*, June 23, 1991, p. Al 참조.
7. Maggie O'Kane, "Under the Shadow of the Bomb," *Manchester Guardian Weekly*, February 22, 1998, p. 1 참조.
8. Fred Kaplan, "Powell: US to Be in Iraq for 'Months.'" *Boston Globe*, March 23, 1991, p. 1, and Patrick E. Tyler, "After the War," *New York Times*, March 23, 1991, p. 1.
9. David H. Harmon, Acting Supervisor, Enforcement Division, Office of Foreign Assets Control, January 22, 1996 (http://wvw.nonviolence.org/vitw/documents2.html).
10. Olivia Wu, "Gulf Veteran Testifies on Illness," *Chicago Sun-Times*, July 9, 1996, p. 20 참조.
11. Cherry Norton, "Danger That Divides Medical Opinion," *The Independent*, October 4, 1999, p. 3, and Paul Lashmar, "Why the Military Use 'Heavy Metal Poision' to Target Tanks," *The Independent*, October 4,

1999, p. 3. 또 Huda Ammash, Chapter 13 참조.

12. Richard Norton-Taylor, "Doctor Blames West for Deformities," *Guardian*, July 30, 1999, p. 13, and Gary Finn, "Uranium 'Risk to 90,000 UK Troops,'" *The Independent*, November 22, 1998, p. 12 참조.

13. R. Richard Newcomb, Director, Office of Foreign Assets Control, "Prepenalty Notice," OFAC Nos. IQ-162016 and IQ-162433, December 3, 1998 (http://www.nonviolence.org/vitw/htv2.html).

14. Kathy Kelly, for Voices in the Wilderness, letter to R. Richard Newcomb, December 30, 1998 (http://www.nonviolence.org/vitw/htv6.h1ml).

10장
단순한 희생자가 아니라 표적이었다

바바라 님리 아지즈

그들의 아버지는 이제 가고 없다. 심장 마비였다. 갑작스런 죽음이었고 아무런 증세도 감지하지 못했으며 고통도 없었다.

"무스타파가 의료 검진을 받은 게 몇 주 전이었죠. 의사 말로는 건강 상태가 아주 좋았대요. 무스타파도 기분이 최고라고 했죠. 그는 곧 다시 일을 했어요." 무스타파의 아내 나스라 알-사돈은 그가 이라크에 대한 유엔의 경제 제재 조치의 비일관성을 비판하는 논설을 마쳐가는 중이었다고 말했다. "대단한 논설이었죠. 그 문제를 계속 고민해 왔고 수개월 동안 자료를 검토했답니다. 연구를 일단락한 남편은 마침내 논설 출간을 준비하기 시작했습니다. 그날 아침도 그 문제를 가지고 이야기를 나눴어요."

사람들은 무스타파가 업무 중에 쓰러졌다고 말했다. 동료들이 아내의 사무실로 전화해 이 사실을 알렸다. 나스라가 병원에 도착했을 때 그는 이미 고인이 되어 있었다. "그날 바로 그의 사무실로 가서 그가 남긴 서류들을 챙겼습니다. 그 논설도 있더군요. 논설은 사실상 완성된 것이나 다름없었죠. 그가 정말 자랑스러웠습니다. 이제 남편의 유고가 출간되는 걸 지켜볼 겁니다."

나스라는 개인적 슬픔보다는 남편이 자기 일로 받아들였던 사명과 끝내 마무리하지 못한 과업에 관해 더 많이 이야기했다. 그녀와 같은 지식인에게는 아마도 그렇게 하는 것이 감당하기 힘든 슬픔을 다루는 방법이었는지도 모른다. 적어도 공개적으로는.

한두 아이의 아버지며 삼촌이기도 했던 내가 아는, 이 53세의 남자는, 경제 제재 때문에 점점 더 가난해졌는데도 어렵다는 내색을 전혀 하지 않았다. 가혹한 운명이 사랑했던 많은 사람들을 덮치자 그는 더 큰 책임감을 느꼈다. 물질적으로 그가 할 수 있는 일이라곤 별로 없었지만 적어도 그는 그들에게 희망을 심어주었다. 이라크 전역의 많은 사람이 점점 더 혼란에 빠졌고 경제 제재에 분노하기 시작했다. 자연스럽고도 정당한 반응이었다. 무스타파 역시 반감을 드러내지는 않았지만 무력감을 느끼며 난감해 했다.

무스타파 알-무크타르는 자기 주변의 모든 것에서 가능성을 보았다. 화단의 꽃향기, 서재의 책, 집을 찾아온 방문객, 아무렇게나 보도해서 정정이 필요한 언론 기사에서도 그는 뭔가 새로운 가능성을 발견하려고 노력했다. 그에게는 어떠한 증오심도 찾을 수 없었다. 나는 그가 원한 따위의 감정은 결코 알지 못했을 것이라고 믿는다. 여러 차례 함께 정치 토론을 했지만 그가 미국과 영국, 유엔을 경멸하는 말을 들어본 적이 없다. 그는 비판적인 사람이었다. 개인적으로가 아니라 지적으로 말이다. 그래서 그는 거대 열강의 군사적·경제적 정책뿐 아니라 이라크 정부의 태도에서도 드러난 명백한 허위와 비일관성, 주요한 역사적 조짐들을 지적했다.

이라크에 대한 압박이 계속되고 이라크 정부가 경제 제재를 완화하는 쪽으로 전혀 나아가지 못하는 것처럼 보이자 무스타파가 개인적으로 정부의 전략에 의문을 가졌을 수도 있다. 그가 지도부의 특정 정책을 비판했을 수도 있고 정책의 보완이나 개선 방향을 제안했을지도 모른다. 그러나 전체적으로 볼 때 정부와 국민에 대한 그의 지지는 확고했다. 내가 이 말을 하는 이유는, 이라크에서 자행되는 억압에 관한 소식만 들어 온 외국인들이 이런 상황을 상상하기 어렵다는 것을 잘 알기 때문이다. 하지만 영국과 미국의 정보기관은 이라크에도 그와 같이 헌신적이고 능력 있는 인사들이 아주 많다는 사실을 잘 알고 있다. 더군다나 정부의 실정과 계속되는 곤경 속에서 무스타파 같은 비판적인 이라크인 수천 명은 결코 포기하지 않았다. 그들은 경제 제재가 계속되는 동안 헌신적으로 일해 왔다. 그들이 일하는 건물이 파괴되었을 때조차도 그들의 태도는 한결같았다. 무스타파와 나스라 부부는 집에서도 일을 했다. 그들은 집에 서재를 꾸미고 있었는데, 이라크에서 그것은 분명히 특이한 경우였다. 집의 내벽은 거의 전부가 서가였고 책으로 가득 차 있었다. 비어 있는 벽 공간도 유명한 현대 이라크 화가들이 그린 그림과 가족 사진으로 가득했다.

나스라와 그녀의 남편은 방문객 누구에게나 항상 대화 상대가 되어 줄 수 있는 것처럼 보였다. 방문객이 찾아오면 늘 음식을 들면서 이야기를 나누고 토론을 했으며 다른 친구들도 모여 들었다. 무스타파와 나스라 모두 책을 좋아했다. 그들은 아랍어와 영어, 프랑스어 문학 작품을 읽었다. 두 사람은 지적 논쟁을 즐겼고 쟁점에 대한 자신들의 평가를 다른 사람과 견주어 보며 생각을 교환했다. 이런 태도 자체 때문에 그들이 특별한 것은 아니었다. 바그다드는 사상가나 예술가 공동체의 활기가 넘쳐나는 곳이었기 때문이다. 그러나 이 가족은 바그다드의 지식인 사회 주변부에 남기로 결정한 독특한 경우였다. 무스타파는 바그다드의 지식인 사회가 거드름 피우기를 좋아하며 학구적이기보다는 사교 클럽 같다고 말했다. 그리하여 경제 제재로 차츰 이 집단이 와해됐을 때도 — 대부분의 화가, 고고학자, 음악가, 교수 들이 죽거나 망명했다. 또 남은 사람들도 실의에 빠지거나 경제적으로 몰락해 버렸다 — 두 부부는 그 영향을 덜 받을 수 있었다. 그들의 활력은 약해지지 않은 듯했다.

무스타파와 나스라는 각자 자신의 연구 과제를 가지고 있었다. 나스라는 경제 이론을, 무스타파는 이라크의 정치경제학과 국유화 정책을 연구했다. 동시에 그들은 한 팀으로서 협력했고 서로 생각을 공유했다. 나스라는 그들이 기자나 작가를 만나고, 또 영화를 보고 책이나 논설을 읽으면서 작성한 메모를 나중에 함께 모여 어떻게 서로 비교했는지 내게 말해 주었다. 나는 그들의 의견이 항상 일치하지는 않았을 것이라고 확신한다. 그러나 겉으로 볼 때 그들은 죽이 잘 맞는 동반자였다.

그렇게 평안하고 매력 있는 가정이었기 때문에 외국인 방문객들의 관심을 끈 것도 당연했다. 걸프전 기간과 뒤이은 경제 제재 하에서 이루어진 이러한 교류가 그들에게는 상당한 힘이 됐던 것 같다. 그러나 봉쇄가 계속되면서 그들도 함께 할 사람을 더 신중히 선택하게 됐다. 처음에는 수많은 기자들이 그들의 집을 방문해 나스라와 인터뷰를 했다. 나스라 알-사돈은 미국의 정책을 강력하게 비판하고 이라크를 굳건하게 옹호한다. 언론을 다루는 그녀의 태도는, 팔레스타인의 대변인 하난 아슈라위만큼 날카롭고 논리 정연하다. 나스라는 어떤 기자나 학자라도 이의를 제기해 문제를 공정하게 다루도록 할 수 있었다.

그녀 집 앞에는 일본 · 이탈리아 · 스페인 · 프랑스의 텔레비전 기자들이 자주 진을 쳤다. 무스타파도 함께 있었지만 대개는 나스라가 카메라 앞에 섰다. 촬영이 진행되는 동안, 방 한쪽에서 한 명 또는 그 이상의 방송 제작자들을 즐겁게 해 주는 게 그의 스타일이었다.

그 10년 동안 경제 제재라는 가혹한 운명이 계속됐다. 누구도 그 비참한 절망감을 무시할 수 없을 것이다. 살아남은 사람은 누구나 고통을 겪었고, 많은 사람들은 그 시절을 겨우 버텨낸 듯했다. 그러나 이 부부의 저항 의지는 더욱 단호해졌다. 아마도 그들은 자신의 재능과 지식이 얼마나 중요한지 깨달았을 것이다. 경제 제재 반대 캠페인을 벌이고 있는 소수의 외국인 활동가들처럼 나스라와 무스타파도 미국과 영국이 이라크를 말살하기 위해 타락한 캠페인을 주도하고 있으며 이러한 위선을 폭로해야 한다는 확신을 가지고 움직였다.

나는 이 지역에 대한 미국과 영국의 관심사가 석유뿐이라고 생각해 본 적이 없다. 오히려 미국은 전 세계에서 미국이 밀어붙이는 사유화 프로그램에 이라크가 저항하는 것을 우려한다는 게 내 생각이다. 게다가 이라크는 꾸준히 바트주의 철학을 고수해 왔으며 특유의 아랍 민족주의를 포기할 생각도 전혀 없다. 이라크는 자신이야말로 아랍 민족주의의 진정한 대표라고 주장하며 이를 바탕으로 더 큰 지역적 영향력을 행사하려 한다.

1988년, 이라크가 이란과 휴전 협정에 서명하면서 두 나라의 공방전이 끝나자마자 이라크는 재빨리 국가 경제의 새로운 틀을 확립하는 데 관심을 돌렸다. 국내에서 이라크는 이미 사유 기업을 약간 허용하기 시작했고, 무스타파가 정부와 사적 부문의 협동 기업이라고 부른 것을 장려했다. 1980년대에 [이라크] 정부는 2차 산업 중 일부 기업의 지분을 제한적이나마 매각하기 시작했다. 교통과 관광, 농업, 어업, 그리고 주유소나 석유 수송 등 일부 석유 산업도 부분적으로 사유 기업이 운영할 수 있었다. 그러나 바트당 정부는 석유 생산과 다른 주요 산업에 대한 궁극적인 통제권을 결코 포기할 생각이 없었다.(그리고 이것은 사실상 모든 이라크인이 공유하고 있는 견해다.)

사실상 전쟁이 끝났으므로 이라크는 1988년 이후 국제 무대에서 활동을 증대해 나갔다. 이라크는 1987년 후반에 불이 붙은 팔레스타인인들의 인티파다를 재정적·정치적으로 지원했다. 이라크는 비동맹 운동을 주도하기 시작했고, 이란과 전쟁을 끝낸 지 1년도 안 돼 이 지역의 경제 협력체를 만들어 아랍의 단결을 강화하고자 나섰다. 1990년 6월에는 21개 아랍 국가들의 정상회담을 주최함으로써 다른 아랍 국가들 사이에서 자신의 지위를 재확립하려고 했다. 또한 바그다드는 이집트를 아랍 사회로 복귀시키기 위해 다른 아랍 국가들을 설득했다. 이집트는 1979년 이스라엘과 협정을 맺은 뒤 완전히 배척당하고 있었다. 바그다드는 그 해[1990년]에 교묘한 수완을 발휘해 아랍연맹 본부를 튀니스에서 카이로로 옮기는 데 성공했다.

전쟁으로 많은 젊은이들이 죽고 부채도 심각했지만 이라크는 빠른 속도로 경제를 회복시켰고 외교 무대에도 신속하게 복귀했다. 이라크는 다시 한 번 아랍 세계의 지도적 국가로 부상하려 했다. 이라크는 국내의 억압 정책을 전혀 개선하지 않았지만 다른 측면에서 이라크인들은 전진할 준비가 되어 있었다. 나는 1989년과 1990년에 이라크를 세 번 방문했다. 그때 나는 이라크 사회의 활력이 대단하다는 사실을 발견했다. 맹렬한 속도로 재건이 진행되고 있었다. 여행 제한 조처도 다소 완화되어 있었다.

1990년 이라크가 쿠웨이트를 침공하자 이라크는 갑자기 전 세계인들에게 위협으로 비쳤다. 사실상 '미국인의 생활 방식'에 위협이 된다는 의미였다. 서방의 이데올로기 전략가들이 이라크 붕괴 작전에 착수했다. 대중에게 공포감을 심어주기 위해 미디어와 정치가들은 이라크가 정말로 위협적인 존재라는 이미지를 만들어내기 시작했다. 이라크가 보유한 생화학 무기의 위험성을 부풀린 보도를 접한 전 세계는 이라크를 매우 두려워하게 됐다. 이슬람 근본주의처럼 이라크 역시 '통제 불능'이며 따라서 전복해야만 하는 대상이 됐다.

최신판 《숙명의 트라이앵글》 서문에서 노엄 촘스키는 중동 전역에 걸린 미국의 이해관계를 살펴보고 있다. 그는 이렇게 적고 있다.

"실제로, 다른 지역도 마찬가지지만 중동에서 '미국의 이해관계를 위협하는 것'은 언제나 토착 민족주의였다. 이것은 내부 기밀 문서에서 강조될 뿐 아니라 가끔은 공개적으로도 드러나는 사실이다."[1] 촘스키는 여기서 팔레스타인과 이스라엘의 관계에 관심을 보인다. 그리고 하마스와 헤즈볼라의 저항 운동에서 드러난 이슬람 근본주의라는 특정 형태의 '토착 민족주의'에 관해 언급한다. 미국 언론과 일부 전문가들이 이슬람을 악으로 묘사한다는 것은 잘 알려져 있다. 미국은 민족주의를 추방하고 약화시키기 위해 수많은 공작을 벌여 왔다. 물론 그것을 또 다른 민족주의에 대한 반대 세력으로 활용할 수 있는 곳은 예외다. 아프가니스탄이 그 대표적 사례일 것이다. 촘스키는 '토착 민족주의'가 미국 정책에 어긋나면 바로 '극단적 민족주의'나 '급진적 민족주의', 다시 말해 적이라는 딱지가 붙는다고 지적한다.[2]

이란에 새로 들어선 이슬람 정부와 이라크가 전쟁을 벌인 8년 동안 미국은 전심전력으로 이라크를 지원했다. 전쟁이 끝났다. 놀랍게도 이라크는 탈진하고 고갈되기는커녕 중동의 새로운 패자가 되겠다는 야망을 드러내며 부상했다. 게다가 이라크는, 미국과 유럽의 무기 체계와 비교해 볼 때 규모도 작고 기술 수준도 낮았지만, 상당량의 무기까지 보유하게 됐다. 이란과 전쟁을 치르는 동안 서방의 후원자들이 이라크를 지원했던 것이다.

1991년, 이라크는 쿠웨이트에서 맥없이 쫓겨났고 군사적으로 패배했다. 그러나 미국과 영국 정부가 주도한 공격은 군사적 승리에서 멈추지 않았다. 이라크를 손쉽게 패배시키고 국토의 대부분을 파괴했음에도 그들은 이라크가 여전히 통제 불능이라고 주장한다. 그래서 경제 제재가 여전히 계속되고 있다. 시민의 삶은 혼란에 빠졌고, 젊은이들은 죽어 가고 있으며, 교육 체계가 붕괴했다. 인간의 존엄성이 말살되고, 나라를 이끌어 갈 유능한 인재들은 조국을 떠났다.

경제 제재가 계속되는 동안 이라크는 국제 사회에서 더욱더 고립됐다. 문화적으로 이라크인들은 그들이 감탄해 마지않았던 서방이나 이웃 아랍 국가와 교류하는 데 크게 의존하고 있었다. 그런데 이런 교류가 갑자기 중단됐다. 지적으로도 이라크는 완전히 차단됐다. 책도 수입할 수 없었고 종이도 들어오지 않았다. 이라크인들은 해외의 전문가 회의에 좀처럼 초청받지도 못했다. 미국이나 유럽은 물론 다른 중동 지역과 활발하게 교류하면서 꽃핀 근대적 이라크 문화가 치명타를 맞았다. 한 중견 교수가 내게 자기 전공 과목인 정치학 교재를 갖다 달라고 부탁했던 게 기억난다. 내가 어떤 책이 필요하냐고 묻자 그는 "뭐든지 다 좋다."고 대답했다. 그는 마치 죽어 가는 사람처럼 갈망하고 있었으며 필사적인 태도로 뭔가 교류를 원하고 있었다.

웬일인지 무스타파는 이러한 소외 상태에서 비켜나 있었다. 이라크의 인터넷 기반이 부실했음에도(지금도 여전히 열악하다) 그는 용케 최신 간행물 소식을 찾아냈다. 그는 전문 서적은 물론 나도 아직 못 들어본 일반 서적도 알고 있었다. 그는 사서처럼 열정적으로 자료를 모으고 정리했다. 그는 자신이 작성한 목록의 단 1퍼센트만이라도 경제 제재 상황에서 구할 수 있다면 결코 단념하지 않았다. 그는 과학 아카데미 소식지에 실리는 도서 목록을 증보하는 일을 맡아 자신이 확인할 수 있는 신간 서적이면 무엇이든 다 목록으로 작성했다. 이라크의 과학자·외교관·연구원 들이 이런 책들을 구할 수는 없었지만 그래도 덕분에 다른 나라 사람들이 진행하는 연구 방향을 감지할 수는 있었다.

경제학자이자 사회 비평가로서 무스타파와 나스라 모두 노엄 촘스키의 열렬한 숭배자였다. 무스타파는 노엄 촘스키의 신작 ≪501년:정복은 계속된다≫가 출간된 지 몇 달 만에 이미 그 소식을 알고 있을 정도였다.[3]

무스타파는 미국이 주도하는 세계 경제가 이라크 같은 나라들을 약화시킬 것이라는 점을 잘 알고 있었다. 같은 세대의 다른 많은 사람들처럼 그도 확고한 아랍 민족주의자였다. 그는 이라크 같은 아랍 국가들이 부여받은 석유라는 부가 사적 자본이나 외세의 통제를 받아서는 안 된다고 믿었다. 그는 이라크의 경제가 융통성이 있으며 사기업이나 사적 자본과 협력할 수 있을 만큼 충분히 다원적이라고 주장했다. 무스타파와 나스라는 모두 부유한 지주 가문에서 태어났다. 이라크의 식민 통치와 왕정이 종식되자 그들 계급의 특권과 부도 함께 종말을 고했다. 어쨌든 그것은 옛날 일이었고, 그들에게 과거에 대한 향수 따위는 없었다. 그들은 이라크가 독립하면서 실시한 토지 개혁 정책과 국유화를 진심으로 환영했다. 많은 경제 계획이 실패하고 여전히 발전이 필요했지만 그들은 식민 통치에서 벗어난 독립 이라크 공화국이 부를 공정하고 폭넓게 재분배했으며 교육·연구·보건 분야에서도 최고의 시설과 편의를 제공해 주었다고 믿었다.

이러한 번영이 이라크인들의 민족적 긍지를 북돋워 주었지만, 경제 제재 하에서는 민족의 자존심은 유지될 수 없었다. 망가진 도요타 차량에 끼워 넣을 중고 타이어도 구할 수 없는 마당에 무슨 놈의 민족적 자긍심이란 말인가! 아버지를 좇아 토목 기사가 된 아들은 뉴질랜드행 비자를 받기 위해 동분서주하고 있다! 어머니를 치료할 간단한 항생제도 구하지 못하는 판국에 국립 박물관 경비는 또 무슨 말인가! 자포자기 상태의 절망감 속에서 시민 윤리나 직업 정신은 실종됐다. 사람들은 자동차 타이어를 훔치기 위해 서로를 죽였다. 공무원들은 시민에게 봉사한다는 개념을 완전히 잊어버렸다. 사원에서 예배를 마치고 나온 사람들은 자기 신발이 사라진 것을 보았다. 여성은 공직 진출을 포기했다. 옷을 제대로 갖춰 입을 수도 없었고 학교에서 자녀들에게 필요한 약간의 준비물도 마련해 줄 수 없었기 때문이다.

무스타파 알-무크타르가 이 세상을 떠난 지도 이제 1년이 다 되어 간다. 그는 1999년 1월에 죽었다. 유족으로는 그의 아내이자 29년 동안 동반자였던 나스라, 프랑스에서 태어나 불문학과 영문학을 전공한 딸 두아, 대학에 진학할 예정이며 아버지를 여읜 충격 속에서도 고등학교 졸업 시험을 준비하는 아들 디라르가 있다. 나는 여러 해 동안 이 젊은이들을 만났던 경험을 가끔 떠올린다. 아이들이 성장하기에 정말 이상적인 환경이었던 것 같다. 그들이 자란 대가족에는 전문가들도 많았고 다양한 생각들이 표출됐으며 서로 사랑이 충만했다. 두아는 옆집에 사는 고모와 아주 친해서 고모네 집에서 거의 살다시피 했다. 최근 몇 년 동안 두아와 동생 디라르는 라마단[이슬람의 금식월] 기간에 고모와 함께 금식을 해 왔다. 이것은 그들이 다 컸다는 증거일까? 아니면 경제 제재가 불러일으킨 고난의 결과일까? 나는 모른다.

어느 누구도 경제 제재를 피해갈 수 없다. 사람들이 설사 빈곤으로 내몰리지 않는다 해도 어떻게든 그들의 꿈은 좌절되고 있다. 어머니의 명민하고 사려 깊은 눈과 아버지의 차분한 평정심을 두루 갖춘 두아는 해외 대학원에 진학하지 않기로 결정했다. 나스라도 꼭 2년 전에 시작한 서점 일을 그만두고 정부 업무를 떠맡았다. 무스타파는 출판사를 설립하려는 사업 계획을 포기하고 연구와 저술에 몰두했다. 이 가족은 여행을 중단했다. 웬일인지 계속 관리를 잘 했는데도 차는 고물이 되어 있었다. 그들의 식탁에서 고기가 사라졌을 때 무스타파는 이것을 하나의 도전으로 받아들이며 자신이 개발한 새로운 채소 위주의 식단을 선보였다.

이 가족은 주변의 친지들이 계속 사망하는 것을 지켜보아야 했다. "매주 가족 중에 누군가가 죽었다는 소식을 전화로 접합니다." 나스라의 말이다. "무스타파도 그런 경우죠. 나는 이제 더 이상 검은 상복을 입지 않을 겁니다. 그렇지 않으면 상복 벗는 날이 없을 테니까요." 그러나 그녀는 무스타파를 떠나 보내고 나서 며칠 후에 또 상복을 입고 앉아 있었다. 그녀는 40일 동안이나 이라크 전역에서 방문한 조문객을 맞아야 했다. 그들은 무스타파를 추모했고, 알라의 뜻을 받아들였으며, 그녀와 자녀들을 위로했다.

무스타파가 경제 제재의 희생자였을까?

무스타파만큼 나이가 들면 누구라도 심장 발작으로 쓰러질 가능성이 있다는 사실을 우리는 잘 안다. 심장 질환은 긴장이 지속되는 생활을 하면 세계 어디서든 흔히 걸릴 수 있는 질병이다. 그래서 심장 질환은 이라크의 경제 제재에서 기인하는 질병 목록에도 포함되지 않는다. 하지만 이라크의 심장 전문의 누구에게라도 한 번 물어 보라. 의사는 [이라크에서] 심장 발작 비율이 두 배 증가했으며, 의료 체계의 붕괴 때문에 1991년 이후 심장병으로 사망한 사람이 세 배 늘었다고 증언해 줄 것이다.[4] 이런 질환을 치료하는 데 필요한 장비와 의약품이 의사들에게는 없다.

무스타파가 경제 제재의 희생자였을까? 쓸쓸하게 남은 그의 아내와 딸, 그리고 십대 아들에게 물어 보라. 무스타파의 여동생 페르도스에게 물어 보라.(무스타파는 여동생이 쓴 요리책을 아주 자랑스러워했다. 그녀가 20년 전에 정리한 이 대작은 이라크 고유의 요리법을 담고 있는 유일한 요리책으로 남아 있다.[5]) 무스타파가 근무했던 과학 아카데미의 동료 여성들에게 물어 보라. 그가 종종 글을 기고한 <알 주모리야> 기자들에게 물어 보라. 경제 제재 때문에 무스타파가 죽었는가?

이제는 이라크인 누구나 자신들이 경제 제재의 희생자라는 것을 알고 있다. 살았든 죽었든 말이다. 이것은 그들에게 단순하고도 명백한 사실이다. 경제 제재가 사회 전체의 지적 용기와 활력, 자급자족 능력과 품위를 빼앗고 있다. 그것은 처참한 빈곤 이상이다. 경제 제재는 모든 측면에서 자행되는 박탈이다. 저명한 경제학자 아마르티아 센이 지적하듯이, 식량과 의료 혜택의 박탈이 빚어낸 빈곤은 자유의 박탈을 의미한다.[6] 이라크의 정치 체제가 국민에게 허용하지 않는 정치적 권리가 무엇이든 간에 이라크인들은 한때 양질의 의료 혜택과 교육 서비스, 식량을 당연한 권리로 향유했다. 그러나 민주주의와 자유의 표준을 제공하겠다고 주장하는 바로 그 열강들이 현재 그러한 권리를 빼앗아 가버렸다.

더 나아가 이라크인들은 그들이 사실상, 자신들을 몰살할 작정으로 계속되는 전쟁의 표적이라고 이해하기 시작했다. 무미아 아부 자말 석방 캠페인을 주도해 온 필라델피아의 저명한 활동가 팸 아프리카는 아프리카계 미국인들에 대한 경찰의 공격을 이렇게 평가했다. "우리는 표적이다. 우리는 희생자가 아니다."

경제 제재의 파국적 결과가 드러나고 표적이 됐다는 느낌이 퍼지면서 나라 전체에 불안감에 팽배한 것은 전혀 뜻밖의 현상이 아니다. 경범죄가 증가하고, 부패가 만연하지만 거의 드러나지 않으며, 박물관 유물을 빼돌려 팔아먹고, 고고학 유적을 도굴하는 현상에서 이런 사실을 확인할 수 있다. 사람들이 친구를 배신하고, 딸까지 팔아 치울 태세인 것을 보면 이 사실을 알 수 있다. 이 속에서 새롭게 탐욕이 싹트고 형제들도 서로 의심한다. 이라크 사람들은 이제 이렇게 묻는다. 어떻게 하면 여기서 탈출할 수 있지? 어떻게 하면 내 자식을 외국으로 내보낼 수 있을까?

유엔의 이라크 구호담당 조정관을 지낸 데니스 핼리데이는 식량과 의약품 부족 현상을 훨씬 뛰어넘는 이라크 시민 사회의 붕괴를 폭넓게 언급한 바 있다.(2장을 보시오.) 경제 제재의 효과는 개인적 차원을 넘어서고 있다. 경제 제재는 직업의 전문성을 무용지물로 만들고 있다. 경제 제재 때문에 지식은 있으나 마나 한 것이 돼 버렸다. 경제 제재 때문에 이라크의 찬란한 역사는 이제 무의미한 것이 돼 버렸다. 경제 제재 때문에 이라크의 풍부한 석유 자원의 가치가 완전히 무시되고 있다. 바트당뿐 아니라 그런 경제 제재의 효과들도 이라크의 토착 민족주의를 낳는 원인이다. 오늘날 바트당과 그 군대는 겉으로는 여전히 사회를 통합할 수 있다. 그들은 일부 농민과 상인에게 자금을 제공해 밀을 재배하거나 빈민에게 꼭 필요한 사소한 물품들을 밀수하거나 자신들에게 필요한 사치품을 들여오게 한다. 그러면서도 이라크인은 물론 외국인들에게도 공허하게 들리는 괴상한 민족주의를 떠들어 댄다. 한때 이라크를 근대적이고 역동적이며 강력한 국가로 만들어준 현실적 요소들은 이제 거의 사라져 버렸다. 정부는 여전히 동원할 수 있고 강제할 수 있고 명령할 수 있다. 그러나 희망을 버리지 않고 미래를 설계하는 이라크인들은 더욱더 줄어들었다. 무스타파 알-무크타르 같은 삶은 더욱더 희귀한 것이 되어 가고 있다.

이라크가 쿠웨이트를 침공하자 미국과 영국은 신속하게 경제 제재를 입안했고 유엔이 이를 실행하도록 뒤에서 조종했다. 미국은 전 세계적인 복종 체제를 확립하고 세계의 경찰로 군림해 왔는데, 이것이야말로 진정 무서운 것이다. 9년이 지난 지금도 이라크 경제 제재는 미국의 감시 속에 여전히 강제되고 있다. 다른 국가들이 경제 제재를 중단시키거나 완화하려고 시도했지만 미국은 꿈쩍도 하지 않는다. 그 9년 동안 복종의 조건도 계속 변했기 때문에 경제 제재를 끝낼 만한 진전은 전혀 이루어지지 않는 듯하다. 밀수와 부패가 계속 늘어나면서 체제와 한통속이 되어 어울리는 소수 신흥 계급, 곧 부자가 된 농민과 밀수업자들이 생겨났다. 이들이 재산을 늘릴 수 있었던 것은 전적으로 바트당 덕분이었다.

유엔은 경제 제재 문제를 정기적으로 논의했지만 이를 철폐하기 위한 진지한 토론은 단 한 차례도 없었다. 이라크가 벌어들인 수입은 뉴욕[유엔]에 위탁하게 돼 있는데, 이 돈은 쿠웨이트 침략으로 일자리를 잃어 버린 베트남인·스리랑카인·이집트인·기타 다른 나라 사람들에게 지불하는 보상금으로 쓰인다. 또 이라크는 자국과 관련된 유엔의 모든 활동 경비도 지불한다. 그 중에는 유엔 본부의 이라크 경제 제재 위원회 봉급은 물론 이라크에서 임무 수행 도중 불법 스파이 행위까지 한 유엔 특별위원회 [무기]사찰단[1991년 이라크가 걸프전에서 패한 후 이라크의 대량 살상 무기 실상을 조사하고 파괴하기 위해 설치됐다] 대원들의 보수도 포함된다. 이것뿐이 아니다. 이라크로 반입이 허용된 식량의 분배를 감독하는, 유엔이 임명한 감시요원 수백 명에게 10만 달러씩 연봉을 지급하기도 한다. 이라크 국민은 자국에 머물고 있는 유엔 관리들이 과시하는 부를 지켜보면서 분노하고 있다. 그래서 그들의 재산은 대중의 공격을 받지 않도록 특별히 보호받고 있으며, 유엔 관리들도 각자 무기를 소지하고 다닌다.

미국과 영국의 경제 제재 정책이 이라크의 지도자를 제거하기 위한 것이 아니라 이라크 사회를 말살하기 위한 전쟁이라는 사실이 점차 분명해지고 있다. 캐시 켈리가 경제 제재를 "대량 살상 무기"[7]라고 지적한 것은 전적으로 옳다. 경제 제재는 정말 대량 살상 그 자체다. 경제 제재가 이라크의 문화와 근대성, 역사를 파괴해 버렸다.

미국은 사담 후세인이 쿠웨이트를 침공하기 전에는 그와 사실상 한패였다. 그 이라크의 지배자는 1990년에 그랬던 것처럼 그 밀월 기간 동안에도 여전히 독재자였고 군사적 야망에 사로잡혀 있었다. 그 기간에 이라크는 미국에 도전하지 않았고 계속 협력 관계를 유지했다. 1981년 이스라엘 전폭기가 이라크 내 오시리스크 핵발전소를 폭격했을 때 이라크가 이 공격 행위를 강도 높게 비난하기는 했지만 그렇다고 바그다드 당국이 보복을 하지는 않았다. 그러나 미국은 걸프전에서 거둔 군사적 승리에 만족하지 않았다. 그들은 이라크 사회를 뿌리째

뒤흔들어 무너뜨리기로 작정했다. 이라크를 근대화하고 사람들이 미래에 대한 희망을 가질 수 있도록 돕는 무스타파 같은 사람들은 제거 대상이 됐다. 새로운 정치적 진로를 계획하는 이라크 내의 유능한 인사들도 마찬가지였다. 이라크의 기술과 교육 시스템은 상당한 수준이었고, 이를 바탕으로 이라크는 [중동] 지역의 중추적 지도 국가로 부상할 수도 있었다.

이라크의 현 정부가 번영하는 것을 보고 싶다고 말하려는 게 아니다. 바트당이 개인의 자유를 억압하는 것은 철저히 거부해야 한다. 그러나 이라크의 지도부는 상당히 중요한 정치 세력이 될 수도 있었다. 예를 들어 비동맹 운동 내에서 이라크는 중요한 세력이었다. 이라크는 미국의 경제적 이익이나 유엔에 대한 미국의 지배력을 위협할 수도 있었다. 그런 점에서 이라크는 토착 민족주의의 가능성을 대변하고 있었고, [이 때문에] 미국은 이라크를 군사적·기술적·경제적으로 무력화하기로 결정했던 것이다. 그래서 교양 있고 의지가 결연하며 유능하고 꿈을 가진 이라크인들은 [미국의] 표적이 됐다. 이들을 가르치고 육성하고 지원했던 기관들 — 박물관·학교·의대·양식장·태양 에너지 연구소·학회와 세미나·학술지 등 — 도 제거 대상이 됐다.

1990년에 미국의 고위 군사 장교 한 명이 이라크에 관해서 참모들과 전문가들에게 질문했다. "그들[이라크인들]이 높이 평가하는 (우리 군대가 표적으로 삼을 수 있는) 독특한 이라크 문화가 무엇인가?"[8] 경제 제재는 폭격 전략의 제2단계다. 이를 통해 미국은 무스타파 같은 사람들에게 도서관이 이라크에서 사라지고, 타던 자동차가 고물이 되며, 전화도 끊기고, 평균 수명도 반으로 줄 것이라고 협박하고 있다. 무스타파의 자녀들은 교육을 받았음에도 일자리를 찾지 못할 것이다. 아니 다른 굶주린 젊은이들과 함께 들판에 나가 감자를 파먹어야 할 것이다. 그리고 그들의 전자 공학 세미나실 자리에는 회교 사원이 들어설 것이다.

유엔은 이라크인 대다수가 굶어 죽는 참사를 막기 위해 최근 구호 프로그램을 마련했다.(이 비용도 전부 이라크가 부담한다.) 그러나 이라크인들은 현재 육체적·정신적으로 너무 취약해진 나머지 가족을 먹여 살릴 식량을 구하는 방법 외에는 거의 무관심하다. 미국 정부가 실시하도록 허락한 유엔의 석유-식량 교환 프로그램은 기아 상태를 그저 유지할 뿐이다. 따라서 미국과 그 우방들은 대량 학살의 책임을 모면할 수 없다.

무스타파가 단순한 희생자였을까? 아니면 죽거나 도피한 수백만 명 ― 어른과 아이, 남성과 여성, 쿠르드족과 기독교도, 교사와 학생 ― 과 같이 그도 역시 표적이었을까?

주

1. Noam Chomsky, *Fateful Triangle: The united states, Israel, Palestinians*, updated ed. (Cambridge: South End Press Classics, 1999), p.x. [국역: ≪숙명의 트라이앵글≫(이후, 2001)].

2. Chomsky, *Fateful Triangle*, p. xii.

3. Noam Chomsky, *Year 501: The Conquest Continues* (Boston: South End Press, 1993). [국역: ≪507년, 정복은 계속된다≫(이후, 2000)].

4. 1995년과 1998년 이라크 케르발라 종합병원에서 저자가 의사들과 한 인터뷰에 기초한 내용.

5. Ferdous Al-Mukhtar and Naziha Adib, *Arabian Cuisine* (Surrey, UK: Surbiton/Laam Publishers, 1993).

6. Amartya Sen, *Development as Freedom* (New York: Knopf, 1999) 참조.

7. Kathy Kelly, "Statement from Baghdad," February 23, 1998.

8. Rick Atkinson, "U.S. to Rely on Air Strikes if War Erupts," *Washington Post*, September 16, 1990, p Al.

11장
경제 제재 : 국가와 국민 전체를 교살하는 범죄

조지 카파치오

1990년 8월 2일 이라크가 쿠웨이트를 침공했다. 침공 후 4일 만에 유엔은 이라크를 상대로 포괄적인 경제 제재를 단행했다. 9년이 지난 지금도 경제 제재는 여전히 계속되고 있다.

그들이 천명한 경제 제재의 목적은 '국제 사회'가 무력에 의존하지 않고 이라크를 쿠웨이트에서 철수하게 만드는 것이었다. 이 점만 따지자면 그 전략은 실패했다. 1991년 1월, 미국 정부와 그 동맹국들이 전쟁에 돌입했다. 그 '전쟁'은 겨우 몇 주 동안 지속됐다. 그러나 이 전쟁으로 이라크인 수만 명이 죽었고 국토는 폐허가 됐다. [그러나 그것은] 전혀 중요하지 않았다. 쿠웨이트는 '해방됐다.' 그러나 경제 제재는 남았다. 이제 그들이 주장하는 목표는 유엔 결의안 687호의 내용에 이라크가 복종하도록 만드는 것이었다. 그 결의안은 무엇보다도 이라크의 '대량 살상 무기' 해체를 요구했다.[1]

폭격이 중단되자 언론과 정부는 새로운 과업, 곧 걸프전 이후 이라크의 민중과 그들이 겪고 있는 고통을 기억에서 지워버리는 일에 착수했다. 1996년에 나는 이라크를 직접 방문해 전쟁과 뒤이은 6년간의 경제 제재가 불러일으킨 참화를 직접 살펴보기로 마음먹었다. 1997년부터 1999년까지 나는 각기 다른 조직과 어울려 이라크를 여섯 차례 방문했다. 매번 목적과 임무가 분명한 여행이었다. 두 번은 '황야의 목소리' 대표 자격으로 방문했고, '미국 퀘이커 봉사 위원회[AFSC: 1947년 노벨 평화상을 받은 퀘이커 교도 단체]'나 '구호와 발전을 위한 생활(무슬림 구호 단체)'이 후원한 대표단의 일원으로 참가하기도 했다. 1998년 5월에는 '이라크 경제 제재에 도전하자'와 함께 80명 이상의 대표단에 소속되어 다시 이라크를 찾았다. 이 단체는 이라크의 병원에 수백만 달러어치의 의약품을 전달했다. 최근에 방문한 것은 1999년 9월인데, 이 때는 '중동 지역 교회 협의회'의 도움을 받으며 활동했다.

나는 이라크 경제 제재를 종식시키기 위한 국제적 운동에 참여하는 활동가 자격으로 유엔이 통제하는 북부 지역은 물론 중남부 지역까지 두루 살펴보았다. 나는 난민촌, 공공병원, 초·중등학교, 상하수도 시설, 문화센터 등도 방문했다. 이 과정에서 나는 몇몇 이라크 가정과 아주 친해졌다. 이제 그들은 내 가족이나 다름없는 사람들이 됐다. 그들은 또, 경제 제재와 이를 강요하는 체제에 대항한 투쟁에서 내게 늘 희망과 영감을 주는 원천이다.

경제 제재를 지지하는 사람들은 일반적으로 이라크 정부가 잔인무도하고 억압적이기 때문에 제재를 가해야 한다고 주장한다. 이라크 정부로 하여금 유엔 결의안 687호를 준수하도록 강제하는 유일한 방법은 포괄적 경제 제재뿐이라는 것이다. 그리고 이라크 민중이 겪는 고통은 대부분 사담 후세인이 이끄는 바트당 정부의 탐욕과 부패 때문이라고 주장한다. 영양실조와 아동 사망의 주요 원인으로 경제 제재를 지목하는 증거들이 많지만, 이에 대해서는 이라크가 유엔 결의안 986호('석유–식량' 교환 프로그램)에 따라 자국 국민의 필요를 충족시킬 만큼 충분히 많은 석유를 수출할 수 있다는 반론이 나오기 십상이다.

차 끓이기 : 세계식량농업기구(FAO)와 인터뷰

'황야의 목소리' 대표로 이라크를 두 번째 찾았을 때 나는 바그다드 주재 유엔 세계식량농업기구(FAO)의 무함마드 파라, 아미르 칼릴, 유세프 아흐메드 압둘라와 이야기를 나누었다. 우리는 결의안 986호가 부적절하다는 점과 이라크 사회의 모든 분야, 특히 보건과 농업 부문의 복잡한 상호 관계에 관해 토론했다.

이라크 북부 지역의 FAO 조정관 무함마드 파라는 자신이 몸담고 있는 기관이 1979년 이후 벌여온 사업을 내게 간략히 설명해 주었다. "우리는 거의 모든 농업 활동을 관장하고 있습니다. 가축, 농기계 예비 부품, 농약 살포, 축산 약품, 백신 접종 등 정말 많죠."[2] 이라크의 다른 모든 생활과 마찬가지로 식량 생산과 분배도 경제 제재의 영향을 심각하게 받아 왔다. 파라는 농업 부문이 "완전히 몰락했다"고 말했다. 그는 식량 분배와 관련된 여러 가지 복잡한 요소들을 효과적으로 다루지 못한 원조 프로그램을 비판했다.

의약품도 공급받지 못하면서 병원을 재건할 수는 없습니다. 씨앗만 제공하고 비료나 다른 투입물을 모른 체한다면 아무 소용이 없는 것입니다. 문제를 진정으로 해결하려면 일관된 접근법이 필요한 것이죠.

파라는 이러한 접근법을 차 끓이는 일에 비유했다.

당신이 내게 차를 한 잔 대접한다고 칩시다. 주전자도 필요하고, 물과 땔감도 필요할 겁니다. 차 한 잔 끓이는 데도 몇 가지 준비물이 필요합니다. 제 말은, 농업에서도 투입해야 할 요소는 많을 것이고, 이 중 하나라도 빠지면 나머지는 아무 쓸모가 없다는 것입니다.

이라크의 FAO가 그 동안 남부 지역의 농약 살포 프로그램을 위임 받아 왔다. 그러나 이 기관이 사용할 수 있는 헬리콥터는 겨우 세 대뿐이다. 그것도 전부 20년 이상 된 낡은 것들이다. "지금 당장 어떤 병해충이 발생해도 우리는 속수무책입니다." 파라의 말이다. 지금 '구대류의 검정 파리'라는 해충이 질병과 죽음을 널리 퍼뜨리고 있다. 이 곤충은 동물의 몸에 500개 가량의 알을 낳는 파리다. 이 파리의 애벌레가 살을 뜯어 먹는다. 빨리 치료하지 않으면 동물은 고통스런 죽음을 맞이하게 된다. 1998년 1월에 우리가 인터뷰한 FAO 관리들은 현재까지 이라크에서 보고된 검정 파리 감염 사례만도 5만 건 이상이라고 말했다.

검정 파리는 동물을 감염시킬 뿐 아니라 인간의 몸에도 알을 낳는다. 파라의 말을 들어 보자.

우리가 확인한 인간 발병 사례는 위생 상태가 열악한 농촌 지역의 어린이들입니다. 이 파리들은 보통 코로 기어올라가 앞이마 속에 알을 낳습니다. 그래서 아이들은 구더기가 코 밖으로 기어나올 때까지 무슨 일이 일어나고 있는지도 모릅니다.

검정 파리를 박멸하고 감염된 동물과 사람을 치료하기 위해서는 이라크를 괴롭히는 여러 문제들과 유엔의 무성의한 대응에 통합적으로 접근해야 한다. 아미르 칼릴은 이렇게 말하고 있다.

이라크도 한때는 지방 중심지의 동물병원마다 냉동 보관 시설을 갖추고 있었다. 냉동 보관 창고는 이제 한 군데도 없는 실정이다. 고장을 수리할 부품도 없고 전기를 생산할 발전기도 없기 때문이다. 이것은, 문제가 생겼을 때 수의사가 현장에서 바그다드까지 달려가 아이스박스에 얼음과

백신을 담아서 다시 현장으로 돌아가야 한다는 것을 의미한다.[3]

필요한 부품들은, 경제 제재의 '민군 겸용' 제한 조항 때문에 수입이 금지되어 있다.

1995년 4월 14일 유엔 안보리가 만장일치로 통과시킨 결의안 986호에 따라 이라크는 인도주의적 지출에 충당할 비용을 마련할 만큼만 석유를 팔 수 있도록 허가받았다. 그리고 이 과정은 유엔의 통제를 받기로 되어 있다. 1998년 이 인터뷰 당시 석유 수출 상한선은 6개월마다 20억 달러 상당의 석유로 한정되어 있었다. 이 액수는 1999년에 상향 조정됐다. 이 석유-식량 교환 대금은 전쟁 복구 비용으로 먼저 쿠웨이트에 지불하고 그 다음 이라크 내 유엔의 감시 활동 비용으로 공제된 후에야 비로소 이라크가 사용할 수 있다.[4] (이라크의 석유 판매 수입은 전부 뉴욕 소재 파리은행의 위탁 계정에서 관리하고 있다.) 그렇게 뺏기고 남은 돈으로는 빈곤과 경제 기반시설의 붕괴, 질병 등 이라크의 산적한 현안 문제를 해결하기에는 턱없이 부족하다고 칼릴은 주장했다. 그의 동료 유세프 압둘라가 이렇게 말을 보탰다.

만약 국민 전체가 식량을 얻을 수 있더라도 물이 오염되어 있다면, 국민은 먹기는 하겠지만 설사병에 걸려 죽어갈 것이다. 그렇다고 의약품이 있는 것도 아니다. 결국 국민에게 아무리 열심히 식량을 나눠 주더라도 사망자는 더욱 늘어날 것이다. 물과 전기가 들어오지 않고 공중 위생이 붕괴하면 건강한 생활은 불가능하다.

보건 의료 체계와 수의 진단·방역 체제가 붕괴하면서 특히 브루셀라(가축을 해치고 사람이 감염됐을 경우 고열이 나는 병)·결핵·탄저병 등을 통제하기 힘들어지고 있다. 우리는 양들이 출산 장애를 겪고 있다는 말도 들었다. 걸프전 때 사용된 열화우라늄탄 때문일 것이라고 한다.

우리의 토론은 거듭 경제 제재라는 주제로 돌아갔다. 그들은 자신들이 전문 기술 관료로서 정치가 자기 소관은 아니라고 말하면서도, 모두 경제 제재에 반대하고 이라크가 처한 막다른 정치 상황에 분개한다는 의사를 명백히 했다. 이런 사태가 식량 증산의 임무를 떠맡고 있는 그들을 극도로 난처하게 만들었기 때문이다.

인터뷰를 끝낼 즈음 무함마드 파라가 1995년 9월에 발표된 FAO 보고서를 보여 주었다. 보고서는 이라크 어린이들과 수단, 세네갈, 기타 빈국 어린이들의 섭취 열량·체중·영양실조 상태를 비교해 제시하고 있었다.[5] "이라크는 이들 나라의 평균보다도 더 낮다."고 보고서는 적고 있었다.

경제 제재 하의 보건 의료

1991년 걸프전 때 다국적군이 6주 동안 이라크에 쏟아 부은 폭탄의 양은 8만 5천 톤이 넘는다.[6] 이 대규모 공습의 목표는 군사 시설뿐 아니라 국민의 생활 시설도 파괴하는 것이었다. 특히 시민에게 깨끗한 음용수를 제공하는 시설이 집중 타격의 대상이 됐다. 경제 제재로 인해 상하수도 처리 시설은 최악의 상황에서 가동되고 있다. 이라크에서 정수 처리되지 않은 물을 마신 어린이는 커다란 위험에 직면한다. 위장염·콜레라·발진티푸스·장티푸스 같은 수인성 전염병이 만성적이고 심각한 영양실조·호흡기 질병과 결합돼 참혹한 결과를 빚어 왔다.

1999년도 유니세프 보고서에 따르면, "조사를 진행한 10년 동안 유아 사망률(IMR)과 5세 이하 아동 사망률(U5MR)이 현저히 증가했다.

······ 조사 결과, 10년 동안 사망자가 2배 이상 증가했다."[7] 그 전에 발표된 또 다른 유니세프 보고서에 따르면, "공공 병원에서 보고한 5세 이하 어린이 사망률 증가(1989년과 비교해 볼 때 매년 4만 명 이상이 더 죽었다.)는 주로 설사병·폐렴·영양실조 때문이다. 5세 이상의 사망률 증가(1989년과 비교해 볼 때 매년 약 5만 명 이상이 더 죽었다.)는 심장 질환·고혈압·당뇨병·암·간 또는 신장 질환과 관련되어 있다."[8]

영양실조와 관련해 유니세프는 다음과 같이 언급했다. "영양실조는 경제 제재가 단행되기 전에는 이라크에서 공공 보건의 문제가 아니었다. 그러던 것이 1991년쯤에 심각한 문제로 떠오르기 시작했고 그 이후 걷잡을 수 없이 확대됐다. ······ 1997년쯤에는 5세 이하 아동 약 100만 명이 만성적 영양실조 상태라고 추산됐다."[9] 영양실조에 걸리는 어린이들이 계속 늘어나는 것은 빈약한 식사·오염된 식수·공중 위생의 마비 때문이다. "식량이 아주 비싸기 때문에 정부 배급 외에 따로 음식을 구하는 것도 아주 어렵다. ······ 가계 소득 중 적어도 80퍼센트는 식량 구입에 소비되고 있다."[10]

1990년에 이라크는 중동에서 가장 효과적이고 우수한 보건 의료 체계를 발전시키고 있었다. 걸프전과 뒤이은 경제 제재로 이라크의 보건 의료 체계는 이제 완전히 파괴됐다.

"이 아이들은 모두 죽을 겁니다"

나는 다양한 인도주의 조직의 대표들과 함께 많은 시간을 할애해 이라크 내 공공병원들의 소아 병동과 암 병동을 방문했다. 북부 지역의 모술과 아르빌, 중부 지역의 바그다드, 남부 지역의 아마라·나시리야·바스라에 있는 병원들을 두루 둘러봤다. 바로 그런 곳에서 경제 제재의 파괴력과 경제 제재가 어린이들에게 미친 영향이 가장 분명하게 드러난다. 나는 의사나 병원 관리자들을 만나 그들이 처한 상황에 관해 얘기를 나누었다. 더 중요한 것은, 내가 수백 명의 환자 부모를 만났고 그들이 자녀들과 함께 겪고 있는 고통을 직접 목격했다는 점이다.

어느 겨울날 모술의 한 병원에서 나는 혈액 질환인 패혈증에 시달리는 아이들에 둘러싸인 채 차가운 병실에 서 있었다. 나는 우리를 안내했던 적신월사 회원에게 이 아이들은 어떻게 되느냐고 물었다. 대개는 차분하고 자제심이 많던 그가 그때까지 결코 본 적이 없는 표정으로 나를 똑바로 쳐다보았다. 내 질문에 몹시 화가 난 게 분명했다. "당신들은 의약품이 부족하다는 사실을 가끔은 잘도 아는 것 같더군요. 이 아이들은 모두 죽을 겁니다."[11] 이렇게 말하고 그는 그 자리를 떠나 버렸다.

그 전에 이라크를 방문했을 때 나는 바그다드에 있는 사담 교수 센터를 방문해 소아과장으로 있는 무함마드 힐랄 박사와 이야기를 나누었다. 그가 내게 소아암 병동을 구경시켜 주었다. 그의 설명에 따르면, 이라크는 1990년 이전에 백혈병과 기타 암 치료율이 미국의 약 70퍼센트 수준이었다고 한다. 그러던 것이 이제는 겨우 6~7퍼센트에 불과하다고 한다. 힐랄 박사는 경제 제재가 시행된 이후 소아암 발병 사례가 급증한 원인을 걸프전 때 다국적군이 사용한 열화우라늄탄 때문일 것으로 보고 있다.[12]

대다수 가정에게 백혈병 치료는 비용이 엄청나게 많이 든다. 더구나 최근에 개발된 화학 치료 약품들은 이라크에서는 구할 수조차 없다. 이라크 어린이들에게 암은 사형 선고나 다름없다. 치유는 고사하고 악화되는 것을 막는 정도의 조치가 이라크에서 생각해 볼 수 있는 유일한 치료 과정이기 때문이다.

힐랄 박사가 내게 14살 소녀 샤이마를 소개해 줬다. 샤이마는 집에서 가져온 담요 위에 누워 있었다. 머리맡 스탠드에 혈액 주머니 하나가 처량하게 걸려 있었다. 주사바늘이 꽂혀 있는 그녀의 손목은 여위었고 가늘게 떨렸으며 투명해 보였다. 그녀는 나를 쳐다보았지만 말은 물론 움직일 힘조차 없었다. 어머니와 할머니가 소녀 옆에서 목놓아 울고 있었다. "이 아이는 호지킨병[악성 림프종의 하나]을 앓고 있답니다." 힐랄 박사가 내게 말해 주었다. "가족은 치료를 위해 전 재산을 팔았습니다. 우리에게는 이 소녀를 치료하는 데 필요한 약이 없습니다. 이틀 아니면 사흘 정도 살 수 있을 겁니다."

1998년 1월에 나는 바그다드 소재 알 카라마 병원을 찾았다. 우리 대표단은 병원장 라드 유수파니 박사를 만났다. 수수한 양복에 풀 먹인 셔츠를 입고 거무스름한 넥타이를 맨 그가 우리를 직접 이 병동에서 저 병동으로 안내했다. 그가 방에 들어서자 병원 직원들이 바로 차려 자세를 취했다. 유수파니 박사는 좀처럼 웃지 않았다. 그의 눈에서는 깊은 슬픔이 묻어났다. 복도를 걸으면서 그가 우리에게 말했다. "우리는 최선을 다하고 있습니다. 우리에게 남은 것이라곤 확고한 결의뿐입니다."[13]

병원 전체 난방 설비가 고장났지만 고치지 못하고 있었다. 안내인을 따라다니면서 환자와 의사들을 만나는 동안 입에서는 내내 입김이 나왔다. 소아 병동에서 찾을 수 있었던 유일한 온기는 한 가족이 가져온 전구였다. 부모는 아들 침대 머리맡 벽에 달린 백열 전구를 자랑스럽게 가리켰다. 그들이 직접 전구를 사 왔던 것이다. 병원에는 전구를 갈아 끼울 돈조차 없었다.

투석실과 심장 치료실에 가 봤더니 가련한 사람들이 양털 담요들을 뒤집어쓴 채 널브러져 있었다. 자는 사람들도 있었고, 허공을 멍하니 쳐다보는 사람도 있었으며, 놀란 눈으로 우리를 쳐다보는 사람도 있었다. 유수파니 박사가 상황을 설명해 주었다. "우리한테는 투석기가 13대 있는데, 현재 6대밖에 쓸 수 없습니다. 부품을 구하거나 새로운 장비를 구입할 수도 없는 형편입니다."

여러 신장병 환자들이 도뇨관(導尿管)을 함께 사용할 수밖에 없다. 정맥수혈용 캐뉼러[cannula: 환부에 꽂아 넣어 체내의 액체를 빼내거나 체내로 약물을 주입할 때 사용하는 도구]가 부족하다. 기본적인 소독약도 거의 없는 실정이다. 어떤 방에 들어갔더니 바닥에 피가 튀어 있었다. 환자 침대 바로 옆 휴지통에는 피묻은 붕대와 쓰고 버린 관(管)이 가득했다.

기본적인 외과 의약품과 장비가 절대 부족하기 때문에 알 카라마 병원 의사들이 할 수 있는 수술은 일주일에 겨우 6건 정도도. 경제 제재가 발효되기 전에는 평균 30건 정도의 수술을 할 수 있었다고 한다. 유수파니 박사의 말을 들어 보자. "여름에는 냉방 장치도 없이 수술해야 합니다. 화씨 120도[섭씨 약 49도]까지 올라갈 때도 있죠. 마취제와 항생제가 태부족이어서 항상 우리는 어느 환자를 살리고 또 어느 환자는 죽도록 내버려둘지를 결정해야만 합니다."

그의 집무실로 돌아가다가 정문 옆 도서관에서 검게 탄 흔적을 발견했다. 유수파니 박사가 자초지종을 설명해 주었다. "작년에 화재가 있었습니다. 우리가 보유하고 있던 의학 서적과 저널을 모두 잃었습니다. 새로 구입할 수도 없고 그렇다고 복사본을 만들 형편도 안 된답니다."

우리는 그의 집무실에 마주앉아 '석유-식량' 교환 프로그램에 관해 물었다. "상황이 조금이라도 개선되기는 한 겁니까?" 유수파니 박사는 고개를 가로젓더니 쓴웃음을 지었다. "그 프로그램은 우리의 생명을 연장해 주지 않습니다. 다만 우리의 목숨이 더 길어진 것처럼 보이게 만들 뿐이죠."

[미국의] 권력자들에게 진실을 전하다

나는 1997년 3월 '황야의 목소리'와 함께 처음으로 이라크를 방문했다. 여행 막바지에 우리 대표단은 요르단의 암만에서 미국 대사관 관리들과 만났다. 그 자리에서 우리는, 정부 승인을 받지 않은 미국 시민의 이라크 여행 금지령을 우리가 공개적으로 묵살했다고 통보했다. 더불어서 영양실조에 걸린 이라크 어린이들의 확대 사진을 보여 주면서 우리가 목격한 실상을 그들에게 전했다.

내가 말할 차례가 왔을 때, [이라크의] 어두침침한 병실과 복도가 생각났다. 형광등 하나 갈아끼울 수 없는 처지라니! 환자가 넘쳐나던 소아 병동도 떠올랐다. 나는 직접 목격한 이라크 병원의 실상을 대사관 관리들에게 호소했다. 영사이자 1등 서기관인 찰리 헤퍼먼이 잠자코 내 말을 들었다. 약간은 동정하는 것 같기도 했다. 홍보관 스티븐 티볼트는 궁색한 변명을 늘어놓았다. "우리의 임무는 미국 정책을 정의롭게 만드는 게 아니라 그것을 명확히 하는 것입니다."[14]

경제 제재가 이라크 교육 제도에 미친 영향

바그다드나 기타 이라크 도시들의 거리에 나가 보면 수천 명의 어린이가 가족을 부양하기 위해 학교를 그만두었음을 확인할 수 있다.[15] 경제 제재 때문에 이라크 경제가 붕괴하자 많은 사람들이 일자리를 잃었고, 초인플레이션이 발생했으며, 이라크 통화의 가치도 평가절하됐다. 물가가 치솟고 마땅한 일자리도 구하기 힘들어지면서 먹고 살 수 있는 수입을 확보하기 위해 극단적 방법에 의존하는 사람들이 늘어났다. 아이들을 학교에 보내지 않고 일을 시키는 것도 그 중 하나다. 매춘은 또 다른 방법이다.

1999년 4월에 나는 이라크를 다시 찾았다. 이번에는 '미국 퀘이커 봉사 위원회'(AFSC)가 후원한 교사 대표단과 함께 방문했다. 우리의 임무는 경제 제재가 이라크 교육 제도에 미친 영향을 살펴보는 것이었다. 우리는 이라크 중남부 지역의 초·중등학교 여러 곳을 방문했다. 우리는 교사와 학교장, 교육부 관리 들을 만났다. 유니세프 대표 아누파마 라오 신이나 당시 유엔 인도주의 구호담당 조정관 한스 폰 스포넥도 만났다.

AFSC 교사 대표단의 이라크 방문 경험을 통해 우리는 경제 제재가 이라크 국민에게 미치는 충격을 조사해 온 유니세프와 다른 인도주의 단체들의 주장을 재확인할 수 있었다. 조사를 통해 우리가 얻은 결론은 모든 어린이에게 충분한 보조금과 양질의 교육을 제공하던 이라크 교육 체계가 경제 제재로 심각하게 무너졌다는 것이었다. '중동 지역 교회 협의회', 유네스코, 유니세프 등 다양한 비정부 기구들이 학교 재건 프로그램에 참여하고 있지만 대다수 학교의 학습 여건과 물리적 환경은 계속 나빠지고 있다.

1990년 이전의 이라크 학교 상황을 더 자세히 알아보기 위해 나는 카림 쿠디에리 박사를 찾았다. 그는 전직 중등학교 교사로 바그다드 대학교 농과대학 학장을 지내기도 했고 [미국] 노스이스턴 대학교 생물학 교수로 재직하다가 퇴임하고 현재 보스턴에 살고 있다. 쿠디에리 박사의 말에 따르면 1980년부터 1988년까지 계속된 이란–이라크 전쟁 기간에도 이라크 정부는 양질의 교육을 제공했다고 한다.[16] "정부는 학교를 신축했고 교사들을 훈련시켰으며 학생들에게 무료로 교과서를 나눠 주었습니다. …… 고등학교 졸업생들은 세계 유수의 대학으로 진학했습니다." 성적이 우수한 어린이들은 우유·간유[대구·연어 등의 신선한 간에서 얻은 지방유]·비스킷·홈무스[중동의 전채 요리]·신선한 과일·비타민제 등을 매일 섭취했다고 쿠디에리 박사가 말해 주었다. 모든 어린이가 연습장과 연필, 지우개를 충분히 받았고, 새 학년에 올라가면 새 교과서를 받았다. 내가 만나 본 다른 이라크인 망명자들은 이라크의 교육 제도가 1980년대에 몰락하기 시작했다고 주장한다. 이란과의 전쟁 때문이라는 것이다. 그러나 이들도 1991년의 걸프전과 뒤이은 경제 제재가 교육 제도의 몰락을 가속시켰음이 분명하고 결국 현재의 위기로 이어졌다는 데 동의했다.

9년 동안 계속된 경제 제재 속에서도 배우려는 열망은 전혀 식지 않았다. 다른 모든 것은 몰락하고 있거나 이미 오래 전에 소멸해 버렸다. 우리는 모든 학교의 상황이 똑같다는 것을 확인했다. 한때 존경받았으며 보수도 좋았던 이라크의 선생님들은 이제 한 달 평균 약 3달러의 봉급을 받고 있다. 과거 한때 그들의 월급이 450달러였다는 사실이 놀라울 정도다. 선생님들은 각종 혜택을 받았고, 토지를 매입할 때 현금 대출도 받을 수 있었다. 현재 선생님들은 수입을 보충하기 위해 직업을 바꾸거나 부업을 해야 하는 지경이다.

학생이 늘었는데도 교사(校舍) 신축을 규제하고 있기 때문에 기존의 초·중등학교들은 이제 2부제 수업을 실시하고 있다. 오전반 학생들이 아침 8시부터 정오까지 수업을 듣는다. 오후반 수업은 12시 30분에 시작해 오후 4시 30분에 끝난다. 한 학년은 9월부터 이듬해 5월까지 계속된다.

1990년에 역사와 교육학 학사 학위를 취득하고 모술 대학교를 졸업한 샤키르 타에르는 현재 나시리야의 알 바크르 남학교 교장으로 재직하고 있다. 그가 교장이 된 지도 5년이나 된다. 대표단은 그와 오후에 만났다. 그는 오전에 노상에서 담배를 팔다가 왔다고 했다. 그의 봉급으로는 가족을 먹여 살릴 수 없었기 때문이다.[17] 불행히도 그의 얘기는 예외적인 사례가 아니다. 1990년 이후 그의 학교가 겪은 처참한 변화는 결코 무시할 수 없다. 알 바크르 학교의 실상이 이라크 중남부 지역 학교 전체의 모습을 상징적으로 보여 주고 있다.

대표단이 찾은 여러 교실의 학습 여건은 거의 동일했다. 학생이나 교사가 사용할 의자와 책상은 전혀 없었다. 창문은 거의 다 깨져 있었다. 비품도 없었다. 벽에는 아무것도 걸려 있지 않았다. 지도나 포스터는 물론 학생들의 그림 작품도 없었다. 학교에는 내부 통화 설비·컴퓨터·자·지도·지구본·책도 없었고, 심지어 종류를 불문하고 일체의 문방구도 없었다. 녹색 칠판 하나와 분필 담는 주석 깡통을 제외하면 교실은 황량하기까지 했다. 의자가 없었기 때문에 남학생들은 모두 연습장이나 금속판을 깔고 그 위에 앉았다. '운 좋은' 학생 몇 명은 뼈대만 남은 낡은 책상 위에 구부리고 앉기도 했다. 수업 시간에는 낡아빠진 교과서 하나로 모든 학생이 함께 공부했다.

과밀 학급도 문제지만 학교에는 기본적인 냉난방 시설조차 전혀 없다. 전에는 교실마다 난로가 있었다. 지금은 날씨가 추워지면 난방도 되지 않는 교실에서 짚방석에 앉는 게 고작이다. 창문은 판지로 막아야 한다. 기온이 화씨 100도[섭씨 약 38도]를 넘는 늦봄에도 교실에는 선풍기나 에어컨도 전혀 없다. AFSC 대표단이 방문한 다른 모든 학교와 마찬가지로 알 바크르 학교의 위생 시설도 엉망이었다. 화장실은 단 한 개뿐이었고 그 안에는 물도 안 내려가는 소변기와 제대로 관리를 하지 않아 밖에서도 훤히 보이는 대변기가 달랑 하나씩 있었다. 수도꼭지에서 떨어지는 물방울을 받는 찌그러진 깡통 하나가 학교에서 단 하나뿐인 식수원이었다.

바스라, 아마라, 나시리야 행정구의 교장·교사·정부 관리 들은, 경제 제재에도 불구하고 대학 교육의 수준을 높이기 위해, 또 초·중등학교에서 국제 기준에 부합하는 교육 과정을 제공하기 위해 모든 노력을 쏟고 있다고 이구동성으로 말했다. 매우 열악한 상황에서도 교사들과 학교 직원들이 최선을 다하고 있다는 것은 분명한 사실이다.

그러나 바그다드 주재 유니세프의 책임자, 아누파마 라오 신의 말에 따르면 1989년 이후 대학 교육의 체계적 개선이 전혀 이루어지지 못하고 있다고 한다.[18]

개별 인터뷰에서 신과 한스 폰 스포넥 모두는 유엔 결의안 986호에 따라 벌어들이는 석유 수입의 1퍼센트만이 교육 부문에 배정되고 있다고 지적했다.[19] 정부의 교육 예산이 급감하면서 교구와 학습 자료가 부족해지고 기존의 시설도 낡은 상태로 방치되고 있다. 그 결과 이라크 어린이 한 세대 전체가 어린이 권리 헌장에 보장된 학문적 소양을 얻지 못할지도 모른다.

특히 대표단이 방문했던 이라크 남부의 모든 학교에는 의료 시설도 전혀 없었다. 양호 선생님은 말할 것도 없고 아스피린·반창고·소독제 등 일반 의약품도 전혀 없었다. 더욱이 학교 급식을 실시할 수 있는 학교도 전혀 없었다. 많은 학생들이 아침을 거르고 등교했다.

대표단이 살펴본 모든 학교에서 많은 학생들이 뚜렷한 영양실조 상태였고 발육이 부진했다. 특히 '난민' 보호 시설 출신 아이들이 심각한 상태였다. 사실상 난민 캠프와 다름없는 이 보호 시설 사람들은 거의 전적으로 정부 배급 식량에 의존해 살아간다. 매달 정부가 보조하는 이 배급 식량은 쌀·밀가루·콩·설탕·차·분유·식용유 등으로 이루어진다.

이슈타르 학교의 교장인 수함 사이드 사둔은 학교에서 매일 7~8명의 학생들이 허기에 지쳐 실신한다고 추정했다.[20] 그녀는 설사병·위장염·피부 알레르기도 늘어나고 있다고 말했다. 학교에 치료 시설은 물론 기본적인 의약품도 없기 때문에 학교로서도 어찌할 수 없는 병들이다. 학교에 화장실이 없기 때문에 위장병을 앓는 학생들은 귀가시켜야 한다. 병든 아이를 치료하기 위해 근처 병원으로 보내는 경우도 있다. 그러나 불행히도 그 병원 역시 적당한 의약품을 갖추고 있지 못한 경우가 대부분이다.

대안

경제 제재와 이라크 민중이 겪는 불필요한 고통을 끝장내려는 사람들에게 공감과 연민은 그 첫 단계라 할 수 있다. 제2단계는 조직적 반대다. 만약 우리가 긍정적인 변화를 이끌어 내고자 한다면 이라크 국민을 말살해서 '사담을 봉쇄하려는' 세력과 정책에 맞서 단결해 싸워야 한다. 1960년대에 수십만 명의 보통 사람들이 인도차이나 전쟁에 반대해 단결했다. 전쟁 도발 세력은 그들의 목소리를 듣지 않을 수 없었다. [물론 그러기 위해서는] 시간이 걸렸다. 투쟁이 필요했다. 희생도 따랐다. 그러나 마침내 민중이 승리했다. 미국은 베트남에서 철수했다.

1960년대에 부상한 반전 운동은 미국 문화와 역사에 깊이 내재해 있는 반란의 정치학이 표현된 것이었다. 오늘날 경제 제재에 도전하면서 이 전통이 다시 한 번 그 모습을 드러내고 있다. 이라크 경제 제재에 반대하는 사람들은 외롭지 않다. 그들은 반전 활동가와 평화 운동가 들로 이루어진 국제 공동체의 일부다. 그들은 인터넷을 통해 서로 정보를 공유하고 토론한다. 그들은 자기들이 사는 마을과 도시에서 행진과 시위를 조직한다. 그들은 자기 지역구 의원들에게 압력을 넣는다. 그들은 주류 언론의 은폐와 왜곡에 도전하며 이라크의 진실을 알린다. 그들은 연민을 느끼며 정의에 민감한 개인들의 자발적 조직이 정책의 변화를 가져와 경제 제재를 끝장낼 수 있다고 믿는다.

주

1. 유엔 안보리 결의안 687호 3장 7~9절. 여기서 인용된 모든 유엔 결의안은 http://www.un.org 참조.
2. Mohammed Farah, 1998년 1월 7일 바그다드에서 저자가 인터뷰한 내용.
3. Amir Khalil, 1998년 1월 7일 바그다드에서 저자가 인터뷰한 내용.
4. UN Office of the Iraq Program "Oil-for-food—The Basic Facts." 참조 (http://www.un.org/Depts/oip/reports/basfact.html).
5. UN Food and Agriculture Organization, *Evaluation of Food and Nutrition Situation in Iraq, Terminal Statement prepared for the Government of Iraq by the Food and Agriculture Organization of the United Nations* (Rome: FAO, 1995), p. 25. Chapter 4 참조.
6. Michael T. Klare, "'Weapons of Mass Destruction in Operation Desert Storm," in *Collateral Damage: The 'New World Order' at Home and Abroad*, ed. Cynthia Peters (Boston: South End press, 1992), p. 218.
7. Unicef press release, "Iraq Survey Shows 'Humanitarian Emergency,'" August 12, 1999 (Cf/doc/pr/1999/29). Unicef and Government of Iraq Ministry of Health, *Child and Maternal Mortality Survey 1999: Preliminary Report* (Baghdad: Unicef, 1999), Chapter 4, p. 9. http://www.unicef. org 참조.
8. Unicef, *Situation Analysis of Children and Womenin Iraq* (Baghdad: Unicef 1997), part two, p. 42.
9. Unicef, *Situation Analysis of Children and Womenin Iraq*, part two, p. 23.
10. Unicef, *Situation Analysis of Children and Womenin Iraq*, part two, p. 29.
11. Dahar Al Zobai, 1998년 1월 9일 바그다드에서 저자가 인터뷰한 내용.
12. Dr. Muhammed Hillal, 1997년 3월 23일 바그다드에서 저자가 인터뷰한 내용. 열화우라늄에 대해서는 Robert Fisk, Chapter 7, and Huda Ammash, Chapter 13 참조.
13. Dr. Raad Yusufani, 1998년 1월 5일 바그다드에서 저자가 인터뷰한 내용.

14. Steven Thibeault, 1997년 3월 26일 요르단 암만에서 저자가 인터뷰한 내용.

15. 네 살짜리 이라크 어린이가 망치로 쇠사슬을 두들기는 장면은 <내셔널 지오그래픽> 196: 5(1999년 11월호): 15에 실린 마이클 야마시타의 사진 참조. Leon Barho, "Suffer the Children," *Ottawa Citizen*, February 15,1999, p. B13도 참조.

16. Dr. Karim Khudieri, 1999년 4월 20일 매사추세츠에서 저자가 인터뷰한 내용.

17. Shakir Taher, 1999년 4월 8일 이라크 나시리야에서 저자가 인터뷰한 내용.

18. Anupama Rao Singh, 1999년 4월 4일 바그다드에서 저자가 인터뷰한 내용.

19. Hans von Sponeck, 1999년 4월 4일 바그다드에서 저자가 인터뷰한 내용.

20. Suham Said Sadoon, 1999년 4월 6일 아마라에서 저자가 인터뷰한 내용.

제4부

전쟁과 경제 제재가
환경과 보건에 미친 영향

12장

경제 제재, 식량, 영양과 보건

피터 L 펠렛 박사

[1990년 8월 2일] 이라크가 쿠웨이트를 침공하자, 8월 6일 유엔 안전보장이사회(안보리)는 결의안 661호를 채택해 이라크에 대한 다국적 경제 제재 정책을 펴기로 결의했다. 돌이켜 보면 이 경제 제재 정책은 역사상 가장 철저한 것이었다.

이라크 정부는 이러한 국제적 조치가 자국의 생존 능력을 파괴할 것이란 사실을 깨달았다. 경제 제재에도 불구하고 이라크 무역부는 몇 주만에 전국적인 식량 배급 제도를 도입했다. 그 기본적인 방식은 통합적인 소득 보조금과 함께 오늘날에도 계속 유지되고 있으며 이 덕분에 이라크는 오랜 경제 제재 속에서도 살아남을 수 있었다.

애초에 경제 제재는 이라크를 쿠웨이트에서 철수시키기 위한 단기적인 조치였다. 유엔은 모든 수출입을 전면 금지했다. 경제·사회 권리 센터(CESR)가 지적하듯이, 당시 안보리는 "오직 '의료용 물품과, 인도주의적 조건의 식량' 수입만 허용하기로 결정했다. 무엇이 인도주의적 조건인지는 결의안 661호에 따라 창설된 경제 제재 위원회가 판단했다." 1991년 3월 미국과 그 동맹국들은 "무력으로 이라크 군대를 쿠웨이트에서 몰아냈다. 이 과정에서 [미국과 그 동맹국들은] 공장·발전소·상하수도 시설을 포함한 이라크의 민간 사회 기반시설을 파괴하거나 무력화했다."[1] 석유 수출이 금지됐기 때문에, 아랍 세계에서 가장 우수한 사회·의료 서비스를 제공해 왔던 이라크 경제는 황폐해졌다.

제2차 걸프전 동안 이라크의 민간 사회 기반시설이 파괴됐지만, 안보리는 경제 제재를 유지하기로 결정했다. 1996년 말까지도 이라크와 안보리가 경제 제재 중에서 인도주의적 예외에 대해 합의하지 못했기 때문에 이라크 사회 전체가, 특히 부녀자와 노인 들이 굶주림에 시달리고, 질병에 걸리고, 사망할 확률이 높아졌다. 전에는 서구에 견줄 만한 공공 서비스를 누리던 이라크 사람들은 경제 제재 때문에 엄청난 고통을 겪었다. 실제로 이들은 제1세계의 언저리에서 가난한 제3세계 수준으로 급속하게 몰락했다.

1990년 당시 미국 중앙정보국(CIA) 국장이었던 윌리엄 웹스터는 의회에서 "우리는 경제적 고통 때문에 사담이 자신의 정책을 바꾸거나, 사담 정권을 위협할 만한 내부 동요가 일어나리라고 판단하지 않았고 앞으로도 그럴 것입니다."[2]라고 증언했다. 이 예언이 정확했다는 것은 보통 무시됐지만, 유엔 안보리가 역사상 가장 철저한 경제 제재를 가했음에도 사담의 통치력이 전혀 손상당하지 않았다는 사실에서 그 정확성은 분명히 입증됐다. 오히려 경제 제재는 이라크 사회의 가장 취약한 계층, 특히 아동들에게 커다란 피해를 입혔을 따름이다. 경제·사회 권리 센터가 언급하듯이, 이렇게 엄청난 규모의 인권 위반, 특히 아동권 위반에 대해서 공개적인 논의가 거의 이루어지지 않았다.[3] 1995년 당시 유엔 사무총장이었던 부트로스 부트로스-갈리는 "목표가 된 국가의 취약한 집단들에게 고통을 가하는 것이, 국민의 곤경에 아랑곳하지 않을 정치 지도자들에게 압력을 넣는 정당한 수단인가라는 윤리적 질문"⁴를 국제 사회가 무시했다고 지적했다. 우리는 아직도 그 대답을 듣지 못했다. 이 침묵이 특히 문제가 되는 것은 냉전이 끝난 뒤 안보리가 다른 국가들에 압력을 넣고 국제 평화와 안전을 유지하는 수단으로 경제 제재를 자주 남용했기 때문이다.⁵

이라크 개황

1950년대 초부터 1990년 수출이 중단되기 전까지 이라크의 경제는 석유 부문이 주도해 왔다. 이 기간 동안 이라크에서는 의료 서비스가 눈에 띄게 좋아진 것을 비롯해서 인구 대다수의 생활수준이 상승했다. 이러한 발전 덕분에 유아 사망률은 1960년 1천 명당 120명에서 1980년대에는 1천 명당 45명으로 낮아졌다. 1990년 봉쇄가 시작된 후 유아 사망률은 1998년 1천 명당 100명 이상으로 되돌아가고 말았다.⁶ 1990년대 전반기 동안 경기는 급속하게 하강했다.

이라크의 전체 토지 면적은 4350만 헥타르(1헥타르는 2.47에이커)로서 이 중 91.2퍼센트가 남중부에 집중되어 있고 세 개의 북부 자치주들이 나머지 8.8퍼센트를 차지하고 있다. 전체 토지 면적 중 28퍼센트만이 경작이 가능하고, 나머지는 대부분 사막이다. 800만 헥타르는 관개 시설이 미치는 범위 내에 있고, 400만 헥타르는 비가 많은 지역이다. 실제 경작지 면적은 이보다 작다. 575만 헥타르의 경작지 중 300만 헥타르가 남중부에 있고 275만 헥타르가 북부에 있다.⁷ 따라서 기후가 더 극단적인 남중부 이라크에서 식량 생산이 훨씬 더 어려운 것도 당연하다.

주로 남중부 이라크에 집중되어 있는 74퍼센트의 관개지는 염분 함유도에 문제가 있다. 그 결과, 수천 헥타르의 토지가 경작이 불가능하게 변하고 있다. 식량 자급도를 높여 식량 안보를 지키려는 정부가 농업 부문에 우선권을 두고 있지만 식량 수입 의존도는 여전히 높다. 곡물 생산량은 계속 하락하고 있으며, 국내에서 생산된 밀가루의 품질은 보통 형편없다. 농업 생산의 주요 장애 요인들로는 우량 종자·제초제·농약·비료 등이 부족한 것 외에도 작동 가능한 농업 기계류와 부품이 부족한 것도 있다. 그 결과 산출량은 하락했다.

또한 가축류·가금류·어패류도 기계·장비·부품과 동물 치료약이 부족하다보니 그 수가 크게 줄고 있다. 이웃 나라들에도 위협이 될 수 있는 최근의 가장 큰 문제는 구제역의 확산이다. 구제역은 치명적이고 대단히 전염성이 강한 질병으로서 이라크 전역에 퍼져 있다. 이 병에 감염된 소, 버팔로, 양, 염소 등은 대부분 죽는다. 또, 감염된 어미에서 태어난 새끼들도 많이 죽는다. 구제역 백신을 생산하던 공장은 유엔 특별위원회(Unscom)의 생물 무기 감시 프로그램에 의해 부분적으로 폐쇄됐다.[8] 게다가 적절한 냉동·수송 시설이 부족하기 때문에 구제역에 대처하는 이라크의 능력에는 한계가 있다.

이라크의 식품 안전성도 문제다. 특히 국내에서 생산되고 있는 품목들이 그렇다. 이라크의 식품 산업은 1990년에 사적 부분으로 환원됐지만, 총생산은 1991년 이전 수준에 크게 못 미친다. 이것은 생산 장비, 원료 물자, 포장 시설의 부족 등 다양한 이유 때문이다. 최근 몇 년 동안 국내에서 생산하는 것보다는 합법적이든 불법적이든 해외에서 식품을 수입하는 것이 더 남는 장사였다.(이런 식품들은 흔히 유통기한이 지났거나 사람이 먹기에 부적당한 것이었다.) 이것은 스테인리스 강과 일부 화학 물질 등 많은 필수 물자들을 수입할 수 없기 때문이다.

국제 식량 이용도에 관한 유엔 식량농업기구(FAO)의 자료는 매년 150여 회원국의 상황을 분석한다.[9] [이 통계에 따르면] 최근 몇 년 사이에 평균 식량 이용도가 갑자기 하락한 나라는 이라크뿐이었다. 1인당 하루 식량 공급량은 1987~1988년 3375킬로칼로리에서 1993~1995년 2277킬로칼로리로 하락했다.[10] 이것은 식량 생산에 영향을 미치는 날씨 같은 일반적인 지역적 요인이나 조건 때문이 아니었다. 같은 기간 동안 이웃 여섯 나라들은 모두 식량 에너지 공급이 증가하거나 같은 수준을 유지했다. 다시 말하면, 경제 봉쇄의 직·간접 효과들 때문에 식량 에너지 이용도가 이처럼 하락한 것이다. 같은 기간 동안, 이라크 국민의 하루 단백질 섭취량은 67.7그램에서 43.3그램으로 줄었지만, 다른 나라들에서는 이 수치가 증가하거나 같은 수준을 유지했다.[11]

식량과 영양수준 평가 조사단

유엔 기구들은 이라크에서 식량 공급 활동을 했을 뿐 아니라, 유엔 식량농업기구의 후원을 받는 세 팀의 유엔 조사단이 1993년, 1995년, 1997년에 이라크를 방문했다. 이 조사단들은 인원 구성과 조사 목표가 비슷했다. 각 조사단은 영양학자·농업학자·농업경제학자들로 구성됐으며, 이들의 임무는 식량 이용도를 평가하고 계속되는 경제 제재 상황에서 이라크 국민의 영양 상태를 조사하는 것이었다.

바그다드와 기타 지역에서 식량과 영양 공급 활동을 펼치던 유엔 기구 — 유엔아동기금(Unicef), 유엔개발계획(UNDP), 세계식량계획(WFP), 세계보건기구(WHO) 등 — 의 직원들과 정부 공무원과 비정부 기구(NGO) 회원들은 각 조사단에게 최대한 협조했다. 우리는 북부 자치주를 포함해 이라크의 어느 곳이든 방문할 수 있었다. 각 조사단이 작성한 보고서 세 부는 모두 식량 이용도 하락, 영양실조의 현저한 증가, 공공 건강 수준의 심각한 저하를 보여 주었다.[12] 하지만 1997년 조사 때는 이라크 정부의 태도에서 중요한 강조점의 변화를 볼 수 있었다. 이라크 정부는 식량과 영양 상태의 심각성을 공개 시인했다. 이라크가 안보리와 합의한 덕분에 안보리 결의안 986호에 기초한 석유-식량 교환 프로그램에 따라 전국적으로 식량 배급 상황이 나아질 수 있었다.

식량, 보건, 영양에서 세계적 고려 사항

단지 최근에 이르러서야 영양실조의 사회·경제적 측면이 정당한 조명을 받기 시작하고 있다.[13] <표1>에서 볼 수 있듯이, 영양실조의 원인은 핵심적으로 세 가지의 수준에서 논의되고 있다. 직접적 원인, 잠재적 원인, 기본적 원인.[14] 과거에 영양학자들은 보통 자신들의 관심을 식량이나 영양 부족 등 직접적인 원인들에 집중해 왔으며, 영양실조의 잠재적이고 기본적인 원인들에는 신경을 덜 썼다. 영양 전문가들은 영양실조의 정치적 측면이라는 동학에 개입하기가 어렵기 때문에 일반적으로 이러한 측면을 다루기를 꺼렸다. 그러나 영양실조의 정치적·경제적 요인들은 근본적이다. 이들이 변하지 않는다면, 직접적이고 잠재적인 원인들을 개선하기 위한 우리의 개입은 아주 단기간 동안만 성공할 것이다. 영양수준을 인간의 권리와 연결시키려는 새로운 국제적인 움직임은 이러한 근본적인 요인들의 중요성을 인정하고 있기 때문에 미래의 정책에 영향을 미칠 수도 있다.[15] 이라크에서 식량·영양·보건에 영향을 미치는 가장 근본적인 요인은 경제 제재였다.

국민총생산(GNP)으로 측정한 부의 수준과 식량 이용도, 건강 지수

표1: 원인의 수준

직접적 원인	잠재적 원인	기본적 원인
식량 섭취와 건강	소득, 토지, 물, 연료, 교육, 의료 혜택	자원, 경제. 정치

출처: 주 14를 보시오.

사이에는 높은 상관관계가 존재한다. 부가 증가하면, 식량 에너지 이용도도 증가하고 총 단백질과 동물성 단백질 이용도도 증가하며 아동 사망률은 낮아지고 평균 수명이 늘어난다. 1990년 이전에, 이라크는 연간 1인당 GNP가 3천 달러 이상인 그룹 III 국가에 속했다. 9년 동안 경제 제재를 겪은 최근 추정에 따르면, 실질 GNP는 5백 달러 이하로 떨어졌다. 이라크는 이제 세계에서 가장 가난한 나라들인 그룹 I 에 속한다.[16] 이라크의 식량·영양·보건 지수들은 모두 신흥 경제권 수준으로 떨어졌다.

이라크의 상황

제2차 걸프전 이전에 이라크는 중동에서 1인당 식량 이용도가 가장 높은 국가 중 하나였다. 이것은 상대적으로 번영을 누리면서 필요 식량의 3분의 2에 해당하는 식품을 대거 수입할 수 있는 능력 덕분이었다. 1990년 8월에 시작된 유엔의 경제 제재 때문에 국내 수요를 충당하기 위한 식량을 얻는 데 필요한 외화를 벌 수 있는 가능성이 상당히 제한됐다. 그 결과, 식량 부족과 영양실조가 더 심각해지고 만성적으로 됐다. 걸프전 이전 이라크의 식량 이용도 수준은 여러 차례의 영양 상태 조사로 확인된 바 있다. 그 중 1989년 바그다드에서 8세 이하 아동을 상대로 한 조사에 따르면, 체중과 키 등이 국제 표준과 비슷했다.[17] 그 후 이라크인들의 영양 섭취 수준은 심각하게 하락했다. 이것은 1991년부터 1997년까지 진행된 일련의 영양 상태 조사에 나타나 있다. 사실, 영양 섭취 수준의 대재앙을 피할 수 있었던 이유는, 남중부 이라크에서는 정부 배급 식량을 광범하게 이용했기 때문이고, 이라크 북부에서는 NGO 회원과 외국 구호 요원들이 있었기 때문이다.

수출입이 금지된 이라크의 영양과 보건 상황에 대한 조사가 몇 차례 있었다. 유엔 식량농업기구가 세 차례 조사했을 뿐 아니라 하버드 연구팀의 대규모 조사가 두 차례 있었다. 적대 상황이 종료된 직후인 1991년에 한 번, 경제·사회 권리 센터(CESR)로 이름을 바꾼 뒤 1996년에 또 한 번, 이렇게 두 번 대규모 조사를 진행했다.[18] 대중 매체는 유엔 식량농업기구의 1995년 보고서에 큰 관심을 기울였는데 이것은 램지 클라크와 국제행동센터(IAC)가 자신들의 보고서인 <아이들이 죽고 있다>에 이 보고서를 재수록했기 때문이다.[19] 전체 경제 제재 기간 동안 유니세프는 이라크 보건부와 공동으로 최근 아동과 산모 사망률·영양 상태를 조사했다.[20]

많은 NGO들은 북부 자치주들에서, 특히 1990년대 중반 이전에 활동했다. 또한 서방의 구호 물자들은 보통 이 북부 자치주들에 지원됐다. 우리는 이라크 전역에서 유엔이 한편으로는 가혹한 경제 제재를 지지하면서 다른 한편으로는 인도주의적 구호 활동 — 필요한 수준보다는 훨씬 낮지만 — 을 하는 괴상한 광경을 보았다.

이라크 정부의 식량 배급과 결의안 986호

경제 제재 조치 이후에도 대단히 효율적인 공공 배급 제도 덕분에 이라크에서 기근은 일어나지 않았다. 애초에 배급 제도는 전적으로 이라크 정부가 자금을 대고 공급하고 관리했다. 하지만, 지금 배급 제도는 안보리의 결의안 986호에 정해진 규칙을 따라야 한다. 이라크 남중부에서 배급 제도를 관리하는 주체는 이라크 정부지만 세계식량계획(WFP)의 감시를 받고 있다. 북부 자치주에서는 세계식량계획이 배급을 관리하지만 자금은 이라크 정부의 석유 자원에서 나오고 있다.

1995년 4월, 유엔 안보리는 석유-식량 교환 프로그램, 즉 석유를 팔아 식량과 기타 인도적인 물자를 수입하는 것을 골자로 하는 결의안

986호를 채택했다.[21] 1996년 5월 20일, 이라크 정부와 유엔 사무총장은 이 조치를 실시하겠다는 양해각서에 서명했다.[22] 석유-식량 교환 프로그램이 매우 중요하긴 하지만, 이 프로그램은 이라크 시민들의 고통을 끝내기보다는 축소하는 데 그쳤다. 현재 이라크가 인도주의적 물자를 수입하기 위해 수출할 수 있는 석유 규모는 연간 100억 달러를 넘을 수 없다. 여기서 얻는 모든 수입은 유엔이 관리하는 은행 계좌로 들어가며, 이라크는 이 돈을 사용할 수 없다.

현재의 연간 수입 100억 달러 이상은 원래의 40억 달러보다는 훨씬 나은 것이지만 지출의 배분에서는 원래의 합의 사항과 별반 다르지 않다. 석유를 판매해 얻는 수입의 53퍼센트는 남중부 지역에서 쓰일 식량·의료품·인도주의적 물자 구입에 지출되지만, 합의 사항에 따르면 수입의 약 30퍼센트는 걸프전 배상으로, 5~10퍼센트는 이라크 내 유엔 경비와 석유 파이프라인 유지보수비로, 13퍼센트는 이라크 북부의 쿠르드족 3백만 명을 위한 인도주의적 물자 공급을 위한 돈으로 쓰게 되어 있다.[23] 따라서 1인당 규모로 따지면 북부가 남중부보다 석유-식량 교환 구호 프로그램의 혜택을 50퍼센트 이상 많이 받는다. 사실, 석유에서 나오는 수입의 절반 정도만이 이라크 정부가 통치하는 지역에 사는 1800만 주민들을 위한 식량과 인도주의적 물자 구입하는 데 사용되고 있다. 또 한 가지 중요한 점은 이라크 내의 유엔 활동은 국제 사회의 지원이 아니라 이라크 자신의 석유 자산으로 유지되고 있기 때문에 이것은 '구호' 프로그램이 아니라는 것이다.

비록 석유 판매가 1996년 말에 시작됐지만, 식량과 의료품 수입은 1997년 여름까지도 목표량에 도달하지 못했다. 더구나, 세계식량계획은 첫 24개월 중 단지 7개월 동안만 배급량을 제대로 공급할 수 있었다. 공급 부족과 지연은 부분적으로 뉴욕에서 경제 제재 정책을 감시하는 유엔 위원회의 변덕스런 정책 때문이다. 위원회는 비공개로 투표를 하고 모든 회원국은 거부권이 있다. 여기서 특정 정책을 결정하는 데 정치적 의도가 개입되고 있다는 의심이 생겼으며, 유엔 사무총장 코피 아난도 이러한 상황을 비판해 왔다.[24] 또한 그렇게 엄청난 양의 식량을 수송하고 저장하다보니 배급상의 문제가 발생하고 있다. 결의안 986호가 집행되면서 이라크의 식량 상황이 나아졌다는 것은 의심의 여지가 없다. 하지만 이라크 사람들의 영양 상태를 지속적으로 개선하기 위해서는 상당량의 자원이 농업 부문과 전체 경제의 부흥을 위해 쓰여야 한다.

명목상으로는 기본 배급량이 모든 이라크 가족에게 최소한의 식량을 제공할 정도여야 한다. 1995년에 이르러 환율이 점점 압박을 받자 배급량은 1987~1989년에 소비된 식량 에너지와 단백질 수준의 3분의 1로 떨어졌고, 1994년 9월에는 배급량이 식량 '에너지의 53퍼센트에서 34퍼센트로 하락했다. 이런 하락은 곡물 공급량이 하락하고 정부의 비용 부담이 점차 커졌기 때문이다. 배급 제도는 생존을 위해서 필수적이지만, 곡물류 위주로 운영되다보니 미네랄과 비타민이 많이 부족하며, 특히 비타민 A와 C 결핍이 심각하다.[25]

결의안 986호의 초기 단계에서 배급 제도가 전보다 눈에 띄게 나아졌다는 것은 분명하다. 그러나 1989~1990년에 얻을 수 있었던 식량이나 보통 활동적인 이라크 젊은이에게 필요한 식량 수준과 비교하면 여러 가지 영양 물질이 부족하다. 석유-식량 교환 프로그램 덕분에 1999년 약간의 우유와 치즈가 배급에 첨가되기 전까지는 동물성 단백질이 거의 공급되지 않았다. 식량 배급은 원가보다 싸게 공급되기 때문에 중요한 소득 보조금이라는 사실을 강조할 필요가 있다. 동물성 단백질, 과일, 야채 등 필수 영양소를 제공하는 품목이라도 배급 이외의 식량은 시장 가격으로 구매할 수밖에 없다. 이러한 식량은 보통 시장에서 구할 수 있지만 많은 가족들은 이를 구입할 형편이 못 된다.

아동 영양실조

유엔 식량농업기구 팀들은 이라크 전역의 소아과 병원들을 방문했다. 우리는 병원 경영진을 만난 뒤에 의사들과 면담하고 병실을 방문하고 의료 기록들을 조사하고 약품과 치료법 등을 포함한 병원의 전반적인 상태를 살펴보았다. 의약품과 의료 서비스 부족이 심각했다. 영양상의 문제들은 여전히 심각했고 널리 퍼져 있었다. 우리는 이라크 전역의 소아 병동에서 소아 영양실조증과 전신 쇠약증 같은 심각한 형태의 영양실조 환자들을 발견했다. 그런 병에 걸리면 주로 얼굴, 갈비뼈, 팔다리 등에 부종(浮腫)(종기)이 생기거나 심한 쇠약증이 나타난다. 쇠약증의 한 예는 <사진>에서 볼 수 있다. 바그다드 출신의 이 아이는 우리가 이라크 전역에서 볼 수 있었던 전형적인 경우다. 우리가 조사한 일부 아동의 체중은 자기 또래 표준의 절반에 불과했다. 또한 대부분의 아이들은 위장염과 설사에 시달리고 있었다.

영양실조에 걸린 아동들은 집안에 임금 소득자가 거의 없는 대가족 출신인 경우가 많았다. 기회가 닿으면, 우리는 어머니들에게 식량 이용도와 수도의 위생 상태를 질문했다. 식량 배급은 이라크 전역에서 실행되고 있는 것으로 드러났다. 가정의 식사는 거의 완전히 곡물 위주였으며, 아이들은 주로 쌀뜨물과 멀건 죽을 먹었다. 아이들은 영양실조나 설사 같은 질병에 잘 걸렸고 또

바그다드에 있는 알-만수르 소아과 병원의 영양실조에 걸린 어린이
(사진: 피터 L 펠렛, 1997년 7월).

쉽게 감염됐다. 대부분의 병원은 합병증이 없는 영양실조 환자들을 받아들일 만한 처지가 아니었다. 그래서 [가족들은] 흔히 영양실조에 걸리긴 했지만 감염 증상이 없는 아이들은 병원으로 보내지 않았다. 그밖에도 여러 가지 비타민과 미네랄 부족이 확인됐다. 빈혈이 가장 흔했고 비타민 A 결핍이 가장 심각했다.

영양실조의 확산 정도를 확인하는 기본 방법으로는 병원을 살펴보는 것뿐 아니라 아동 신체 조건을 측정해서 이를 국제 기준과 비교하는 것도 있다.[26] 여러 해 동안 다양한 단체들이 이라크 내에서 각종 조사를 벌였다.[27] 걸프전 이후 조사 자료들을 보면, [아이들의] 3~13퍼센트가 쇠약 증세, 14~30퍼센트가 영양 부족, 12~30퍼센트가 발육 장애를 보일 만큼 영양실조가 심각했다.[28]

1997년 유엔 식량농업기구 팀의 조사에 따르면, 1995년보다는 정도가 덜하긴 하지만 바그다드에서 광범한 영양 부족 증세가 나타났다. 이 조사는 또한 12개월에서 36개월 사이 — 즉 젖을 떼는 기간 — 의 유아들이 다른 나이 또래의 아이들보다 영양실조에 걸릴 위험이 크다는 점을 보여 주고 있다. 바그다드에서 두 시간 거리에 있는 지방 도시인 케르발라에서는 좀더 작은 집단을 대상으로 한 조사가 진행됐다. 그곳 상황은 바그다드보다도 심각했다. 27퍼센트가 발육 장애, 18퍼센트가 체중 미달, 5퍼센트가 쇠약증을 보였다. 게다가 50퍼센트 이상이 가벼운 영양실조 증세를 보였다.[29]

성인 영양실조

1997년 유엔 식량농업기구 팀은 성인들의 영양 상태도 조사했다. [조사팀은] 바그다드와 케르발라에서 1천 명 이상 성인들의 몸무게와 키를 재고 체질량 지수[BMI : 살이 얼마나 쪘는지 비만도를 나타내는 지표]를 작성했다. 합의된 한계점(BMI 18.5 이하)을 적용했더니 이라크 국민의 상당수가 영양실조에 걸려 있었으며, 특히 성장기에는 식량을 구하기 힘들었고 건강 상태가 나빴던 25세 이하의 젊은 성인들의 영양실조가 심각하다는 사실을 확인할 수 있었다. 예를 들어서, 정상적으로 영양을 섭취한 인구 중에서는 체중 미달이 5퍼센트에 불과했지만, 이라크의 경우에는 젊은이의 26퍼센트가 현저한 체중 미달이었다.

수도 위생

이라크 전역의 수도 위생 체제에 문제가 있으며, 특히 바스라 지방이 가장 심각하다. 기본적인 원인은 외화 없이는 구입할 수 없는 [위생] 장비와 기계류 부속품이 부족하기 때문이다. 그뿐 아니라, 경제 제재 위원회의 허가 없이는 식수 정화에 필요한 염소와 다른 물품들을 수입할 수 없다. 대부분 지역들은 위생 상태가 매우 나쁘다. 이러한 상황에서는 더운 여름철에 장티푸스, 전염성 간염, 위염 등의 전염성 질병이 많이 발생할 수밖에 없다. 물 공급과 하수 처리 문제는 이라크 전체에 영향을 미치지만 남중부는 상황이 특히 심각하다. 전에 경작지였던 토지의 침수와 염화(鹽化) 때문에 식량 생산에 필요한 경작지 면적이 줄어들면서 보건 문제는 더욱 나빠지고 있다. 이런 문제들은 모두 이라크가 새로운 배수기와 기타 장비, 부품 들을 구입할 수 없는 것과 관련 있다.

유니세프 사망률 통계

영양 상태의 심각성은 최근 유니세프가 발표한 이라크 사망률 통계에서도 확인됐다.[30] <표2>는 1960년부터 1998년까지 이라크의 5세 이하 아동·유아 사망률(신생아 1천 명당 사망자 수) 통계다. 이 통계는 5세 이하 아동과 유아의 사망률이 1960년부터 1990년까지는 계속 낮아졌지만 경제 제재의 영향이 미치기 시작한 1990년 이후로는 증가한 사실을 분명히 보여 준다. 5세 이하 사망률은 이라크 남중부에서는 56명(1984~1989)에서 131명(1994~1999)으로 두 배 이상 상승했고, 북부 자치주에서는 80명(1984~1989)에서 90명(1989~1994)으로 상승했다가 72명(1994~1999)으로 하락했다. 남중부 이라크의 사망률 지수는 지금의 말라위나 파키스탄과 같은 수준이다.[31] 1960년에서 1990년 사이의 사망률 추세에 근거해서 유니세프는 1991년부터 1998년까지 5세 이하 어린이 약 50만 명이 추가 사망했다고 추정했다.[32]

일부 서방 언론들은 북부와 남중부 간의 사망률 차이를 "모든 것은 사담 후세인 탓"임을 증명하는 또 다른 증거로 사용했다.[33] 이것은 전혀 진실이 아니다. 사실, 모든 과학적 증거들은 경제 봉쇄가 특히 이라크 남중부 지역에서 직간접으로 광범한 고통·영양실조·사망률 증가를 초래했다는 사실을 보여 주고 있다. 유엔 안보리 인도주의 문제 분과위원회가 인정했듯이, "이라크의 모든 고통을 외부 요인, 특히 경제 제재 탓으로 돌릴 수는 없지만, 이라크 국민은 유엔 안보리가 부과하는 지속적인 경제 제재 정책들과 전쟁의 후유증이 없었다면 이러한

표2: 이라크의 유아 사망률

연도	5세 이하	1세 이하
1960	171	117
1970	127	90
1980	83	63
1990	50	40
1995	117	98
1998	125	103

출처: 주 30을 보시오

피해를 겪지 않았을 것이다."[34]

북부와 남중부의 차이가 생긴 이유로는 다음과 같은 것들이 있다.

• 경제 제재 전 이라크는 전 국민의 기본적인 인간적 필요를 충족시킬 수 있었다. 따라서 이라크 전역에서 5세 이하 사망률은 낮았고 점차 하락하고 있었다. 당시 인접국 이란과의 전쟁이나 쿠르드족과 바그다드 정부 간의 국내 분쟁으로 인한 인구 이동 때문에 북부의 아동 사망률은 남중부 이라크보다도 높았다.

• 북부 자치주들은 이라크 토지의 9퍼센트와 인구의 13퍼센트를 차지할 뿐이지만, 경작지는 48퍼센트나 차지한다. 따라서, 북부는 경제 제재가 시작된 뒤에도 상대적으로 풍족하고 식량 수급도 좋았다. 이라크 남중부에서는 정부 배급량이 석유-식량 교환 프로그램이 시작되기 전에 공급된 평균 식량의 3분의 2로 줄어들었다. 북부에서 토지를 이용할 수 없었던 가난한 사람들에게 필요한 식량은 세계식량계획이 지원했다. 여기서 지원하는 배급은 식량 수요를 완전히 충족시킬 수 있었다. 반면에, 이라크 정부가 통제하는 지역에서 세계식량계획은 단지 수요의 20퍼센트를 공급할 수 있었는데, 이것은 부분적으로는 기부자들이 북부에만 식량을 원조하는 조건으로 기부했기 때문이다.

• 국제적으로 기부자들의 지원은 언제나 북부가 먼저였다. 예를 들어, 당시의 인구 분포에 따르면 북부에 290만 명이 살았고 남부에 1770만 명이 살았는데, 1996년 9월 유니세프는 북부에 39명의 직원을 배치한 반면 남부에는 45명을 배치했다. 같은 달, 유니세프가 조달한 52만 8063달러 상당의 물자 중 단지 21만 2527달러 어치만이 남중부에 지원됐다. 이런 공급 불균형 때문에 유엔 직원들과 NGO 회원들은 북부의 수도 위생과 보건 부문의 수준을 높일 수 있었다. 반면, 남중부에 대한 기부는 보잘것없어서, 보건과 위생 서비스 상태가 계속 악화되고 있다.

• 걸프전 때문에 이라크 남동부의 전력 설비와 수도 위생에 필요한 사회 기반시설이 다수 파괴됐다. 이것은 그 지역에 거주하는 사람들에게 안전한 식수를 공급하는 이라크 정부의 능력을 손상시켰다. 이라크에 대한 미국과 영국의 지속적인 폭격도 비슷한 결과를 가져왔다. 1999년 1월 바그다드에서는 가장 큰 발전소 중 하나가 폭격당했다. 이것은 경제 제재 때문에 식수 정화에 필요한 부품뿐 아니라 심지어 염소 수입마저 금지된 상황에서 이라크 정부의 식수 위생 유지 능력에 상당한 타격을 입혔다. 반면에 북부에서는 경제 제재 전부터 있었던 사회 기반시설들이 파괴되지 않았다. 더구나, 북부의 날씨가 대개 더 서늘하기 때문에 병원균이 아동의 발병·사망·영양 상태에 미치는 영향이 줄어든다.

• 석유-식량 교환 프로그램에서 얻는 1인당 수입은 남중부보다 북부가 훨씬 높다. 따라서 북부에 있는 기구들은 장기 발전 계획과 빈곤 퇴치 프로그램에 투자할 여유가 있다. 그에 비해, 석유-식량 교환 프로그램은 남부에 사는 이라크 사람들의 긴급한 필요를 충족시키지 못했다. 사회 기반시설과 보건 제도에 대한 대규모 투자는 여전히 필요하다.

정리하자면, 경제 제재의 주요 결과는 전국적인 빈곤을 초래한 것이었다. 결과적으로 이것은 영양실조를 낳았고 사망률을 높였다. 이것이 폭격으로 인한 전력 설비와 수도 위생시설의 파괴와 결합되면, 당연히 영양실조나 사망률이 증가할 것이다. 우리는 이제 현실을 인정해야 한다. 수출입 금지는 피해를 주기 위해 계획됐다. 석유는 이라크 경제의 근간이기 때문에, 수출입 금지 정책은 이 나라에 엄청난 고통을 안겨 주었다. 경제 제재는 박탈과 빈곤을 만들기 위해 고안된 것이다. 그리고 빈곤의 정도가 더 심해질수록, 영양실조가 발생할 확률도 커지고 더 많은 아이들이 죽을 것이다.

경제 제재와 인권

경제 제재가 초래한 인권 유린에는 높은 수준의 영양실조, 모든 연령대의 사망률 증가, 사회 전체의 혼란과 사회적 재난 등이 포함된다. 경제 제재에 따른 사망률 증가는 기성 언론 <포린 어페어스>조차 강조한 사실이다. 1999년 이 잡지에 실린 한 글에 따르면 경제 제재로 인한 이라크인 사망자 수는 "역사를 통틀어 소위 대량 살상 무기들이 초래한" 사망자 수를 능가했다.[35]

유엔 안보리가 결의한 경제 제재 조치 때문에 수많은 사람들이 죽었지만, 국제 사회는 경제 제재의 정당성을 진지하게 재고하지 않고 있다.[36] 유엔 헌장 24조에는 "오직 안보리만이 평화와 안정을 보장하기 위해 필요한 행동을 결의할 수 있는 권한이 있다."고 명시되어 있다. 그러나, 안보리가 평화와 안정을 보장하기 위한 권한을 행사할 때는 유엔의 목적과 원칙에 따라 행동할 것을 요구하고 있다. 더구나 1조에 따르면, 인권 증진이 가장 근본적인 목적이자 원칙으로 규정되어 있다. 유엔 헌장 전문(前文)은 특별히 "인간의 기본권과 존엄성, 개별 인간으로서의 가치"를 지지하고 있다.[37] 그렇다면 근본적인 질문을 제기할 필요가 있다. 안보리는 개별 국가들보다 더 고상한 원칙에 따라 행동해야 하는가 아니면 평화와 안전을 강요하기 위해 이런 원칙들을 마음대로 유린해도 되는가? 누가 경찰을 단속하는가?

절차상의 의무들은 유엔 안보리가 자신의 행동이 인권에 미치는 영향을 인식하고 고려하고 책임질 것을 요구한다.[38] 사실, 안보리는 이 요구 사항이 이행되는지 감시하는 데 필요한 재원을 지원하지 않고 있다. 대신에, 그런 감시 활동은 안보리와는 독립되어 활동하는 유엔 식량농업기구, 유니세프, 세계보건기구, 세계식량계획과 같은 특수 기구들에게 맡겨졌다. 이라크 정부가 어떤 일을 하든 이와 무관하게 안보리는 인권의 원칙을 준수해야 한다. 특히 시민들이 정부의 의사 결정 과정에 영향을 미칠 수 없는 상황에서 국민의 권리가 해당 정부의 실정 때문에 박탈당할 수 없다.

경제 제재는 '인권선언문'이나 '경제적·사회적·문화적 권리에 관한 규약'에 명시된 건강과 적절한 생계 수준을 누릴 권리를 위반했다. 사실 포괄적 경제 제재는 유엔 헌장의 대부분과 인권선언문 전문(前文)을 위반하는 것이다. 국제법은 특별히 희생자가 되기 쉬운 아동의 처지를 고려해서 이들의 특수한 권리를 인정하고 있다. 사실, 아동권에 관한 협정은 역사상 존재했던 그 어떤 인권 협정들보다도 많은 국가들이 승인한 협정이다. 그러나 이라크 어린이들의 죽음이 경제 제재가 초래한 주요 결과 중 하나라는 사실은 미국 국무장관 올브라이트도 인정했다. 흥미로운 점은 오직 소말리아와 미국 두 국가만이 아동권에 관한 협정을 승인하지 않았다는 것이다.[39]

이라크 경제 제재는 또 다른 인권을 위반했다. 발전할 수 있는 권리. 석유-식량 교환 프로그램 하에서 이라크는 사실상 하나의 거대한 난민촌으로 변해 버렸다. 발전은 완전히 멈추지는 않았을지라도 심각하게 제한받고 있다. 1986년 유엔 총회는 발전권 선언을 표결에 붙였다. 몇몇 국가들이 기권했지만 오직 한 국가 — 미국 — 만이 이 선언에 반대표를 던졌다.[40]

발전의 결여와 그에 따른 빈곤은 이라크뿐 아니라 전 세계에서 영양실조와 높은 유아 사망률을 낳는 핵심 원인 중 하나다. 발전권과 발전을 위한 노력은 식량과 영양에 관한 정책을 인권의 측면에서 접근하려는 모든 시도의 필수적인 구성 요소가 돼야 한다.[41]

결론

이라크에 대한 포괄적인 수출입 금지는 특히 아동들이 이용 가능한 식량의 양, 영양 상태, 건강에 엄청난 영향을 끼쳤다. 이런 상황은 석유-식량 교환 결의안 이후에도 계속됐다. 식량과 영양 상태에 관한 최근의 모든 조사도 기본적으로 비슷한 상황을 보여 준다. 병원에 만연한 영양실조 환자들, 영양 불량 상태의 도시 아이들과 제대로 먹지 못한 어른들, 끊임없이 변하는 식량 가격, 사망률 증가와 사회 조직의 전반적인 붕괴.

참혹한 결과들이 알려졌지만, 서방의 언론 매체들은 심각한 영양 결핍 문제에 대한 수많은 보고들을 무시하거나 폄하했다. 심지어 경제 제재에 따른 인간적인 대가에 마지못해 관심을 보일 때조차 이라크 사람들의 죽음과 빈곤이 유엔이 아니라 이라크 정부 때문이라며 핵심을 흐리곤 했다. 이러한 주장은 경제 제재를 비난해서는 안되며 오히려 그것에 반대하는 것이야말로 잘못이라고 말하는 것이다.

경제 제재는 박탈과 빈곤을 만들기 위해 고안된 것이다. 그러므로 경제 제재가 광범한 영양실조와 사망률 증가를 낳는 것은 너무도 당연하다.

물론 경제 제재는 경제적인 고통을 주기 위한 것이다. 그러나 실제로 고통받는 것은 누구인가? 권력 엘리트도, 신흥 밀수업자도, 지금의 위기에서 이득을 챙기는 교활한 투기업자도 아니다. 그들은 바로 가난한 사람들과 약자들이다. 이론상으로 경제 제재는 뒤에서 조용히 진행되고 이로 인해 이라크 사회 전체의 경제적 고통이 가중되어 대중 봉기가 일어나서 현 이라크 정권이 워싱턴과 런던이 선호하는 다른 정권으로 대체되는 것이었다.

이라크에 대한 경제 제재는 이라크 정권을 뒤엎는다는 원래 목적을 달성하지 못했다. 사실 경제 제재는 십중팔구 이라크 국내뿐 아니라 중동 지역 전체에서 사담 후세인의 입지를 강화시켰을 것이다.

2002년 9월 3일 첨가

지난 2년 동안 이라크 사람들 대부분, 특히 빈민들의 식량·영양·보건 상황은 거의 나아지지 않았다. 경기가 침체에 빠진 데다가 최근에는 가뭄까지 덮쳐 곡물 수확과 원예 산업이 타격을 입었다. 고기·우유·야채 등의 가격이 너무 비싸서 많은 가정이 영양을 보충할 수 있는 음식물을 구입할 수 없는 지경이다. 따라서 상당수의 사람들, 특히 여성이나 어린 아이 같은 가장 취약한 계층에게는 특별한 주의가 필요하다. 그들이 이런 상황에 대처할 수 있는 방안들이 급속하게 사라지고 있기 때문이다. 경제 제재는 식량 이용도·영양·보건 상황, 특히 아이들에게 커다란 영향을 미쳤다. 지금 널리 알려졌듯이, 사소한 영양 부족조차도 전염병 감염 가능성을 증대시키고 수질 오염과 위생 불량으로 인한 사망률을 높이고 있다. 이 글을 쓰는 지금 또 다른 전쟁의 위협이 다가오고 있고, 그 전쟁은 민간인들에게, 특히 압도다수의 취약 계층에게 엄청난 영향을 미칠 것이다. 그것은 1990년보다 훨씬 더 커다란 영향을 미칠 공산이 크다. 왜냐하면 1990년 이후 지속된 경제 제재의 직·간접 결과로 사회 기반시설이나 보건 의료 상황이 계속 악화했기 때문이다.

주

1. Center for Economic and Social Rights (CESR), *Unsanctioned Suffering: A Human Rights Assessment of United Nations Sanctions on Iraq* (New York: CESR, 1996), p. 5. 유엔 안보리 결의안 661호 3~4조 참조. 여기서 인용된 모든 유엔 결의안은 http://www.un.org 참조. Barton Gellman, "Allied Air War Struck Broadly in Iraq," *Washington Post*, June 23, 1991, p. A1도 참조.

2. William Webster, testimony before House Armed Services Committee Federal News Service, December 5, 1990.

3. CESR, *Unsanctioned Suffering*, p. 1.

4. Barbara Crossette, "UN Chief Chides Security Council on Military Missions," *New York Times*, January 6, 1995, p. A3.

5. CESR, *Unsanctioned Suffering*, p. 1.

6. Unicef, "Child and Maternal Mortality Surveys: Southern and Central Iraq, August 1999" (http://www.unicef.org/reseval/pdfs/irqu5est.pdf). Hereafter Unicef 1999.

7. United Nations Food and Agriculture Organization (FAO), *Evaluation of the Food and Nutrition Situation: Iraq*, TCP/IRQ/6713 (Rome: FAO, 1997), p. 11. Hereafter FAO 1997. http://www.fao.org/giews 참조.

8. Scott Peterson, "Inside 'Germ Base' that UN Team Demolished," *Daily Telegraph*, February 21, 1998, p. 13 참조.

9. UN Food and Agriculture Organization (FAO), *Food Balance Sheets 1961~1994*, FAOSTAT-PC: FAO Computerized Information Series, Version 3 (Rome, FAO, 1996). Hereafter FAOSTAT 1996.

10. FAO 1997, p. 35.

11. 이들 수치는 FAOSTAT 1996 참조.

12. FAO 1997, FAO, *The Nutritional Status Assessment Misson to Iraq*, Technical Cooperation program TCP/IRQ/2356e (Rome, FAO, 1993); and

FAO, Evaluation of the Food and Nutrition Sitution in Iraq, Technical Cooperation program TCP/IRQ/4552 (Rome: FAO, 1995) 참조. Hereafter FAO 1993 and FAO 1995. http://www.fao.org/giews도 참조.

13. FAO and World Health Organization (WHO), International Conference on Nutrition: Nutrition and Development-A Global Assessment (Rome: FAO, 1992) 참조.

14. U. Jonnson, "Towards an improved strategy for nutrition surveillance," Food and Nutrition Bulletin 16: 2 (1995): 102~11. Unicef, The State of the World's Children 1998 (New York and Oxford: Oxford University Press, 1998)도 참조. 이 보고서 전문은 http://www.unicef.org/sowc98/sowc98.pdf 참조. 표 1은 Unicef, The State of the World's Children 1998, pp. 23~25의 자료를 알맞게 고친 것임.

15. United Nations Administrative Committee on Coordination, Sub-Committee on Nutrition (ACC/SCN), "Human Rights and Nutrition," SCN News, Vol. 18 (Geneva: ACC/SCN-World Health Organization, 1999); Unicef, The State of the World's Children 1998; and N.S. Scrimshaw, C.E. Taylor, and J.E. Cordon, Interactions of Nutrition and Infection, WHO Monograph Series No. 57 (Geneva: World Health Organization, 1968) 참조.

16. Peter L. Pellett, "World Essential Amino Acid Supply with Special Attention to South-East Asia," Food Nutrition Bulletin 17: 3 (1996): 204~34 참조.

17. FAO 1993, p. 9 and Table 7 참조.

18. FAO, 1993, FAO 1995, and FAO 1997: CESR, Unsanctioned Suffering; and Harvard Study Team, Public Health in Iraq After the Gulf War (Cambridge: Harvard Study Team, 1991) 참조. 또 Harvard Study Team, "Effect of the Gulf War on Infant and Child Mortality in Iraq," New England Journal of Medicine 325 (1992): 977~80도 참조.

19. Ramsey Clark et al., The Children Are Dying: The Impact of Sanctions on Iraq, second ed. (New York: International Action Center and Interna-

tional Relief Association, 1998) 참조.

20. Unicef 1999; Government of Iraq Ministry of Health and Unicef Iraq, *Nutritional Status Survey at Primary Health Centers during Polio National Immunization Days (PNID) in Iraq, April 12~14, 1997* (IRO/97/169); Government of Iraq Ministry of Health, Unicef, and World Food Program Iraq, *Nutritional Status Survey at Primary Health Centers during Polio National Immunization Days (PNID) in Iraq, March 14~16, 1998* 참조. Hereafter Nutritional Status Survey 1997 and Nutritional Status Survey 1998.

21. Stanley Mleisler, "UN Allows Limited Sales of Iraqi Oil," *Los Angeles Times*, April 15, 1995, p. Al.

22. Robin Wright, "UN Will Let Iraq Sell Oil for Humanitarian Supplies," *Los Angeles Times*, May 21, 1996, p. Al; Roula Khalaf and Robert Corzine, "Iraq Food-for-Oil Deal Offers 'Something for Everyone,'" *Financial Times*, May 22, 1996, p. 4; and Anne Reifenberg, "Oil-for-Food Deal Won't Leave Much for Iraq's Needy," *Wall Street Journal*, May 23, 1996, p. A11.

23. UN Office of the Iraq Program "Oil-for-food-The Basic Facts." http://www.un.org/Depts/oip/reports/basfact.html 참조.

24. Kofi Annan, "Annan Criticises Iraq Aid Delays," BBC News Online, October 27, 1999 (http://www.bbc.co.ok). Kofi Annan, Letter to the President of the Security Council, October 22, 1999 (S/1999/1086), p. 1; and Benon V. Sevan, Annex, Note to the Secretary-General from the Executive Director of the Iraq program, October 22, 1999 (S/1999/1066), pp. 2~4.

25. FAO 1997, p. 11 참조, 또 http://www.fao.org/giews도 참조.

26. 건강과 영양 상태를 측정하는 데 흔히 사용되는 지표들은 측정 대상의 연령 별·성별 체중과 신장이다. 국제적으로 영양 상태를 평가하는 데 이용되는 주요 신체 측정 지수는 신장 대비 체중(W/H), 연령 대비 신장(H/A), 연령 대비 체중(W/A), 체질량지수(BMI : 체중(단위-킬로그램)을 키(단위-미터)

의 제곱으로 나눈 값)다. 연령이 포함된 지수들(W/A와 H/A)는 청소년에게 만 적용되는 반면 W/H와 BMI는 모든 연령대에 적용된다. 측정 결과는 수용가능한 기준과 비교해야 한다.

27. 예를 들어 CESR, *Unsanctioned Suffering*; FAO 1993, FAO 1995, and FAO 1997과 주 20의 참고 사항도 참조.

28. 이것은 일반적으로 평균치 -2SD(표준편차)에 따라 규정된다. 쇠약을 규정하는 기준은 신장 대비 체중이고, 영양부족의 기준은 연령 대비 체중이며, 발육장애를 판단하는 기준은 연령별 신장이다.

29. 덜 엄격한 -1SD(표준편차)를 기준으로 삼으면, -2SD를 기준으로 할 때와 다른 수치가 나온다.

30. Unicef press release, "Iraq Survey Shows 'Humanitarian Emergency,'" August 12, 1999 (Cf/doc/pr/1999/29). Unicef and Government of Iraq Ministry of Health, *Child and Maternal Mortality Survey 1999: Preliminary Report* (Baghdad: Unicef, 1999). http://www.unicef.org 참조. Table 2 based on Unicef 1999, unnumbered table "Child Mortality: Iraq." 또 Charts 1~3 참조.

31. United Nations Development Program, *Human Development Report 1999* (New York and Oxford: Oxford UP, 1999), Table 8, "Progress in Survival," pp. 170~71.

32. Unicef press release, "Iraq Survey Shows 'Humanitarian Emergency,'" p. 2.

33. 예를 들어 Barbara Crossette, "Children's Death Rate Rising in Iraqi Lands, Unicef Reports," *New York Times*, August 13, 1999, p. A6 참조.

34. Unicef press release, "Iraq Survey Shows 'Humanitarian Emergency,'" p. 2.

35. John Mueller and Karl Mueller, "Sanctions of Mass Destruction," *Foreign Affairs* 78: 3 (May/June 1999): 43~53.

36. *Bulletin of the World Alliance of Nutrition and Human Rights* 특별호에 실린 기사 Food as a Weapon of War or for Political Purposes를 보면 타당한 고려 사항들을 잘 소개하고 있다. *WANAHR Bulletin* 7 (September

1998) 참조. CESR's *Unsanctioned Suffering includes a review on international law and sanctions in Iraq* (pp. 33~41 참조). 비슷한 고려 사항들은 International Tribunal in Madrid, November 16~17, 1996에도 나와 있다. Tribunal Internacional por crímenes contra la Humanidad cometidos por el Consejo de Seguridad de Naciones Unidas en Irak, *Guerra y sanctiones a Irak. Naciones Unidas y el* "nuevo orden mundial," ed. Carlos Varea and Angeles Maestro (Madrid: Los Libros de la Catarata, 1997) 참조.

37. http://www.un.org 참조.

38. 인도주의적 법률은 구별과 비례성이라는 두 가지 기본 원칙을 인정하고 있다. 교전 당사국들은 "항상 민간인과 전투원 들을 구별해야" 한다. 제네바 협정은 "예상되는 확고한 군사적 우세를 능가하는 우발적인 민간인 사상을 초래할 수 있는 어떤 공격도" 금지하고 있다. 따라서 경제 전체를 붕괴시키고 수천 명의 민간인들을 죽이게 될 포괄적인 경제 제재는 분명히 구별의 원칙을 위반하는 것이다(CESR, *Unsanctioned Suffering*, pp. 33~41 참조). 그러나 법률가들은 사소한 문제를 가지고 논쟁할 것이다. (후세인) 정권에 영향을 미치는 수단으로 국민 전체가 표적이 되고 있는가? 그렇다면 이것은 명백한 위반이다. 아니면, 불행한 민간인들의 부수적 피해와 함께 정권이 표적이 되고 있는가? 분명히 이것은 받아들일 수 있을 것이다!

39. Unicef, *The State of the World's Children 1998* 참조.

40. 세계 인권 회의, 국제 인구 발전 회의, 사회 발전을 위한 세계 정상 회의, 제4차 세계 여성 회의, 세계 식량 정상 회의는 모두 발전권을 인정해 왔다. 유엔 발전계획(UNDP)도 자신들의 발전 활동에서 발전권 개념을 채택했다. UNDP, "Integrating Human Rights with Sustainable Human Development" (http://magnet.undp.org/ Docs/policy5. html), Annex 3 참조.

41. 이것이 언제나 사실이었던 것은 아니다. 심지어 영양학자들 사이에서도 그랬다. 1999년 4월 유엔과 다른 기구들의 고위급 대표들이 참석한 가운데 제네바에서 열린 "영양과 인권" 심포지엄에서는 이라크 상황을 무시한다는 것이 분명히 드러났다(*SCN News*, Vol. 18에 발표됐다). 인권, 그리고 인권과 영양실조 및 사망률 증가 사이의 관계가 폭넓게 논의된 반면, 이라크 상

황―50만 명 넘는 어린이들이 사망하고(1999년 유니세프) 영양실조가 만연해 있는―은 언급조차 되지 않았고, 외부 평론가가 회의 자료를 검토하면서 나중에 문제 제기하는 데 그쳤을 뿐이다. Peter L. Pellett, "Commentary: A Human Rights Approach to Food and Nutrition Policies and Programmes," *SCN News*, Vol. 18, pp. 84~86 참조.

13장

환경 오염, 걸프전, 경제 제재
이라크의 환경과 보건의료에 미친 영향
후다 S 아마쉬 박사

걸프전은 1991년에 끝났다. 그러나 걸프전이 가져온 엄청난 파괴는 계속되고 있다. 독성 방사선, 화학·전자기파 피폭이 낳은 전례 없는 규모의 재앙은 아직도 이라크 사람들의 건강과 환경에 상당한 악영향을 끼치고 있으며, 경제 제재는 그 영향을 더욱 악화시키고 있다. 이라크의 많은 지역들이 오염되고 방사능에 노출됐다.

열화우라늄탄의 사용

국제법은 "불필요하거나 돌이킬 수 없는 파괴, 고통······ 비전투원들에 대한 무차별 손상······ 광범하고 장기적이며 심각한 환경 파괴 등을 초래하는 ······ 무기나 전략의 사용"을 금지하고 있음에도, 걸프전 때 무려 100만 발이 넘는 열화우라늄탄이 이라크 군대에게 사용됐다.[1] 열화우라늄은 방사성 폐기물로서 철갑과 다른 방어 시설들을 무력화시킬 수 있는 능력 때문에 사용되고 있다.[2] 그 방사능의 대부분은 우라늄-238과 우라늄-238의 방사능 붕괴로 발생한 토륨-234와 프로탁

티늄-234 때문이다.[3]

열화우라늄에는 인간과 다른 생명체에 해로운 방사선과 화학적 독성이 있다. [제2차걸프전 당시] 1만 4000발의 대구경(105밀리미터와 120밀리미터) 포탄과 94만 발의 소구경(25밀리미터와 30밀리미터) 탄환을 포함해서 총 320~350톤 정도의 열화우라늄탄이 발사됐다. 이라크와 쿠웨이트 전역에는 300톤이나 되는 열화우라늄탄이 묻혀 있을 것으로 추정된다.[4]

열화우라늄탄이 물체를 관통하면 빠른 속도로 산화하면서, 유독성 산화우라늄 먼지들을 퍼뜨린다. 만약 어떤 사람이 열화우라늄을 호흡하거나 흡수하면, 이것은 곧장 혈관으로 침투해 몸 전체를 순환하게 된다. 지속적으로 방사선에 노출되면, 암(주로 백혈병, 폐암, 골수암)을 포함해, 폐와 림프절 섬유증, 진폐증, 재생 기능 저하, 염색체 변화, 신체 면역 체계 약화, 사망 등 심각한 건강 문제가 생길 수 있다.[5]

이런 문제를 알고, 미국 정부 당국은 전쟁 전에 열화우라늄의 사용이 건강과 환경에 악영향을 미칠 수 있다고 경고했다.[6]

열화우라늄에 오염되면 그 속에 함유된 용해 가능한 성분이 섞인 오염된 식수나 동식물 섭취를 통해서 인간에게 전달될 수도 있다.

1993년에 이라크 조사원들이 이라크 남부 전쟁터에서 열화우라늄탄에 파괴된 탱크에서 채취한 견본을 분석해 열화우라늄이 사용됐다는 증거를 처음 발견했다. 파괴된 탱크 안팎의 방사능 수치는 자연 상태인 시간당 7.1~7.9마이크로뢴트겐의 약 열두 배에 해당하는 시간당 84마이크로뢴트겐이 나왔다. 또 우라늄-238이 연쇄 반응을 일으켜 농축된 결과물, 즉 주로 토륨-234와 라듐-226도 검출됐다. 이러한 결과는 저농도(열화) 우라늄-235가 고도로 농축된 것과 관계있다. 이것은 의심의 여지없이 열화우라늄에 의한 오염이 실제로 일어났음을 입증한다.[7]

수아드 알-아자위 박사와 바하아 델-딘 마루프 박사를 포함한 이라크 조사팀은 열화우라늄의 존재를 확인하기 위해 주바이르, 사프완, 사남, 루메일라 남북부 등 이라크 남중부의 전쟁터 다섯 군데에서 상세한 연구를 진행했다. 사남과 루메일라 남북부에서 파괴된 탱크 주위의 방사능 수치는 자연상태인 시간당 7.1~7.9마이크로뢴트겐에 비해 훨씬 높은 시간당 79.3~184.5마이크로뢴트겐에 달했다. 지표수와 지하수 그리고 강바닥의 침전물도 오염되어 있었다.[8] 또한 믹담 살레 교수와 아메드 메콰 교수는 154종의 식물과 동물 세포 조직에서 상당히 높은 수준의 우라늄-238계열을 발견했다.[9]

캐나다 워털루 대학의 하리 사마 박사는 걸프전 때 노출된 신체에 열화우라늄이 존재하는지 확인하기 위해 걸프전 참전 군인들의 소변의 열화우라늄 함유량을 조사했다.[10] 미국, 영국, 캐나다, 이라크 참전 군인 30명의 24시간 소변 샘플에서 열화우라늄 농축도는 3~18마이크로그램에 달했다.[11] 이라크 남부 도시인 바스라의 이라크 민간인들의 소변 샘플에서는 하루 평균 2마이크로그램이 나왔다.

런던 대학교의 물리학 교수인 네보이샤 레포제빅 박사는 지발 중성자[핵분열 후에 천천히 방출되는 중성자] 계산법, 중성자 방사화, 기타 두 가지 질량 분석법을 사용해 일부 참전 군인들의 소변에 함유된 우라늄-235와 우라늄-238의 비율을 측정했다. 평균 방뇨량은 하루당 3마이크로그램(자연 우라늄 정상치의 약 1000배)이나 됐다. 이 수치는 샘플들에 열화우라늄이 함유돼 있음을 의심의 여지없이 보여 준다.[12]

대개 신체의 DNA와 여러 분자들을 파괴하는 데는 전기 10볼트의 에너지만 있으면 충분하다고 한다.[13] 열화우라늄은 입자당 420만 볼트를 가진 매우 강력한 알파 입자를 방출하기 때문에, 여기에 노출된 참전 군인들과 대중은 암의 발병을 포함해서 건강에 치명적인 해를 입었을 것이다.

전자기 공해

전자기 공해는 전자기장이 환경 속에 필요 이상으로 확산된 상태를 말한다. 이런 종류의 공해는 종종 발견하기 힘들기 때문에 특히 더 위험하다. 전자기 공해는 임신 장애, 불안감, 우울증, 궁극적으로는 죽음을 가져올 수 있다. 핀란드의 조기 경보 레이더 시스템이 있는 지역에서는 심장 마비, 심폐계 질환, 암 발생율이 높아졌다. 전자기에 노출되는 환경에서 일하는 노동자들도 결핵이나 눈·피부 질환 발병률이 높아졌다는 기록도 있다.[14]

45일간의 걸프전 동안, 다국적군은 고주파 전자기 에너지를 대기에 방출하는 첨단 레이더와 레이더 유도 미사일 같은 전자기 장비들을 광범하게 사용했다. 이러한 전자기 공해의 영향은 이라크 군대와 시설에 대한 융단 폭격 때문에 악화됐다. 총 8만 8000톤의 폭발물이 이라크에 투하됐는데, 이것은 히로시마에 투하된 원자폭탄의 거의 다섯 배에 해당하는 것이다.[15] 이러한 폭격으로 생긴 에너지 방출 결과, 이라크 대기의 이온화가 이루어졌다. 정상 상태에서 대기 중의 산소는 비교적 약한 산화성 물질이다. 하지만 충분한 에너지가 공급되면, 일가(一價) 경로에 의해 완전한 환원이 발생해, 초산화물과 같은 비정상적인 산소 이온들(라디칼)이 형성될 수도 있다.

이렇게 유리된 산소 이온들이 해로운 이유는 체내의 물과 반응해 고도로 활성화된 화합물을 생성시키기 때문이다.[16] 다양한 환원 과정에서 발생하는 전자 유출은 보통 생체 조직 내에서 환원 반응을 일으키고 유리된 산소 이온들을 더 많이 생성시킨다. 이것은 세포와 기관들을 모두 위험하게 만들어 건강 장애와 생명을 단축하는 질병들(암, 심장·혈관·호흡기·위장 질환, 면역 기능 저하로 인한 전염병 확산 등)을 초래할 수 있다.[17]

정상적인 상황에서는 많은 효소들이, 이런 독성이 세포를 위험하게 만드는 것을 막는 역할을 한다. 비타민E, 베타카로틴, 아스코브르산 [비타민C의 별명], 니코틴산 등 일부 비타민과 영양 성분들이 그러한 보호 기능에 필요한 것들이다.[18] 따라서 경제 제재 때문에 일상 음식에서 이러한 성분들이 부족하게 되면, 전자기 공해가 해로운 결과를 낳을 가능성이 그만큼 높아질 것이다.[19]

화학 공해

걸프전 동안 거대하고 무차별적인 폭격은 군사 목표물을 넘어서 이라크의 산업과 사회 간접자본까지 목표로 삼았다. 이라크의 모든 주요 도시에 있는 목표물들은 철저하게, 일부는 거듭 융단 폭격을 당했다. 석유 시설, 파이프라인, 정유 공장, 저장 시설, 주유소와 수송 차량들이 파괴되면서 수천 톤의 유독성 탄화수소와 화학 물질들이 대기, 토양, 수자원으로 쏟아졌다. 이로 인한 오염은 경제 제재 때문에 더욱 악화했다. 지속적이고 철저한 경제 제재는 환경 파괴를 막으려는 노력을 무력화시켰다. 수많은 이라크 유전에 대한 폭격 때문에 유독성 연기와 산성비가 발생했다. 이라크 전역의 대기 중에는 그을음이 가득 차고 검은 비가 내렸다. 산업 시설에 대한 폭격 이후 유황산과 인산, 암모니아와 살충제가 누출됐다.[20] 부품 부족으로 가스 정화 시설과 수질 처리 시설이 폐쇄됐고 독성 가스와 중금속들이 대기와 식수원으로 흘러들었다.

공기 중에 있는 입자들의 총량으로 측정한 대기 오염 물질의 최대 집중도는 바그다드에서 705퍼센트나 증가했다.[21] 전쟁이 끝나고 8년이 지난 후에 이 수치는 입방미터당 1330마이크로그램으로 증가해서, 세계보건기구(WHO)의 권장 기준과 비교했을 때 887퍼센트에 달했다.

이러한 입자들의 유독성 금속 농축 수준도 계속되는 전쟁, 연료의 연소, 산업 공해 때문에 더욱 높아졌다. 1입방미터당 납 함유량은 1989년 2.5마이크로그램에서 1997년 87마이크로그램(WHO 기준의 172배)으로 껑충 뛰었다. 일산화탄소도 WHO 권장량의 세 배인 67피피엠에 달했다. 이러한 중금속과 가스가 특히 유전적 결함, 심장 혈관 손상, 암을 일으킬 수 있다는 사실은 잘 알려져 있다.[22]

더욱이 가정 쓰레기와 습지는 감염성 질병을 퍼뜨리는 미생물, 곤충과 설치류[쥐류]의 번식에 알맞은 매개체를 만들어 낸다. 그 결과, 이라크 사람들은 엄청나게 건강이 나빠질 수 있는 환경에서 살고 있다.

환경에 대한 영향

이라크 사회 간접자본 시설의 대규모 파괴는 필연적으로 이 지역의 식물계, 동물계, 먹이 사슬에 상당한 악영향을 끼쳤다. 토지는 황폐해졌고 토지 생산성은 손상됐다. 특히, 폭격의 결과로 지표 토양의 물리적 조건이 변하고 많은 지역의 식물이 사라졌다. 이것은 필연적으로 종자 은행[여러 작물 종자를 장기간 저장해 품종 보존을 하면서 육종가(育種家)에 제공하는 기관]에 영향을 미쳐, 이라크 식생 환경의 조밀도와 다양성이 줄어들었다. 토양이 심각하게 침식된 다른 지역에서도 식물이 더 이상 자라지 못하고 있다. 새로운 사구 평야가 생겨나면서 모래 폭풍과 모래 낙진이 빈번히 발생하고 있다.

예를 들어 니켈과 바나듐 같은 중금속에 의한 토양 오염은 삼투[투과]성과 산소 흡수 능력을 감소시키고, 씨앗의 발아, 수분 작용과 토지 비옥도 향상을 저해한다. 이라크 발전소에 대한 무차별 공격은 중요한 염분 방출 시설을 파괴해 침수와 토양의 염화(鹽化)를 가져 왔다. 뿐만 아니라 서식지 환경의 변화, 물줄기와 식물군의 변화, 바람과 물에 의한 토양의 침식, 그리고 비생산적인 지층에 의한 표토[지표면을 이루는 토양으로 유기물이 풍부해 토양 미생물이 많고 식물의 양분·수분의 공급원이 된다]의 매장 등이 식물계에 영향을 미쳤다. 많은 희귀 종들 — 대표적으로 아카시아 제라르디 — 의 생존이 위협받고 있다.

생태계를 구성하는 요소들이 변하면서 이라크에서는 설치류와 전갈의 수가 늘어났다. 이런 현상은 보건과 농업에 상당한 문제를 일으키고 있다.

가장 중요한 것은, 많은 동물들이 전쟁 중에 몰살당한 것이다. 비록 상당수의 포유류들이 전쟁 지역에서 벗어나 있었지만, 이들의 생존 조건은 불리하게 변했다. 금방 전쟁 지역을 벗어날 수 없었던 작은 동물들과 토양 무척추 동물들은 멸종됐다.[23]

보건 의료 환경에 미치는 영향

이러한 다양한 유독성 요소들이 영양실조 그리고 의료의 부족과 결합돼 공공의 건강을 크게 악화시켰다. 암, 선천적 기형, 유전적 장애, 불임, 신장과 간 기능 장애, 심장 혈관의 질병들, 영양실조, 감염성 질병의 전파, 그리고 이로 인한 사망 등이 한꺼번에 일어났다.

비슷한 증상이 걸프전 참전 군인들 사이에서도 발견됐다.[24] 이라크 전역에서, 특히 남부에서, 걸프전 이후 암 발생이 다섯 배 증가한 사실이 확인됐다.[25] 암 발생율이 증가했을 뿐 아니라, 특히 임파종과 백혈병 등 암의 형태도 변했다. 1998년에 바스라에서는 한 가족 내에서 한 가지 이상의 암이 발병한 경우를 열다섯 가구에서 확인할 수 있었다.[26] 뿐만 아니라 새로운 종류의 암이 발견됐고, 암 환자의 평균 나이도 눈에 띄게 낮아졌다.[27]

1991년에서 1997년까지 이라크 참전 군인들 중에서 1425건의 암이 기록됐다. 임파종(31.5퍼센트), 백혈병(21.8퍼센트), 그리고 폐암(14.7퍼센트)이 가장 발병율이 높았다. 또한 뇌·뼈·간·위장·췌장 암의 발생이 기록됐다.[28]

이라크와 비이라크 참전 군인들의 내·외부적 열화우라늄 노출을 계산하면서, 레포제빅은 참전 군인 10만 명당 3000명에서 2만 1000명의 추가 암 환자가 발생했을 것이라고 추산했다.[29]

암이 열화우라늄 노출이 가져오는 유일한 의학적 문제는 아니다. 만약 열화우라늄이나 파편이 임신한 여성의 혈관에 들어가면, 태반을 관통하면서 태아에 손상을 끼칠 수 있다. 걸프전 이후 이라크에서는 선천성 기형아 수가 증가해 왔다. 예를 들어, 살마 알-하피스 박사는 무릎이나 눈, 귀 등이 없는 유전적 기형아들의 숫자가 두드러지게 증가했다는 사실을 발견했다.[30]

전쟁과 경제 제재가 가져온 극적인 충격은 신체 면역 기능의 약화와 폐수 처리장의 폐쇄 때문에 감염성 질병이 확산되면서 엄청난 수의 아이들과 어른들이 죽는 데서 확인할 수 있다.[31] 이라크는 콜레라와 옴이 없는 나라였지만, 지금은 수천 명의 이라크 사람들이 그 병에 감염되고 있다. 말라리아와 레슈마니아증[모래파리 같은 매개체에 의해 감염되는 병]의 발병이 증가했을 뿐 아니라 전례 없는 속도로 확산되고 있다.[32] WHO와 이라크 보건당국에 따르면, 다양한 감염성 질병(많은 경우 죽음에 이르기도 하는)의 발병율은 1989년을 기준으로 1.6배에서 10.9배에 달하고 있다.[33]

많은 희생자들, 특히 농촌에 거주하고 있는 희생자들이 의료 시설을 이용하기 전에 사망하는 경향을 고려한다면, 이러한 수치들은 이라크의 보건 문제를 과소 평가했을 가능성이 높다. 기록된 발병 수는 공공병원에 입원한 정규 환자와 통원 치료 환자만을 포함할 뿐이다. 따라서 사설 의료 시설의 환자들은 제외됐다. 더구나 상당한 질병들이 적절한 진단을 받기 힘들기 때문에 통계에 포함되지 않는다. 이라크의 의료 체제는 적절한 진단 장비와 부속품이 부족하다. 따라서 많은 의료 장비들이 쓸모없게 돼 버렸다.

그 결과, 이라크의 사망률은 현저하게 증가했다. 남부 지역과 아동들 사이에는 암이 대표적인 사망 원인이었다. 유니세프가 실시한 최근 조사에 따르면 아동 사망의 "주된 증가"는 1989년에서 1999년 사이에 일어났다. 유아 사망률은 1989년에 1000명당 47명에서 1999년 1000명당 108명으로 늘어났다. 5세 이하 아동들의 죽음은 1000명당 56명에서 131명으로 늘어났다.[34]

결론

열화우라늄, 전자기장 오염과 이라크 사회 간접자본의 파괴는—지속되는 경제 제재 조치가 가져온 영양실조나 의료 부족과 함께—수십만 명의 이라크 사람들의 목숨을 앗아갔으며 아직도 이들의 목숨을 위협하고 있다. 일부는 심지어 피해 규모가 체르노빌 재난을 몇 배나 능가할 것이라고 짐작하고 있지만, 전쟁과 경제 제재 정책이 이라크에 가져올 장기적이고 지속적인 결과들은 아직 드러나지 않았다.

유고슬라비아에 대한 나토의 폭격과 열화우라늄탄의 사용에서 볼 수 있듯이 이렇게 엄청나게 해로운 일은 세계 어느 곳에서나 일어날 수 있기 때문에, 그리고 거기에서 생겨나는 오염 물질들은 다양한 매개체를 통해 멀리 넓게 퍼질 수 있기 때문에, 그 영향은 무고한 이라크 사람들에서 끝나지는 않을 것이다.[35]

주

1. Morley Safer, "DU," produced by Peter Klein, CBS, *60 Minutes*, December 26, 1999. Bill Mesler의 조사 결과 보고서 두 가지도 참조: "The Pentagon's Radioactive Bullet," *The Nation 263*: 12 (October 21, 1996): 1 1~14 (http://www.thenation/com/issue/961021/1021mesl.hmn), and "Pentagon Poison', *The Nation 264*: 20 (May 26, 1997): 17~22 (http://www.thenation/com/issue/970526/0526mes1.htm). 국제법에 관해서는, Alyn Ware, "Depleted-Uranium Weapons and International Law," in *Metal of Dishonor: Depleted Uranium*, second ed., ed. Depleted Uranium Education Project (New York: International Action Center, 1999), p. 196 참조.

2. Naomi H. Harley et al., *A Review of the Scientific Literature as It Relates to Gulf War Illness, Volume 7: Depleted Uranium* (Santa Monica, California: RAND, 1999), pp. xiii and 1 참조.

3. Rosalie Bertell, "Gulf War Veterans and Depleted Uranium," in Laka Foundation, *Depleted Uranium: A Post-War Disaster for Environment and Health* (Amsterdam: Laka Foundation, 1999), pp. 18~26. http://www.antenna.nl/wise/uranium/dhap99.html. Harley et al., *Depleted Uranium*, p. 5, and Table 1. 1 (p. 3), Appendix A (p. 73), and Appendix B (p. 75) 참조.

4. Safer, "DU," December 26, 1999; Mesler, "The Pentagon's Radioactive Bullet," p. 13; and Dan Fahey, "Collateral Damage: How US Troops Were Exposed to Depleted Uranium During the Persian Gulf War," in *Metal of Dishonor*, p. 28.

5. US Department of Health and Human Services, Public Health Service, Agency for Toxic Substances and Disease Registry (ATSDR), "Toxicological Profile of Uranium: Draft for Public Comment" (Atlanta: Research Triangle Institute for ATSDR, 1997); Luigi Parmeggiani, *Encyclopedia of Occupational Health*, third ed. (Geneva: International Labor Organization,

1991), p. 2238; and US Army Environmental Policy Institute (AEPI), *Health and Environmental Consequences of Depleted Uranium Use by the US Army* (Atlanta: AEPI, 1995).

6. Science Applications International Corporation (SAIC) study, in M.E. Danesi, *Kinetic Energy Penetrator Long Term Strategy Study* (Picatinny Arsenal, New Jersey: US Army Armament, Munitions, and Chemical Command, 1990), Appendix D; UK Atomic Energy Authority, "Kuwait-Depleted Uranium Contamination," April 30, 1991 ; Safer, "DU," December 26, 1999; and Felicity Arbuthnot, "Poisoned Legacy," *New Internationalist 316* (September 1999), p. 12.

7. Baha'a El-Dean Marouf, "Pollution with Depleted Uranium in Iraq," *Umm Al-Ma'ark*, Vol. 16 (1998): 129~34.

8. Baha'a El-Dean Marouf and W. Al-Hilli, *The Effect of the Use of Radioactive Weapons on Soil and Air in Selected Regions of the South of Iraq* (Baghdad: University of Baghdad College of Engineeering, 1998). Suaad Al-Azzawi and Muhamed Sagi, "The Effect of Radioactive Weapons on Surface and Ground Waters in Selected Regions of the South of Iraq," *Journal of the Arabic Universities 6*: 1 (1999): 81~117 참조.

9. Mikdam M. Saleh and Ahmed J. Mequar, "The Effects of Using Depleted Uranium by the Allied Forces on Humans and the Biosphere in Selected Regions of the Southern Area of Iraq," International Scientific Symposium on the Use of Depleted Uranium and Its Impact on Humans and the Environment in Iraq, Baghdad, December 2~3, 1998.

10. Dr. Hari Sharma's research, reviewed by Dr. Ljepojevic, "Depleted Uranium Health Hazards,"(http://www.enadu.i.am) 참조. Bertell, "Gulf War Veterans and Depleted Uranium," pp. 18~26; Arbuthnot, "Poisoned Legacy," p. 13; and Military Toxics Project, Press Release, "Military Toxics Project Confirms NATO is Using DU Munitions in Yugoslavia and Releases Results of Medical Study Indicating Potential for Fatal Cancers," May 4, 1999 (http://uww.miltoxproj.org/kosovo.html); and Military

환경 오염, 걸프전, 경제 제재 319

Toxics Project, "Independent Pilot Medical Study on Persian Gulf Veterans Confirms Exposure to Depleted Uranium," Press Release, September 25, 1998 (http://www.necnp.org/iraqvets.htm).

11. Daniel Robicheau, "The Next Testing Site for Depleted Uranium Weaponry," in Laka Foundation, Depleted Uranium, pp. 27~28.

12. 주 10 참조.

13. Bertell, "Gulf War Veterans and Depleted Uranium," pp. 18~26.

14. Eman Ahmed, "Radiation and Health: Search for the Truth," *Umm Al-Ma'ark*, Vol.16 (1998): 135~41; and Audrey Magee, "Electromagnetic Radiation Linked to Cancer in Study," *Irish Times*, June 10, 1994, p. 5.

15. Eric Schmitt, "US Weighs the Value of Bombing to Coerce Iraq," *New York Times*, November 16, 1997, p. 1: 3, and Scott Shepard and Joseph Albright, "Allied Air Strikes Reportedly Shatter Iraq's War Machine," *Atlanta Journal and constitution*, January 17, 1991, p. Al.

16. R.F. Del Maestro, "An Approach to Free Radicals in Medicine and Biology," *Physiology Scandanavia Supplement Acta* 492 (1980): 153~68; and R.F. Del Maestro, "The Influence of Oxygen Derived Free Radicals on in Vitro and in Vivo Mode) Systems," *Acta Universitasis Uppsaliensis* (1979)

17. Huda S. Ammash, "Impact of Gulf War Pollution in the Spread of Infectious Diseases in Iraq," Otto Anni di Emargo in Iraq, Italian Solidarity Foundation ("Soli Al-Mondo"), Rome, April 6, 1999. Huda S. Ammash, "The Effect of Selected Free Radical Generating Agents on Metabolic Processes in Bacteria and Mammals," Columbia: Universiy of Missouri, 1983 참조.

18. W.A. Pryor, "The Role of Free Radical Reactions in Biological Systems," in *Free Radical in Biology*, ed. W.A. Pryor et al. (New York: Academic Press, 1976), pp. 1~49; B. Halliwell, "Biochemical Mechanisms Accounting for the Toxic Action of Oxygen on Living Organisms," *Cell Biology International Report* 2 (1978): 113~28.

19. Huda S. Ammash, "Infectious Diseases and Health Consequences Induced by Free Radicals Resulting from Irradiation and Ionization of the Atmnopshere in Iraq," International Scientific Symposium on the Use of Depleted Uranium and Its Impact on Humans and the Environment in Iraq, Baghdad, December 2~3, 1998. Hereafter Ammash 1998.

20. Huda S. Ammash et al., "Electromagnetic, Chemical, and Microbial Pollution Resulting from War and Embargo, and Its Impact on the Environment and Health," *Journal of the [Iraqi] Academy of Science* 44: 1 (1997): 109~22. Hereafter Ammash et al. 1997.

21. Ammash et al. 1997.

22. Arwa Taka, Adnan Aifg, and Ahmed Al-Saddi, *Air Pollution in Bagdad City and Suburbs with Lead and Other Toxic Pollutants* (Baghdad: University of Baghdad College of Science, 1999).

23. Nabiel M. Alla El-Din et al., *A Rapid Assessment of the Impacts of the Iraqi-Kuwait Conflict on Terrestrial Ecosystems* (Baghdad: UNEP, 1991), Par I.

24. Robicheau, "The Next Testing Site for Depleted Uranium Weaponry," pp. 27~28. 유용한 보고서를 보려면, the National Gulf War Resource Center(http://www.gulfweb.org) 참조. "Gulf War Veterans Illnesses," Committee on Government Reform and Oversight, US House of Representatives, House Report 105~388 (1997 Union Calendar 228); Mesler's reports cited in note 1; Safer, "DU," December 26, 1999; Seymour M. Hersh, *Against All Enemies: Gulf War Syndrome: The War Between America's Ailing Veterans and Their Government* (New York: Ballantine, 1998); Philip Shenon, "Army Knew in '91 of Chemical Weapons Dangers in Iraq," *New York Times*, February 24, 1997, p. A16; Haro Chakmakjian, "Uranium from Gulf War Weapons a Danger to Region: Scientists," Agence France Presse, December 3, 1998; and the articles by Robert Fisk in Chapter 7 참조.

25. Muhaimeed Mad-Allah Al-Jebouri, presentation at Universiy of Tikrit,

December 1998, cited in Arbuthnot, "Poisoned Legacy," p. 14: Iraqi Cancer Board, "Results of Iraqi Cancer Registry" (Baghdad: Iraqi Cancer Registry Center, 1976~1997).

26. Jawad Al-Ali, "DepletEd Uranium and Its Impact on the Population of the Southern Region Iraq," in *Cancer Symposium* (Basra: Basra Health Administration, 1999).

27. Ahmed Hardan et al., "Diseases and Health Problems Resulting from Exposure of Iraq to Ionizing Radiation of Depleted Uranium," International Scientific Symposium on the Use of Depleted Uranium and Its Impact on Humans and the Environment in Iraq, Baghdad, December 2~3, 1998. Hereafter Hardan et al. 1998.

28. Hardan et al. 1998.

29. 주 10 참조.

30. Salma Al-Hafith, "Child Abnormalities in Iraq," International Scientific Symposium on the Use of Depleted Uranium and Its Impact on Humans and the Environment in Iraq, Baghdad, December 2~3, 1998.

31. Ammash et al. 1997.

32. Ammash 1998.

33. WHO Resource Center, *Health Conditions of the Population in Iraq Since the Gulf Crisis* (Geneva: WHO, 1996). http://www.who.int 참조. Also based on reports from Iraq's Ministry of Health, Department of Biostatistics, Baghdad, 1996.

34. Unicef and Government of Iraq Ministry of Health, *Child and Maternal Mortality Survey 1999: Preliminary Report* (Baghdad: Unicef, 1999) 참조. http://www.unicef.org. See also Unicef press release, "Iraq Survey Shows 'Humanitarian Emergency,'" August 12, 1999(Cf/doc/pr/1999/29), p. 2도 참조.

35. Robert Fisk, "US 'Lost Count of Uranium Shells Fired in Kosovo,'" *The Independent*, November 22, 1999, p. 13; Robert Fisk, "Exposed: The Deadly Legacy of Nato Strikes in Kosovo," *The Independent*, October 4,

1999, p. 1; and J.J. Richardson, "Depleted Uranium: The Invisible Threat," *Mother Jones* MoJo Wire, June 23, 1999. (http://www. motherjones.com) 참조.

제5부

경제 제재 철폐 운동

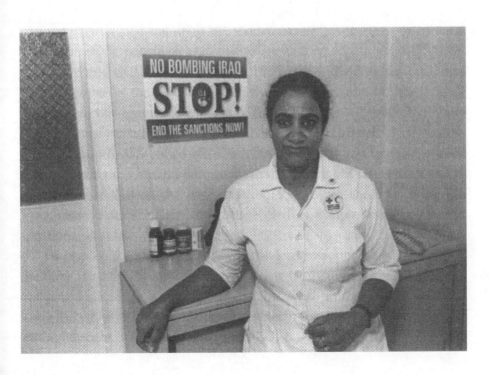

앞의 사진: 바스라의 병원에서 어린이들을 돌보고 있는 간호사. 바그다드와 다른 국제 연대 단체들과의 교류는 병원 재정에 도움이 된다. (사진: 앨런 포그, 1998년 7월)

14장

경제 제재는 대량 살상 무기다

노엄 촘스키, 에드워드 허먼, 에드워드 사이드, 하워드 진
안젤라 데이비스, 로버트 젠센, 준 조던, 윌리엄 키치, 카를로스 뮤노스 주니어, 샤론 스미스

여기 서명한 우리는 미국 정부가 이라크 국민에 대한 경제 제재를 중단하라고 요구한다.

1998년 말과 1999년에 미국은 또다시 이라크 국민을 폭격했다. 그러나 폭격이 멈춘 지금도 이라크 국민을 상대로 한 미국의 전쟁은 계속되고 있다. 이라크에 대한 유엔의 가혹한 경제 제재는 미국 정책의 직접적인 결과이다.

유엔 조사를 보면, 지난달에도 그랬고 그 전달에도 그랬으며 1991년 이후 늘 그랬듯이 이 달에도 5세 이하 이라크 어린이 4500명이 미국 정책 때문에 죽을 것이다. 제2차 걸프전이 끝난 이후 유엔의 이라크 경제 제재 때문에 100만 명이 넘는 이라크 국민이 사망했다.

경제 제재에 반대한다고 해서 사담 후세인 정권을 지지하는 것은 아니다. 경제 제재에 반대하는 것은 이라크 국민을 지지하는 것이다. 사담 후세인은 자기에게 충성하는 사람들은 승진시키고 반정부 인사들은 모두 살해하는 잔인한 독재자다. 그러나 후세인 정권이 중동에 대한 미국의 전략적 이해관계를 충족시켰던 1980년대에 미국 정부는

사담 후세인의 잔인한 행위들을 기꺼이 무시했다. 사실, 미국과 유럽의 동맹국들은 사담 후세인의 '대량 살상 무기' 생산에 이용된 물질들을 이라크에 제공했다. 더욱이 경제 제재는 사담 후세인이나 그 측근들의 생활 양식에 전혀 영향을 미치지 못했다. 여유가 있는 사람들은 식량과 의약품을 얼마든지 구할 수 있다. 경제 제재는 이라크 국민에게만 피해를 주었다.

경제 제재야말로 대량 살상 무기다. 1991년 3월 제2차 걸프전의 피해 상황을 조사하러 이라크를 방문한 유엔 조사단은 폭격 때문에 이라크는 "산업화 이전 시대"로 되돌아갔다고 결론지었다. 당시 유엔 조사단은 경제 제재가 해제되지 않는다면 이라크는 "즉각적인 재앙"에 직면할 것이라고 말했다.[1] 그러나 지난 7년 동안 계속된 경제 제재 때문에 이라크는 기본적인 식량과 의약품을 구입하거나 사회 기반시설을 재건하는 데 필요한 외화를 획득할 수 없었다. 석유-식량 교환 프로그램에 따라 이라크는 6개월마다 52억 6000만 달러 상당의 석유를 수출할 수 있지만, 그 효과는 미미하다. 유엔은 이라크 석유 수입의 3분의 1을 전쟁 배상금과 유엔 경비 명목으로 가져간다.[2] 석유-식량 교환 프로그램으로는 이라크 인구 2200만 명을 먹여 살리는 데 충분한 돈을 확보할 수 없다. 석유 수출 한도를 늘리더라도 별 도움은 안 될 것이다. 정유 공장들이 전쟁 때 폭격으로 파괴돼 버려 재건해야 하기 때문이다. 심지어 지금도 이라크의 석유 생산량은 수출 한도에 크게 못 미친다. 1998년 10월에 유엔의 이라크 구호담당 조정관 데니스 핼리데이는 경제 제재 때문에 "매달 이라크 어린이 6000명이 굶어 죽고 있고, 평범한 이라크 사람들의 인권이 무시되고 있으며, 모든 세대가 서방에 등을 돌리고 있다."고 항의하면서 사임했다.[3]

경제 제재 때문에 이라크는 많은 기본 생필품을 수입할 수도 없다. 군사 용도로 쓰일 수 있다는 이유로 살충제와 비료도 수입 금지 대상이다. 1991년 미국의 폭격으로 파괴된 이라크의 하수 처리 시설은 대부분 복구되지 않았다. 그래서 오염된 하수가 끊임없이 강으로 유입되고 결국 사람들은 그런 더러운 물을 마셔야 한다. 그러나 경제 제재는 [더러운 물을 정화하는 데 필요한] 염소 수입도 금지한다. 군사용으로 쓰일 수 있기 때문이라는 것이다. 그래서 장티푸스, 이질, 콜레라가 유행하고 있다. 바그다드 주재 유엔 구호담당 프로그램 부국장인 파리드 자리프는 최근에 이렇게 주장했다. "연필에서 탄소를 추출해 비행기에 덧칠하면 레이다에 걸리지 않을 수 있기 때문에 연필도 수입할 수 없다. 나는 군사 전문가는 아니지만, 이런 이유 때문에 우리가 이라크 학생들에게 연필을 줄 수 없다니 매우 혼란스럽다."[4]

지난 몇 년 동안 일부 개인과 단체들은 미국의 봉쇄에 도전해서 의약품과 기타 물자들을 이라크에 전달해 왔다. 그런데 연방 정부는 시카고에 본부를 둔 '황야의 목소리'라는 단체 회원들이 "의약품과 장난감을 비롯해 기부받은 물자들을 당국의 사전 허가 없이 이라크에 수출했다."는 이유로 거액의 벌금을 부과하겠다고 위협했다.[5] 우리 나라 정부는 죽어 가는 어린이들에게 의약품과 장난감을 제공하는 평화 단체를 괴롭히고 있다. 우리는 이런 용기 있는 활동가들에게 지지를 보낸다.

이라크 경제 제재는 외교 정책이 아니라 국가가 허용한 대량 살상이다. 이라크 국민은 이라크 정부와 미국 정부의 행동 때문에 고통받고 있다. 우리의 도덕적 책임은 이곳 미국에 있다. 우리가 침묵한다면, 우리는 중동 평화의 이름으로 자행되는 대량 학살, 우리의 이름으로 자행되는 대규모 살상을 묵과하는 셈이다.

이 성명서는 1999년 3월 28일 1천 명의 서명과 함께 <뉴욕 타임스>에 처음 실렸고, 1999년 6월에는 <프로그레시브>에도 실렸다.

주

1. Martti Ahtisaari, *The Impact of War on Iraq: Report to the Secretary-General on Humanitarian Needs in Iraq in the Immediate Post-Crisis Environment, March 20,* 1991 (Westfield, New Jersey: Open Magazine Pamphlet Series 7, 1991), p. 5.
2. UN Office of the Iraq Program, "Oil-for-food — The Basic Facts." http://www.un.org/Depts/oip/reports/basfact.html 참조.
3. Stephen Kinzer, "Smart Bombs, Dumb Sanctions," *New York Times,* January 3, 1999, p. 4: 4.
4. Kinzer, "Smart Bombs, Dumb Sanctions," p. 4: 4.
5. R. Richard Newcomb, Director, Office of Foreign Assets Control, "Prepenalty Notice," OFAC Nos. IQ-162016 and IQ-162433, December 3, 1998 (http://www.nonviolence.org/vitw/htv2.html).

15장
경제 제재 철폐 운동 건설하기

샤론 스미스

경제 제재는 12년 동안 이라크 국민들의 숨통을 죄어 왔다. 1998년 말에 미국과 영국 군대가 이라크를 폭격할 때까지, 제2차 걸프전과 유엔의 이라크 경제 제재 때문에 1백만 명 넘는 이라크인들이 사망했다. 그 중에 다수는 어린이들이었다.[1] 그런 폭격은 여전히 계속되고 있고 머지않아 또 다른 대규모 공습, 심지어 지상군 파병이나 점령도 이루어질 것 같다.

1998년 12월 미국은 사담 후세인이 "대량 살상 무기"를 개발하지 못하게 막기 위해서 (아이러니하게도) 3백 기 이상의 크루즈 미사일과 수백 발의 폭탄을 투하한 나흘 간의 폭격이 필요했다고 주장했다.[2] 오늘날 이런 주장은 이라크에 대한 "선제 공격"을 정당화하는 데 쓰인다.

1991년 제2차 걸프전 이래로 이라크에 대한 미국의 외교 정책은 잔인한 양면 작전 — 치명적인 경제 제재와 폭격을 결합시킨 — 이었다. 이 기간 동안 미국의 주류 언론들은 최근의 공습이나 임박한 유엔 안전보장이사회(안보리)의 논의를 스치듯이 보도했을 뿐 경제 제재에 대해서는 거의 언급하지 않았다.

이것은 미국의 언론 매체들이 걸프전 당시 했던 구실을 생각하면 별로 놀라운 일도 아니다. 전쟁 당시 미국 기자들은 (흔히 미군 군복을 착용하고 군용 차량들에 둘러싸인 채) 이라크 사회 기반시설의 붕괴와 이라크인 사상자 수에 대한 보도(사람들이 실제로 죽은 것은 아니라는 듯이 '부수적 손실'이라고 쌀쌀맞게 보도했다.)를 통제한 정부의 노력에 동조했다. 군사 전문 용어를 알지 못하는 우리가 "작전 지역" 내에 정유 시설과 정수장이 포함됐다는 사실을 어떻게 알 수 있겠는가? 서로 경쟁하는 방송사들은 24시간 내내 뉴스를 내보냈지만(저마다 독특한 화면 구성과 음악을 사용하면서), 가장 중요한 사실들은 보도하지 않았다. 즉, 6주간의 융단 폭격으로 수십만 명의 이라크인들이 목숨을 잃었다는 것, "스마트탄"이 목표물을 놓치는 경우가 흔했다는 것, 1991년 3월 이라크를 방문한 유엔 조사단이 말한 것처럼 이라크는 "산업화 이전 시대"로 되돌아갔다는 것 등은 결코 알려주지 않았다.[3]

경제 제재와 폭격으로 사망한 사람들에 대한 정보가 조금씩 알려지게 된 데는 개별적인 활동가들의 공로가 컸다. 전 법무장관 램지 클라크를 비롯한 개인들은 '국제행동센터(IAC)'와 함께 이라크를 주기적으로 방문할 때마다 사망자 수가 늘고 있다고 경고했다.[4] 1998년 가을 유엔의 이라크 구호담당 조정관 데니스 핼리데이는 경제 제재 때문에 "매달 이라크 어린이 6천 명이 굶어 죽고 있다"고 주장하면서 항의 표시로 사임했다.[5] 그때 이후 핼리데이는 경제 제재 반대 운동을 펼치고 있으며, 그 후임자인 한스 폰 스포넥도 경제 제재에 반대해 사임한 뒤 마찬가지 활동을 하고 있다.

시카고에 본부를 둔 '황야의 목소리'라는 단체의 영웅적인 활동가들은 경제 제재를 거부하면서 의약품과 물자들을 직접 이라크에 전달했다. 그러자 미국 정부는 1998년 "의약품과 장난감을 비롯해 기부받은 물자들을 당국의 사전 허가 없이 이라크에 수출했다."는 혐의로 그 작은 단체를 기소하고 벌금 16만 달러를 부과했다. 그리고 2002년 봄에는 시애틀 출신의 활동가이자 '황야의 목소리' 회원인 버트 색스와 랜덜 뮬린스 목사에게 벌금 1만 달러를 부과했다. 이들은 모두 벌금 납부를 거부한 채 오히려 아동 의약품 구입을 위해 1만 달러를 모금하겠다고 선언했다. 그러자 5백여 명이 우편으로 수표를 보내 주었고, 색스와 '황야의 목소리'는 채 1주일도 안 돼 목표를 달성했다.[6]

죽어가는 아이들에게 의약품과 장난감을 보내 주는 것이 범죄라고 한다. 처음 벌금형을 받은 뒤에 '황야의 목소리' 회원 마이크 브레머는 법원에 다음과 같이 질문할 것이라고 말했다. "미국은 자유를 신봉하는 나라인데, 죽어 가는 아이들의 목숨을 구하기 위해 세계 어디든 갈 수 있는 것이 자유의 기본 아닌가?"[7]

'황야의 목소리' 영국 지부와 전 세계 여타 조직들의 활동가들도 비슷한 노력을 하고 있다. 그들은 또한 자국 정부의 정책을 바꾸고 경제 제재를 중단시키기 위한 활동도 하고 있다.

그럼에도 학살의 규모라든가 미국과 영국 정부가 경제 제재와 공습에 책임이 있다는 사실에 비추어 볼 때 항의 운동은 매우 보잘것없었다. 이라크 경제 제재에 대한 진실, 즉 모든 이라크인들의 삶을 황폐하게 만들고 매달 수천여 명씩 죽게 만드는 경제 제재야말로 대량 살상 무기라는 사실을 알고 있는 모든 사람들에게 [다른 사람들의] 침묵은 엄청난 장벽이었다는 것은 확실하다.

우리 중에 극소수만 평범한 이라크인들의 비참한 삶을 담은 사진들을 볼 수 있었다. 누구라도 그런 사진들을 본다면 의약품이나 방부제도 없는 병원에 버려진 채 죽음을 기다리는 이라크 어린이들의 고통스런 얼굴을 떠올리며 영원히 괴로워할 것이다. 자기 자식들이 죽어

가는 것을 속수무책으로 지켜볼 수밖에 없는 그 부모들의 절망에 찬 얼굴, 오직 빈곤 밖에 모르는 한 세대 아이들의 눈에 띄는 고통에 괴로워할 것이다.

침묵을 깨기

1998년 12월 나흘 간의 이라크 폭격에 자극받은 많은 활동가들이 행동에 나섰다. '이라크행동연합' 같은 조직들은 더 많은 발언 기회를 얻기 시작했다. 미국과 영국 전역의 여러 도시에서 수백, 수천 명의 시위대가 12월 폭격에 항의하는 시위를 벌였다. 1991년 1월 노엄 촘스키, 에드워드 허먼, 에드워드 사이드, 하워드 진이 서명한 이라크 경제 제재 반대 "행동 호소문"이 이메일로 수천 명에게 전달됐다. 그 호소문은 활동가들에게 다음과 같이 호소했다. "첫째, 우리는 베트남전 반대 운동으로 미국인들을 조직했던 것처럼 이 문제에 우선권을 부여하고 이를 위해 사람들을 조직해야 한다. …… 우리는 경제 제재 해제를 요구하는 전국적인 운동이 필요하다."[8]

행동 호소문을 발의하고 널리 배포한 사람은 오스틴의 텍사스 대학교 교수 로버트 젠센과 오스틴에서 활동하는 라울 마하잔과 로미 마하잔이다. 행동 호소문에 영감을 얻은 소수의 사람들이 경제 제재 중단을 요구하는 서명 운동에 착수했다. 우리는 그 서명 운동이 대중을 교육하는 온건한 시도라고 보았다. <뉴욕 타임스>에 전면 광고를 내서 경제 제재로 사망한 이라크인들과 경제 제재에 반대하는 사람들이 늘고 있다는 사실을 대중에게 알리기 위한 시도라고 보았던 것이다. 주류 언론 매체가 진실 보도를 거부하더라도 활동가들은 신문의 한 페이지를 사서 사실을 알리는 일 정도는 할 수 있다.

우리의 목표는 교육이었지만, 광고 지지 운동을 건설한 경험에서 우리는 배우기도 했다. 일반 대중이 실제로 운동을 지지하는 것보다 우리의 기대가 훨씬 낮은 수준이라는 것이 드러났다. 젠센, 촘스키, 진, 사이드, 허먼은 광고를 후원하는 자문위원이 되는 데 주저 없이 동의했다. 몇 주 안에 브라운 대학교 교수인 윌리엄 키치, 캘리포니아 대학교 버클리 캠퍼스의 카를로스 뮤노스 주니어와 준 조던, 캘리포니아 대학교 산타크루스 캠퍼스의 안젤라 데이비스도 동참했다.[9]

<뉴욕 타임스>에 정기 전면광고를 내는 데는 8만 1천 달러가 든다. 기업의 후원을 받지 않는 소수 개인들에게는 엄청난 금액이다. 우리는 3만 4천 달러"만" 드는 "대기" 광고를 선택했다. 그것은 우리가 광고 날짜를 선택할 수 있는 권리를 포기해야 한다는 것을 의미했다. 우리는 좌파 성향의 헐리우드 명사 한두 명이 거액을 기부하거나 자유주의 재단이 광고비를 대주기를 바랐다. 우리의 그런 기대는 무너졌다. 1만 달러라도 내겠다는 사람이나 기관은 전혀 없었다.

그러나 나중에 드러났듯이, 우리가 광고비를 조달하는 데는 전혀 어려움이 없었다. 처음에 외향적인 활동을 벌인 덕분에 운동은 입에서 입으로 번져 나가기 시작했다. 강력한 지지 성명서와 함께 수표들 — 주로 소액이었다 — 이 쇄도하기 시작했다. 교수, 학생, 온갖 직종의 사람들이 자기 주머니를 털어 마련한 수표와 함께 직접 서명한 성명서를 보내 왔다. 대학 내 소그룹들, 지역의 평화 네트워크들, 종교단체들이 모금 운동을 했다. 이런 호응이 3개월 넘게 계속되면서 — 저 멀리 일본에서도 반응이 있었다 — 우리는 점차 목표에 가까이 다가갔다. 결국, 이라크 경제 제재에 반대하는 목소리를 내고 싶어하는 사람들 1천5백 명 이상이 그 성명서에 지지 서명을 했다. 이런 반응은 — 색스와 뮬린스에게 부과된 벌금을 마련하기 위한 모금이 아니라 이라크 어린이들을 위한 모금 운동이었던 '보이시스 2002'에 대한 반응과 마찬가지로 — 이라크 민중에 대한 야만적인 전쟁에 반대하는 풀뿌리 운

동을 건설할 수 있는 가능성을 보여 주었다.

유엔의 관심

우리가 그 성명서를 돌리기 시작하고 나서 약 한 달이 지난 어느 날 아침, 나는 "유엔의 존 밀스"가 내 전화를 기다리고 있다는 동료의 말에 깜짝 놀랐다. 솔직히, 나는 유엔이 그 서명 광고에 관심을 보이기는커녕 그것을 알고 있을 것이라고 생각하지도 않았다.

이제는 분명한 사실이지만, 밀스는 매우 큰 관심을 보였고 꽤나 걱정하고 있었다. 뜻밖에도 그는 이라크의 수입 금지 품목 리스트와 관련해 성명서에는 "많은 오류"가 있다고 알려 주었다. 경제 제재는 군사적으로 사용될 수 있는 많은 "민군 겸용" 품목들의 수입을 금지한다. 그는 성명서에 바그다드 주재 유엔 구호담당 프로그램 부국장 파리드 자리프의 말이 인용된 것에 특히 분노했다고 말했다. 자리프는 "연필에서 탄소를 추출해 비행기에 덧칠하면 레이다에 걸리지 않을 수 있기 때문에 연필도 수입할 수 없다. 나는 군사 전문가는 아니지만, 이런 이유 때문에 우리가 이라크 학생들에게 연필을 줄 수 없다니 매우 혼란스럽다."[10] 하고 말했던 것이다.

밀스는 자리프가 결코 그런 말을 하지 않았다면서 성명서에서 그 인용문을 빼지 않으면 모종의 법적 조치를 취하겠다고 넌지시 말했다. 나는 밀스에게 그 인용문은 몇 달 전 <뉴욕 타임스> 기사에 처음 실린 것이었다고 알려 주었다. 내 기억으로 그 기사의 제목은 "스마트탄, 벙어리 경제 제재"[11]라는 멋진 문구였다. 유엔 구호담당 프로그램 부국장이 민군 겸용 제한이라는 경제 제재의 인간적 비용을 묘사한 것보다 더 권위있는 설명이 어디 있겠는가? 그 기사는 주류 언론에 실렸을 뿐 아니라 <뉴욕 타임스>는 그 기사를 철회하지도 않았다고 나는 지적했다. 이 말이 밀스를 더욱 화나게 만든 것 같았다. 그는 "신문에 실린 것을 액면 그대로 믿어서는 안 됩니다." 하고 말했다(그는 좌파인 내가 언론 매체를 본능적으로 불신할 것이라고 생각하고 아마도 이 점에 호소하려 한 듯하다). 사실 전 세계의 일간지에는 경제 제재와 관련된 거짓말이 너무 많아서 유엔의 뉴욕 사무소는 일일이 그런 기사를 철회하라고 요구할 수도 없는 지경이라고 밀스는 말했다.

나는 "이라크 어린이들에게 연필이 충분하다는 말씀이십니까?" 하고 물었다. 그리고 최근에 유엔 이라크 구호담당 조정관을 사임한 데니스 핼리데이가 그 성명서를 승인했다는 사실을 덧붙였다.

밀스는 화를 내며 "아니, 저는 결코 그럴 수 없습니다." 하고 응수했다. 그는 자기의 말을 반박하는 증거가 쏟아져 나오는 것을 막기 위해 약간 허세를 부리는 것도 좋다고 생각한 듯했다. 이라크는 연필을 수입할 수 없다고 <뉴욕 타임스> 기자들에게 말했다는 사실을 자리프가 부인했다고 밀스는 주장했다.

그 문제를 풀기 위해서는 한 가지 방법밖에 없었다. 나는 <뉴욕 타임스>에 문제의 기사를 쓴 스티븐 킨저에게 그 인용문에 동의하느냐고 물어보자는 데 동의했다. 그가 인용문에 동의한다면 성명서는 그대로 나갈 것이며, 그렇지 않다면 우리가 그 인용문을 빼야 했다.

몇 시간이 지나 킨저는 내 질문에 답신을 보내 왔다. 그의 대답은 명백했다.

스미스 귀하

당신 편지는 잘 받았습니다. 비열한 자리프 씨가 곤란에 빠지고 있는 것처럼 보이지만, 기자들에게 말한 대가로 얻은 것은 바로 그것입니다. 기록을 위해서, 저는 조금도 주저하지 않고 그 인용문에 동의합니다.

자리프가 직접 연필을 집어 들어 저에게 건네준 기억이 아직도 생생합니다.

보스턴 대학교 시절 제 은사님이었던 하워드 진에게 안부 전해 주십시오.

안녕히 계십시오.

스티븐 킨저[12]

성명서는 그대로 나갔다. 1999년 3월 28일 그 성명서는 1천 명의 서명과 함께 <뉴욕 타임스> 전면 광고란에 실렸다.[13]

결국, 1천5백 명 넘는 개인들이 그 성명서를 지지하는 서명을 했다. 핼리데이 외에도 영국 노동당 의원 토니 벤, 우루과이 작가이자 비평가인 에두아르도 갈레아노, 작가인 올센, 해럴드 핀터, 커트 보네것 주니어, 언론인 바바라 에렌라이히와 카타 폴리트, 스쿨오브아메리카[라틴아메리카의 군 장교들에게 고문·협박·암살 기술을 가르치는 전미 대륙군사학교] 감시의 로이 부르주아 신부, 디트로이트의 토머스 검블턴 주교 등도 서명했다. 아마도 가장 중요한 것은 수백 명의 개인들이 우리의 호소에 호응하여 경제 제재를 끝장내기 위한 노력에 참여할 수 있는 방법을 물어본 것일 게다.

침묵을 묵인이라고 오해해서는 안 된다. 오늘날 광범하고 가시적인 저항이 없다고 해서 대중이 이라크에 대한 경제 제재를 지지하는 것은 아니다. 이라크 경제 제재를 반대하는 운동은 비록 작지만 계속 성장하고 있다. 1999년 10월 미시간 주의 앤아버에서 열린 이라크 관련 최초의 전국 집회에 미국과 캐나다 전역에서 온 275명 이상이 참여했다. 이 개인들은 '아랍계 미국인 차별 반대 위원회'와 '미국 우호 서비스 위원회' 같은 대규모 전국 조직들뿐 아니라 지역 운동, 아랍계 미국인 운동, 평화 운동, 기타 운동 활동가들의 소규모 네트워크들도 대표하는 사람들이었다. 활동가들은 2000년 8월 경제 제재 10주년을 맞아 워싱턴 DC에서 항의 시위를 조직하기도 했고, 2002년 4월 워싱턴 DC에서 이스라엘의 팔레스타인 점령과 '테러와의 전쟁'에 반대하는 시위에 참여하기도 했다. 서명 광고 캠페인이나 색스와 뮬린스를 위한 황야의 목소리의 호소에 대한 반응은 미국의 이라크 정책을 반대하는 사람들이 많다는 것을 보여 주는 두 가지 작은 지표이며 훨씬 더 커다란 가능성을 보여 주는 것이다. 2002년 9월 전 세계에서 수십만 명이 이라크 전쟁 반대 시위에 참여했을 때 우리는 그런 운동의 가능성을 목격했다.[14]

운동은 소수에서 시작한다

대중 운동은 하루아침에 솟아나지 않는다. 대중 운동은 강력한 사명감과 장기적인 목표를 가진 개인들이 몇 년에 걸쳐서 건설한다. 때로는 오랜 세월이 걸리기도 한다. 1960년대의 민권 운동에는 수십만명이 적극적으로 참여했다. 그러나 그 전에 여러 해 동안 헌신적인 활동가들이 민권 운동을 건설해 왔었다. 로자 파크스는 그런 활동가 중한 명이다. 1955년 로자 파크스는 백인에게 버스 좌석 양보하기를 거부하고 몽고메리 버스 보이콧 운동을 도와주면서 민권 운동의 상징이됐다. 그녀가 자기도 버스 좌석에 앉을 권리가 있다고 주장한 것은 그것이 처음은 아니었다. 그 11년 전에도 파크스는 버스 뒷문으로 타기를 거부했다가 버스 밖으로 내동댕이쳐진 적이 있었다. 그러나 전미유색인지위향상협회(NAACP) 몽고메리 지부에서 오랫동안 적극적으로 활동했던 43세의 재봉사 파크스는 1955년에 체포된 뒤 몽고메리 지부 청년회와 함께 인종차별 법률들을 철폐하기 위한 버스 보이콧 운동을 지원하는 데 동의했다. 며칠 안 돼 수만 명의 흑인들이 보이콧 운동

건설에 적극적으로 가담했다. 이듬해 몽고메리에 사는 흑인 5만 명이 버스 보이콧 운동에 참여했다.[15]

1960년대 말 대중적인 운동으로 폭발하기 전의 베트남전 반대 운동도 마찬가지다. 1961년부터 1964년까지는 겨우 한 줌의 시위대들만이 반전 목소리를 내고 있었다. 심지어 민주학생연합(SDS) 같은 주요 학생 운동 조직들조차 반전을 조직적인 쟁점으로 즉각 제기하지는 않았다. 1964년 12월에 열린 민주학생연합 전국위원회 회의에서는 베트남 전쟁에 항의하는 "파병 반대" 성명서를 발표하자는 토드 지틀린의 제안이 부결됐다. 몇 시간 동안 논쟁이 벌어진 뒤에야 전국위원회는 이듬해 4월에 반전 시위 행진을 조직하기로 결정했다.[16] 1964년 뉴욕에서 벌어진 최초의 반전 시위에는 고작 6백 명만 참가했다. 그러나 그 뒤 몇 년 사이에 그 수는 꾸준히 늘어났다. 1965년 4월 민주학생연합이 계획한 시위 행진에는 2만 명이 참가했다. 1년 뒤에 뉴욕에서 열린 베트남전 반대 시위에는 40만 명이 참가했다. 6개월 뒤 워싱턴 DC 시위에는 10만 명이 참가했고, 무장한 군대가 지키고 있던 펜타곤까지 3만 명이 시위 행진을 벌였다.[17]

1960년대와 지금은 사정이 다르다고 생각하기 쉽다. 당시에는 대중이 민권 운동의 목표와 반전 운동을 지지했다. 그러나 그것은 민권 운동이나 반전 운동이 대중 운동으로 발전하기 전까지는 사실이 아니었다. 1955년 로자 파크스가 백인에게 좌석 양보를 거부했을 때, 그녀는 법률을 위반하고 있었다. 몽고메리 시 조례에 따르면, 보이콧 자체는 불법이었다. 더욱이 남부뿐 아니라 북부의 민권 운동가들도 잘 조직되고 폭력적인 인종차별주의 반대에 직면했다. 미국 대법원이 버스의 인종차별을 불법으로 규정하기까지는 거의 1년이 걸렸다.[18] 그러나 이런 승리를 거둔 뒤에도 인종차별주의자들은 몽고메리의 민권 운동가들을 폭력적으로 공격했다. 교회와 가정집들이 폭탄 공격을 받았으며 활동가들은 총격을 받았다. 민권 운동이 시작될 당시의 분위기는 그랬다.

또한, 반전 운동은 초기에 다수의 반대 여론에 직면하고 있었다. 1965년에 미국 국민의 83퍼센트가 북베트남에 대한 폭격을 강화하는 데 찬성했다.[19] 그러나 전쟁이 질질 끌면서, 반전 운동의 성장은 대중의 정서에 더 커다란 영향을 미치기 시작했다. 1968년이 되면, 전쟁에 대해서 "비둘기파"를 자처하는 사람들과 "매파"를 자처하는 사람들의 수가 거의 비슷해졌다.[20]

1970년 미국이 캄보디아를 침공하자, 대학가의 소요 사태는 전국적인 학생 파업으로 발전했다. 그 해 5월 거의 1350개의 대학 캠퍼스에서 벌어진 항의 시위에는 미국 대학생 거의 절반이 참여했다. 전쟁에 반대하는 학생들의 파업으로 5백 개 넘는 대학이 문을 닫았다.[21]

1970년이 되면, 노조 지도자들이 전쟁에 반대하는 목소리를 내기 시작했고 반전 시위에 가담하는 현장 조합원들도 늘어나기 시작했다. 1970년 5월 켄트 주립대학과 잭슨 주립대학에서 주 방위군이 학생 시위대에게 발포해 모두 여섯 명이 죽고 21명이 부상당하자, 미국 전기·라디오·기계 노조의 집행위원회는 성명서를 발표하고 그런 살인 행위는 "외국에서는 전쟁을, 국내에서는 억압을 강화하는 것을 가장 두드러진 특징으로 하는 워싱턴 행정부가 낳은 비극적인 결과"라고 비난했다.[22]

1971년 4월이 되면, 해리스 여론조사는 미국인의 대다수가 전쟁이 "도덕적으로 잘못됐다"고 생각한다는 사실을 보여 주었다. 루이스 해리스는 "미국 내 여론의 흐름은 이제 결정적으로 전쟁 반대로 돌아섰다."고 선언했다.[23]

이런 역사적 맥락을 보면, 이라크 민중 — 그리고 미국 군부와 무제한적인 '테러와의 전쟁'에 위협받는 다른 국민들도 — 에 대한 야만적인 정책들을 철폐하려는 운동을 건설할 수 있는 가능성은 줄어들지 않는 듯하다.

이라크, 그리고 '테러와의 전쟁' ― 오늘날의 운동

2002년 여름 미국은 이라크에 대한 또 다른 전면 공격을 감행할 준비를 하고 있다. 아직 일정표가 결정된 것은 아니지만, 그 목표가 "정권 교체"라는 것은 분명하다. 미국이 이라크를 더욱 황폐하게 만들려하기 때문에, 이런 계획들에 반대하는 운동을 계속 건설해야 한다. 그것은 쉽지 않을 것이다. 사실상 거의 모든 나라들이 미국의 전쟁에 반대하고 있음에도, 부시 행정부는 바그다드에 대한 "선제 공격"을 감행해야 한다고 주장하면서, 세계의 유일 초강대국은 국제법의 제약을 받지 않는다는 속내를 드러내고 있다. 현재 검토 중인 네 가지 침공 전략이 언론에 "유출됐다." 25만 명의 미군을 투입하는 것이 그 중 하나다. 이른바 "내부 전복" 전략이라는 것도 검토 중이다. 그것은 우선 인구 4백만 명 이상의 바그다드 시를 폭격해 이라크 정권의 붕괴를 촉진시킨다는 것이다.[24]

부시 행정부는 이라크와의 새로운 전쟁을 '테러와의 전쟁'에 포함시키려 시도해 왔다. 그러나 그 과정에서 미국은 9·11 테러 피해자들을 위한 정의를 추구하는 것과 그 무제한적인 전쟁이 얼마나 무관한지를 여실히 보여 주었다. 오히려 이런 전쟁 계획들은 전 세계에서 미국의 지배력을 강화하는 것과 관련이 있다. 이라크가 알 카에다 테러 조직이나 2001년 가을의 치명적인 탄저균 공격과 관계 있다는 믿을 만한 증거는 아직 나오지 않았다. 그래서 미국 정부는 이라크에 대한 새로운 전쟁을 정당화하기 위해 오래된 구호를 다시 꺼내 들었다. 즉, 사담 후세인은 대량 살상 무기를 보유하고 있으며 "자국 국민에게" 화학 무기를 사용했다는 것이다(그가 그렇게 했던 1980년대에 미국은 후세인을 지원했다는 사실은 전혀 언급하지 않았다).[25] 대량 살상 무기를 배치할 수 있는 특권은 분명히 미국과 그 동맹국들에게만 있다는 것이다.

9·11 훨씬 전에도 부시 행정부 인사들은 이라크 폭격을 강화할 수 있는 구실을 찾고 있었다. 국방부 부장관 폴 울포위츠는 방송에 출연해 9·11 테러에 대한 보복으로 이라크를 포함한 여러 표적들을 공격해야 한다고 주장한 행정부 내 매파들 중 최초의 인물이었다.[26] (대부분의 주류 언론은 9·11 전에 울포위츠가 공개적으로 했던 말을 무시했다. 예컨대, 그는 "바그다드를 공격할 수 있는 적절한 방법을 찾으면" 미국은 되도록 빨리 바그다드를 공격해야 한다고 주장했었다.[27]) 테러와의 전쟁은 미국이 찾고 있던 구실을 제공해 주었고, 여론 매체들은 그것을 정당화하기 위해 반이라크 히스테리를 선동했다.

광범한 국제적 반발에도 불구하고, 다가오는 전쟁에 원칙적으로 반대하는 미국 내의 목소리는 여전히 주변부에 머물러 있었다. 2002년 여름 내내 부시의 이라크 침공 계획을 가장 강력하게 비판한 것은 좌파가 아니라 우파였다. 하원 공화당 원내총무를 사임하는 딕 아메이, 1991년 제2차 걸프전 당시 백악관 안보보좌관이었던 브렌트 스코크로프트, 심지어 전 국무장관 헨리 키신저 등 공화당 인사들이 강력한 비판의 목소리를 냈다.[28] 그러나 이들의 비판은 미국 정부의 제국주의적 목표에 도전하는 것이 아니라 아직 분위기가 무르익지 않은 상황에서 섣불리 전쟁에 뛰어들면 그런 목표를 위험에 빠뜨릴 수 있다는 문제를 제기한 것이었다. 다시 말해, [그들에게] 문제는 이라크의 정권 교체를 강요할 것인가 말 것인가가 아니라 언제, 어떻게 하는 것이 최상의 방법인가 하는 점이었다. 스코크로프트는 <월스트리트 저널>의 여론란에서 "지금 당장 이라크를 공격하면 전 세계에서 우리가 수행해 온 대테러 작전이 붕괴되지는 않더라도 심각한 위험에 빠질 것이다."[29] 하고 경고했다.

하나의 조직으로서 민주당은 9·11 이후 부시 행정부의 전쟁 목표를 지원하고 부추겨 왔다. 민주당 상원의원 조지프 바이든이 위원장으로 있는 상원 외교관계 위원회는 7월 31일과 8월 1일 이라크 관련 청문회를 열었을 때 전쟁에 반대하는 사람들은 아무도 부르지 않았다. 전 유엔 구호담당 조정관 데니스 핼리데이와 한스 폰 스포넥 같은 사람들이 그들인데, 이들은 경제 제재 때문에 발생하는 사상자 수를 증언할 수 있는 사람들이다. 스콧 리터도 그런 사람인데, 해병대 출신의 예비역 군인이자 공화당원인 리터는 유엔 무기사찰단을 이끌다가 1998년 12월 미국이 이라크를 폭격하기 전에 이라크에서 철수했다. 또 다른 대이라크 전쟁을 드러내 놓고 반대하는 리터는 이렇게 주장했다. "오늘날까지 부시 행정부는 이라크의 위협과 관련된 그들의 주장을 뒷받침할 어떤 실질적인 증거도 제시할 수 없었고 제시하려고도 하지 않았다."[30] 그리고 민주당 국회의원들은 2002년 10월 상하원에서 부시의 이라크 공격을 승인하는 결의안을 통과시켜 주었다.

테러와의 전쟁을 확대하는 것에 강력하게 반대하는 운동은 미국 내에서 아직도 건설해야 할 과제다. 조지 W 부시는 취임하자마자 자유주의적인 것은 뭐든지 정면 공격하기 시작했다. 마치 대중이 자기에게 레이건 시대로 되돌아가도 좋다고 위임했다는 투였다. 그러나 실상 그는 2000년 대통령 선거에서 표를 도둑질했다. 부시 행정부는 9·11 테러 공격을 구실로 해외에서는 군사 공격을 감행하고 국내에서는 이데올로기적 마녀사냥을 자행할 수 있는 기회를 붙잡았다. 세계무역센터에 대한 공격으로 무고한 시민 수천 명이 죽은 것을 슬퍼하면서 연대와 위로를 찾고 있던 대중의 눈에는 전쟁광들이 떼거리로 대중 매체에 출연해 성조기를 흔들며 보복을 부르짖는 모습만이 비쳤다. 많은 좌파는 전쟁 초기에 혼란에 빠져서 성조기를 같이 흔들거나 미국이

9·11 피해자들에게 "정의"를 찾아줘야 한다면서 진정한 전쟁 목표를 은폐할 수 있게 해 주었다. 이런 혼란 때문에 많은 좌파는 아프가니스탄에 대한 폭격에 분명하게 반대하지 못했다. 부시 행정부는 그런 기회를 이용해 재빨리 애국법을 통과시키고 군사 법정을 설치하고 아랍인들과 무슬림들을 1천 명 넘게 구금하고 이민자 수십 명을 체포해 추방했다.[31]

그러나 전쟁 초기에 미국이 신속하게 승리하자 부시 행정부에 대한 지지가 상당히 무너졌다. 성공에 도취한 부시 행정부는 재빨리 더욱 멀리 나아갔다. 이라크뿐 아니라 북한, 말레이시아, 그루지야, 콜롬비아도 부시의 잠재적인 군사적 목표에 포함됐다.[32] 이렇게 새로운 목표들을 추가하다보니 점점 더 많은 사람들에게 계속 9·11을 평계삼기가 훨씬 더 어려워졌다.

아프가니스탄 자체에서 흘러 나오는 정보 때문에 전쟁에 대한 지지가 줄어들기도 했다. 미국이 승리한 결과 아프가니스탄에서 군벌 통치가 되살아나자, 미국이 탈레반 정권을 붕괴시켜 아프가니스탄에 민주주의 시대가 열렸다는 부시의 주장이 거짓이었음이 드러났다. 아프가니스탄 법원이 앞으로도 샤리아[이슬람법의 체계]를 엄격하게 해석·적용할 것 — 예컨대, 남편에게서 도망친 여성들을 (탈레반처럼 처형하지는 않더라도) 투옥하는 것 — 이라는 뉴스 때문에, 2001년 12월 미군이 카불에 입성했을 때 부르카를 벗어 던지고 미소짓던 여성들의 이미지는 사라져 버렸다.[33] 탈레반 정권이 무너진 지 6개월이 지났지만, 절반 이상의 아프가니스탄인들이 여전히 긴급 구호 식량 원조에 의존하고 있다. 그러나 미국은 아직도 원조 금액의 대부분을 군사 작전에 쏟아 붓고 있다. 이것은 작년 가을 미국이 아프가니스탄을 폭격하면서 굶주리는 아프가니스탄인들에게 식량을 투하했던 것이 순전히 선전용 쇼였다는 것을 보여 준다.[34]

미국 내에서는 부시 행정부가 국가 안보라는 미명 아래 너무 신속하고 오만하게 시민의 기본권을 제약하다보니 대중의 반발은 더욱 커졌다. 알렉산더 콕번과 제프리 St. 클레어가 <카운터펀치>에 썼듯이, "사태의 전개 속도를 보면, 머지않아 노동운동가들도 '적 전투원'으로 분류돼 영장 없이 구금되거나 군사 법정에 서게 될 것이다." 실제로, 콕번과 클레어가 보도했듯이, 서부 항만 노조와 퍼시픽 해운회사 협회가 한창 협상을 벌이고 있을 때 본토안보국장 톰 리지가 노조 지도자 짐 스피노자에게 전화를 걸어 파업에 들어가지 말라고 압력을 넣었다.[35] 대통령 부시는 심지어 파업 노동자들을 해군 인력으로 대체하겠다고 위협했다. 이것은 전시 상황에서나 가능한 조치다. 노조 지도자들은 부시가 "지금은 전시 상황이며 이런 상황은 무한정 지속될 것"이라고 선언했다는 말을 들었다.[36] 실제로 부시 행정부는 사측의 공장 폐쇄를 이용해 10월 8일 태프트-하틀리 법을 발동함으로써 80일 동안 파업의 가능성을 제거해 버렸다.

평범한 노동자들은 경기 침체로 고통을 겪고 있는데도 엔론과 다른 기업 도둑들은 수백만 달러를 착복한 스캔들 때문에 계급적 분노가 되살아났다. 내셔널 퍼블릭 라디오의 여론조사원 스탠리 그린버그는 2002년 8월 5일 <뉴욕 타임스>에 쓴 글에서 2002년 11월 선거를 앞둔 유권자들의 분노를 묘사했다. 그린버그에 따르면, 최근의 여론조사는 대략 75퍼센트의 유권자가 엔론 사태에 매우 분개하고 있음을 보여 준다. "회사는 망해가고 연금은 바닥나는데도 최고 경영진은 너무 많은 보너스와 부수입을 챙기는 것에 대해서 매우 분노하는" 사람들이 75퍼센트나 된다는 것이다. 더욱이 2002년 11월 선거의 주요 쟁점으로 테러리즘을 꼽은 유권자는 별로 없었다. 그들이 중요한 선거 쟁점으로 꼽은 순서는 다음과 같았다. 경제와 고용 문제(35퍼센트), 사회 보장과 노후 의료보험(24퍼센트), 교육(23퍼센트), 적정 의료보험료

(21퍼센트).[37]

미국이 이라크를 상대로 또 다른 전쟁을 준비함에 따라, 더 광범한 반전 운동을 건설할 수 있는 가능성이 더욱 커졌다. 이라크 전쟁에 대한 압도적인 지지를 보여 주는 여론조사조차도 이 점을 보여 준다. 2002년 8월 ABC 뉴스와 <워싱턴 포스트>의 여론조사에서는 조사 대상의 69퍼센트가 이라크에 대한 군사 작전을 지지했지만, 만약 미국의 동맹국들이 전쟁에 반대할 경우 그 수치는 54퍼센트로 떨어졌다. 또, 57퍼센트가 지상군을 이용한 이라크 침공을 지지했지만, 만약 미군 사상자가 "상당수" 발생할 경우 그 수치는 40퍼센트로 떨어졌고 반대는 51퍼센트로 상승했다.[38] 그 여론조사에서는 이라크인 사상자가 "상당수" 발생할 경우 느낌이 어떨 것 같냐고 묻지는 않았다. 또, 수십억 달러나 되는 전쟁 비용을 부담하거나 전쟁의 여파로 유가가 급등할 경우에 대한 소감도 묻지 않았다. 여름 늦게 실시된 퓨 리서치센터의 여론조사를 보면, 대통령이 사담 후세인의 통치를 끝장내야 하는 이유를 충분히 설명했다고 생각하는 사람들이 37퍼센트에 불과하다는 것을 알 수 있다.[39] 테러와의 전쟁을 이라크로 확대하는 것에서 미국인 대다수 — 이라크와 벌이는 전쟁에서 부시의 가장 가까운 동맹국인 영국인들과 꼭 마찬가지로 — 가 얻을 것은 아무것도 없다.

2002년 여름 시카고 외교관계 위원회와 독일 마셜 펀드가 의뢰해 실시된 여론조사에 따르면, 미국이 다국적군을 이용해 이라크를 공격한다면 전쟁을 지지할 수 있다는 응답이 65퍼센트로 상승했다(유럽 국가들의 지원을 받는다면 60퍼센트가 지지하겠다고 응답했다).[40] 그러나 유엔의 지지가 이라크에 대한 새로운 전쟁을 정당화할 수는 없다. 유엔 안보리는 1991년 걸프전과 12년간의 경제 제재를 지지했다.

반전 운동의 임무는 미국 정부가 이라크에서 저지른 살인에 관한 진실을 알리고 더 많은 사람들이 미국 외교 정책에 관한 진실을 알 수 있도록 도와주는 것이다. 미국은 아프가니스탄 전쟁을 치르면서 아프가니스탄, 파키스탄, 키르기스스탄, 우즈베키스탄, 타지키스탄에 군사기지를 확보했고, 카자흐스탄에도 주둔할 수 있게 됐다. 이들 국가는 카스피해 연안의 석유 수송로로 미국이 계획 중인 파이프라인이 지나는 길과 정확히 일치한다.[41] 미국이 사담 후세인을 타도한다면 사우디아라비아 다음으로 많은 매장량을 자랑하는 이라크의 막대한 석유 자원도 통제할 수 있을 것이다. 이런 전략적 목표를 달성하기 위해 미국 정부는 수천 명의 아프가니스탄인과 더 많은 이라크인을 죽였고, 앞으로 훨씬 더 많은 사람들을 죽이게 될 길을 닦고 있다.

미국인들은 대부분 자기들 이름으로 저질러진 잔학 행위들을 알지 못한다. [그 피해자들이] 지금 얼마나 큰 고통을 겪고 있는지 알게 되면 대다수는 공포에 질릴 것이다. 그들에게서 세금을 거둬간 자들이 온갖 인권 침해와 범죄 행위에 돈을 대주고 있다는 사실을 알기만 해도 그럴 것이다. 그런 사실을 깨닫게 되면 사담 후세인의 '대량 살상 무기'를 비난하는 부시의 순전한 위선도 분명히 알게 될 것이다. 대량 살상 문제에 관한 한, 미국은 둘째가라면 서럽다.

과제

그런 군사주의와 국가 테러에 가장 큰 책임이 있는 나라에서 살고 있는 우리에게는 분명한 책임이 있다. 여기에서 운동을 건설하느냐 마느냐는 세계 다른 곳에서 자유와 희망을 위해 투쟁하는 사람들에게 결정적인 영향을 미칠 수 있다. 베트남전 반대 운동을 보면 이것을 분명히 알 수 있다.

매우 다양한 사회적 쟁점들에서 미국인들은 미국 정부를 운영하는 정치가들보다 분명히 왼쪽에 있다. 심지어 대중 운동들이 전혀 없거나 정부가 정책을 밀어붙이기 위해 협박이나 인권 침해는 말할 것도 없고 애국주의를 냉소적으로 이용할 때조차 그렇다. 지금은 그런 불만을 이용해 대중 운동을 건설하기에 유리한 때다.

민권 운동과 베트남 반전 운동의 경험을 보면 알 수 있듯이, 소규모 활동가들의 조직도 대중 운동의 토대를 준비할 수 있다. 지금 정의를 위해 싸우는 사람들은 내일 더 많은 사람들을 획득할 수 있는 길을 닦는 데 도움을 주고 있다. 우리는 침묵을 깨뜨리고 경제 제재에 반대하는 운동을 건설할 수 있다. 우리가 최대한 광범한 운동을 건설한다면, 현실에 불만을 품고 새로운 대안을 추구하는 많은 사람들을 찾아나선다면, 우리의 규모는 성장할 것이다.

미국 전역에서 경제 제재에 반대하는 활동가들은 자기들의 메시지를 갖고 훨씬 더 많은 청중에게 다가갈 수 있음을 보여 주었다. 사람들이 이라크의 현실을 깨닫는다면, 그리고 언론에서 떠드는 이라크의 현 상황과 관련된 신화들을 비판하는 기본적인 주장들로 무장한다면, 그들은 [경제 제재 철폐 운동에] 참여하겠다는 결단을 내릴 수 있을 것이다. 1998년 2월 오하이오 주의 콜럼버스 '타운 미팅[식민지 시대에 생긴 미국의 주민 총회]'에서는 소수의 조직된 반전 운동가들이 미국의 이라크 폭격에 대한 지지를 끌어내려던 매들린 올브라이트와 여타 미국 고위 관리들에게 창피를 주었을 뿐 아니라 당시 미국의 개입 능력에도 제약을 가했다. 활동가들은 인도네시아 수하르토 장군의 야만적인 독재 정권을 지지하는 미국 정부가 과거에 미국 정부의 무기 지원을 받았던(올브라이트는 이에 대해 언급하지 않았다.) 이라크의 독재자를 상대로 전쟁을 벌여야 한다고 주장하는 것은 모순이 아니냐고 올브라이트에게 문제를 제기했다. 그 항의 시위는 CNN을 타고 국제적으로 방송됐다.[42]

활동가들은 경제 제재의 진정한 충격을 토론하기 위해 독자적인 타운 미팅이나 토론회를 조직할 수도 있다. 황야의 목소리나 이라크에 대표단을 보낸 적이 있는 다른 조직들에 연사를 요청하라(그런 조직들과 접촉하고 싶으면 자료를 참조하라). 이런 연사들은 경제 제재의 비인간적인 측면들을 폭로하고 다른 사람들을 자극해 경제 제재 반대 활동에 참여하도록 만들 수 있다. 아랍계 미국인 단체, 종교 단체, 학생 조직, 노동자 조직 등을 후원해 주거나 모임에 사람들을 동원할 수 있는 경험 많은 조직들과 접촉하라.

12개 이상의 대학에서 학생 활동가들은 경제 제재에 반대하는 결의안을 통과시키는 데 성공했다. 다른 활동가들은 지역 신문에 압력을 넣어 이라크의 위기를 다룬 기사들이나 칼럼을 싣는 데 성공했다. 그 중에는 경제 제재 때문에 피해를 입은 이라크인 사진들이 포함된 강렬한 보도들도 있었다. 어떤 단체들은 이라크에 구호 물품 보내는 것이 불가능하다는 사실을 부각시키기 위해서 지역 우체국 앞에서 시위를 벌이는 창의성을 발휘하기도 했다. 그들은 소포를 부칠 수 없게 되면, 백악관이나 국무부, 자기 지역 상원의원에게 보내는 편지와 함께 그런 물품들을 배에 실었다. 다른 학생 조직들은 경제 제재 때문에 많은 가재도구, 의료품, 교육 기자재가 이라크에 들어가지 못한 사례들을 취합해, 이라크 민간인들의 생활 파탄과 궁핍을 폭로했다. 황야의 목소리나 다른 단체 회원들은 경제 제재를 지지하는 각국 정부의 위선과 야만성을 폭로하기 위해 경제 제재 조치들을 공공연하게 위반했다.

2000년 1월과 2월, 미국 각지에서 온 활동가들이 뉴욕과 워싱턴에 모여 시위를 벌였다. 그 중에는 경제 제재의 영향을 극적으로 표현하고 의회에 제재 해제 압력을 넣기 위해 단식 투쟁을 벌이는 사람들도 있었다. 그런 시위들이 절정에 이른 것은 2월 14일 유엔 주재 각국 대표부 건물 밖에서 벌어진 시위였다. 당시 86명의 비폭력 시위대가 체포됐다.[43] 아래로부터 올라온 압력 때문에 하원의원 70명이 경제 제재에 항의하는 2000년 의회 서한에 서명했다.[44]

2002년 8월 6일 경제 제재 부과 12주년 기념일에 황야의 목소리 회원 6명은 바그다드의 유엔 사무소 안에서 단식 농성을 벌였다. 그들이 든 배너에는 "폭탄 투하 중단하고 경제 제재 해제하라."[45]라고 적혀 있었다. 부시의 이라크 "정권 교체" 계획에 반대하는 미국 전역의 활동가들은 2002년 여름과 가을에 여러 시위를 조직했다. 오레곤 주 포틀랜드에서는 부시도 참석한 공화당 모금 행사장 밖에 약 1천3백 명의 시위대가 나타나 반전 구호를 외치면서 초를 켰고, 캘리포니아의 반전 운동가들은 부시가 가는 곳마다 나타나 시위를 벌였다.[46] 8월 30일 보스턴 시내에 있는 상원의원 존 케리의 사무실 밖에서는 80명이 반전 시위를 벌였다.[47] 9월 5일 하원의원 앤 노섭이 정치 자금을 모금하기 위해 마련한 1천 달러짜리 점심 식사 행사장(여기에는 부시도 참석했다.) 밖에서는 주로 십대 4백 명이 이라크 전쟁에 반대하는 시위를 벌였다.[48] 미국 전역에서 열린 9·11 기념 행사에 참석한 사람들은 전쟁에 반대하는 목소리를 냈다. 9·11 테러 유가족들로 이루어진 평화 옹호 단체 '피스풀투마로우'도 여러 곳에 참석했다. 오클랜드와 캘리포니아의 일부 활동가들이 가져온 피켓과 스티커에는 "우리의 슬픔을 전쟁 구실로 이용하지 말라."라고 적혀 있었다.[49] 9월 28일 런던에서는 15만 명에서 40만 명이 반전 시위를 벌였고 이탈리아 로마에서는 10만 명이 거리로 쏟아져 나왔으며, 워싱턴 DC에서 IMF와 세계 은행에 반대하는 시위가 벌어진 그 주 말에 수천 명이 이라크 전쟁에 반대하는 목소리를 높였다.[50]

이런 사례들은 현재 존재하는 가능성을 보여 준다. 운동을 하다 보면 부침이 있게 마련이다. 그러나 소수의 민권 운동가들이 인종차별주의 법률들을 철폐한 운동을 건설하는 데 도움을 주었다. 소수의 활동가들이 마침내 대중적인 반전 운동을 건설해 가난한 약소국의 민족 해방 세력을 지지하는 한편 세계적인 초강대국을 꺾었다. 우리는 이라 크 국민을 상대로 한 경제 제재와 전쟁을 끝장낼 운동을 건설할 수 있 다.

주

1. Matthew Rothschild, Denis Halliday과 한 인터뷰, *The Progressive* 63: 2 (February 1999): 26.

2. Dana Priest, "US Commander Unsure of How Long Iraq Will Need to Rebuild," *Washington Post*, December 22, 1998, p. A31.

3. Martti Ahtisaari, *The Impact of War on Iraq: Report to the Secretary-General on Humanitarian Needs in Iraq in the Immediate Post-Crisis Environment, March 20, 1991* (Westfield, New Jersey: Open Magazine Pamphlet Series 7, 1991), p. 5. Patrick Cockburn, "Pentagon Revises Gulf War Scorecard," *The Independent*, April 14, 1992, p. 12, and Michael T. Klare, "'Weapons of Mass Destruction in Operation Desert Storm," in *Collateral Damage: The 'New World Order' at Home and Abroad*, ed. Cynthia Peters (Boston: South End Press, 1992), pp. 218~20 참조.

4. Ramsey Clarketal., *The Children Are Dying: The Impact of Sanctions on Iraq*, second edition (New York: International Action Center and International Relief Association, 1998) 참조.

5. Stephen Kinzer, "Smart Bombs, Dumb Sanctions," *New York Times*, January 3, 1999, p. 4: 4.

6. R. Richard Newcomb, Director, Office of Foreign Assets Control, "Prepenalty Notice," OFAC Nos. IQ-162016 and IQ-162433, December 3, 1998. Voices in the Wilderness, "VitW update—New Fine Imposed," press release, June 29, 2002. http://www.nonviolence.org/vitw 참조.

7. Sharon Smith, "Oil on Troubled Waters," *Socialist Review* 227(February 1999), p. 11; and "Government Targets Peace Group," *Socialist Worker*, January 1, 1999, p. 6.

8. 원래 호소문은 황야의 목소리 웹사이트 http://www.nonviolence.org/vitw/pages/48.htm 참조). 14장도 참조.

9. 오스틴에 있는 텍사스 다큐멘터리 사진 센터의 앨런 포그(alanpogue@

mac.com)는 고맙게도 우리가 광고에 쓸 사진을 기증해 주었다. 시카고 교구의 게이브 헉(Gabe Huck)은 광고 디자인을 도와주기로 동의했다. 앤서니 아노브와 캘리포니아의 노틀담 대학 교수 필 개스퍼는 서명과 모금 운동을 도와주기로 했다. 필자도 엘리자베스 슐츠, 크리스 하지, 존 솔리미니의 도움을 받아 웹페이지를 디자인하고 광고를 조정했다.

10. Kinzer, "Smart Bombs, Dumb Sanctions."

11. Kinzer, "Smart Bombs, Dumb Sanctions."

12. Stephen Kinzer, personal correspondence, March 2, 1999.

13. *New York Times*, March 28, 1999. 그 광고는 지역과 전국의 신문 여러 면에 실렸다.

14. BBC, "Protesters Stage Anti-War Rally," September 28, 2002 (http://news.bbc.co.uk/2/hi/uk_news/politics/2285861.stm).

15. Juan Williams, *Eyes on the Prize: America's Civil Rights Years, 1954~1965* (New York: Penguin, 1987), pp. 59~89.

16. Tom Wells, *The War Within: America's Battle over Vietnam* (Berkeley: University of California Press, 1994), pp. 13~14.

17. Chris Harman, *The Fire Last Time: 1968 and After, second edition* (Chicago and London: Bookmarks, 1998), pp. 65, 70~71.

18. Howard Zinn, *A People's History of the United States: 1492~Present* (New York: Harper Collins, 1999), pp. 450~51.

19. Wells, *The War Within*, p. 20.

20. Wells, *The War Within*, p. 253.

21. Wells, *The War Within*, p. 425; Zinn, *A People's History of the United States*, pp. 490~91; and Harman, *The Fire Last Time*, pp. 168~69.

22. Wells, *The War Within*, p. 427. Jerry Lembcke, *The Spitting Image: Myth, Memory, and the Legacy of Vietnam* (New York: New York University Press, 1998) 참조.

23. Wells, *The War Within*, p. 491.

24. David E. Sanger and Thom Shanker, "U.S. Exploring Baghdad Strike As Iraq Option," *New York Times*, July 29, 2002, p. A1.

25. Patrick Tyler, "Officers Say U.S. Aided Iraq in War Despite Use of Gas," *New York Times*, August 18, 2002 p. 1: 1. Nafeez Mosaddeq Ahmed, "The 1991 Gulf Massacre: The Historical and Strategic Context of Western Terrorism in the Gulf," *Media Monitors Network*, October 2, 2001. www.geocities.com/iraqinfo.html 참조.

26. Sharon Smith, "Targeting Iraq: U.S. Hypocrisy and Media Lies," *International Socialist Review*, 20 (November~December 2001): 60.

27. Karen DeYoung and Rick Weiss, "U.S. Seems to Ease Rhetoric on Iraq," Washington Post, October 24, 2001, p. 17.

28. Julian Borger and Richard Norton-Taylor, "U.S. Adviser Warns of Armegeddon," *Guardian*, August 16, 2002, p. 1. Editorial, "This is Opposition?" *Wall Street Journal*, August 19, 2002, p. A12.

29. *Wall Street Journal*, August 15, 2002.

30. Normon Solomon, "Fending Off the Threat of Peace," August 8, 2002.

31. 그 공격을 요약한 것으로는 "The War on Civil Liberties," *The New York Times*, September 10, 2002, P. A24.

32. Gary Leupp, "'Train and Equip' for What?" *CounterPunch*, May 29, 2002. Gary Leupp, "Red Targets in the 'War on Terrorism,'" *CounterPunch*, June 19, 2002.

33. Sharon Smith, "Afghanistan's Rigged Democracy," *International Socialist Review*, 24 (July~August 2002): 14.

34. Smith, "Afghanistan's Rigged Democracy." Elizabeth A. Neuffer, "Food Drops Found to do Little Good," *Boston Globe*, March 26, 2002, p. A1.

35. Alexander Cockburn and Jeffrey St. Clair, "Strikers as Terrorists?" *CounterPunch*, June 27, 2002.

36. David Bacon, "Unions Fear 'War on Terror' will Overcome Right to Strike," Inter Press Service, August 10, 2002, p. 40. David E. Sanger and Steven Greenhouse, "President Invokes Taft-Hartley Act to Open 29 Ports," *New York Times*, October 9, 2002. P. A1.

37. Stanley B. Greenberg, "What Voters Want," *New York Times*, August 5,

2002, p. A15.

38. "Poll Suggests U.S. Public Sharply Divided on Iraq," Associated Press, August 13, 2002. Duncan Campbell, "Threats of War," *Guardian*, August 16, 2002, p. 15.

39. Charles M. Madigan, "Poll: U.S. Public Leery of War on Iraq," *Chicago Tribune*, September 5, 2002.

40. Stacy Humes Schulz, "US Was Partly to Blame 'For Attacks,'" *Financial Times*, September 4, 2002, p. 5, and Paul Hofheinz and John Harwood, "An Attack Backed by U.N. Is Finding Favor," *Wall Street Journal*, August 4, 2002, p. A18에서 인용.

41. Eric Margolis, "War on Terror Masks Bush's Grand Strategy," *Toronto Sun*, March 10, 2002.

42. Mark Tran, "Slogans Evoke Vietnam Spirit," *Guardian*, February 23, 1998, p. 10 참조.

43. Fellowship of Reconciliation and Voices in the Wilderness press release, "86 Arrested in Protest of Economic Sanctions Against Iraq," February 14, 2000 참조.

44. Education for Peace in Iraq Center (EPIC) (http://epic-usa.org 참조).

45. Sameer N. Yacoub, "American Activists Start Fasting to Protest U.N. Sanctions and U.S. War Plans," Associated Press, August 7, 2002.

46. Maxine Bernstein, "Police Tactics Rekindle Criticism [of] the Police," *The Oregonian*, August 24, 2002, p. A1.

47. Chris Tangney, "Antiwar Protesters Picket Kerry's Office," *Boston Globe*, August 31, 2002, p. B3.

48. Associated Press State and Local Wire, "Hundreds Rally to Protest President's Visit," September 5, 2002.

49. Charles Burress and Jim Doyle, "Bay Area Marchers Call for Peace," *San Francisco Chronicle*, September 9, 2002, p. A11.

50. Rebecca Allison, "Anti-war Marchers Evokes Spirit of CND," *Guardian*, September 30, 2002, p. 4, CNN, "London and Rome Host Anti-war

Rallies," September 28, 2002. (http://europe.cnn.com/2002/WORLD/europe/09/28/london.march), and Manny Fernandez and Montel Reel, "Against War, a Peaceful March," *Washington Post*, September 30, 2002, p. B1. 주 14 참조.

이라크 전쟁 반대

데니스 J 핼리데이

이 책에 실린 글들은 이라크 경제 제재가 또 하나의 전쟁이라는 점을 보여 준다. 그 전쟁은 느리긴 하지만 고통스럽고 잔인한 전쟁이다. 경제 제재는 전쟁 자체와 마찬가지로 또 다른 형태의 국가 테러다. 이라크 국민들이 고통을 겪고 있는 것에 대해서 미국 정부의 개입을 비난하기보다는 이라크 대통령 사담 후세인을 비난하는 것이 훨씬 더 쉽다. 그러나 미국 정부는 제2차 걸프전 때 [이라크] 민간인들에게 열화우라늄탄 같은 치명적인 무기들을 사용했으며, 민간 사회 기반시설을 의도적으로 파괴했다. 그 결과 오염된 물을 마신 사회적 약자들이 치명적인 병에 걸려 죽어 가고 있다.

우리는 미국·영국·유엔의 태도를 바꿔야 한다. 우리는 이 뒤틀린 경제 제재, 이른바 봉쇄 정책을 끝장내야 한다. 경제 제재가 아니라 유엔 결의안 687호의 14조를 이행해야 한다. 그 조항은 미국과 유엔 안보리의 기타 무기 판매국들이 중동 전역에서 대량 살상 무기를 모두 제거해야 한다고 규정하고 있다. 그것은 현재의 위기를 완화시킬 것이다. 그리고 우리가 잘 알다시피, 미국이 이라크 전쟁과 후세인 제거 계획을 중단한다면, 그리고 경제 제재가 끝난다면, 이라크 정부는 유엔 무기사찰단을 받아들일 것이고 따라서 이라크 국민의 삶은 나아질 것이며 경제 재건도 가능할 것이다.

이 책은 미국과 영국이 주도하는 유엔 안보리가 국제법을 무시한 채 무고한 이라크 민간인들을 집단적으로 처벌한 내용을 담고 있다. 수많은 사람들이 죽었고 12년이라는 긴 세월이 지난 지금도 유엔은 캐나다와 내 조국 아일랜드의 지원 아래 무고한 이라크인들을 계속 처벌하고 있다. 서구 민주주의 국가들에 사는 우리는 이 재앙을 끝장 내야 하는 책임을 고스란히 져야 한다. 그러나 지금 미국은 오히려 이라크를 다시 공격할 준비를 하고 있다. 이라크 대통령이 "악의 축"이라는 이유만으로 수많은 사람들이 거주하는 [이라크의] 도시들을 폭격하려 한다.

이것은 위험하고 극히 단순한 생각이다. 그리고 다음 차례는 어디일까 하는 의구심을 자아낸다.

미국의 새 정권[조지 W 부시 정부]은 이라크에 대한 '선제 공격'을 주장하고 있다. 국제법에 따르면, '선제 공격'은 완전히 불법적인 개념이다. 미국의 힘은 정의가 아니다["힘은 곧 정의다"라는 속담을 비꼰 말인 듯]. 미국은 국제법을 초월하는 존재가 아니다. 미국 전폭기가 이라크 도시들을 폭격하는 것을 정당화할 증거는 전혀 없다. 아이들과 그 부모들, 그리고 그 가족들 ─ 독자 여러분이나 내 가족과 똑같은 가족들 ─ 이 살고 있는 이라크의 도시들 말이다.

우리는 이라크 경제 제재를 끝장내야 한다. 이라크인들은 전쟁에 희생되거나 자국 내에서 난민 생활을 해야 할 것이 아니라 일하고 교육받고 건강을 유지하고 민간 사회 기반시설을 이용할 권리, 즉 인간다운 생활을 할 권리를 갖고 있다. 그들은 자국의 정치 체제를 스스로 선택할 수 있어야 하고 그들이 원하는 때에 원하는 방식으로 바꿀 수 있어야 한다. 미국이 이에 동의하지 않더라도 말이다. 이라크인들에게 그들의 생활을 되돌려 주면, 그들은 기존의 잘못들을 바로잡을 것이다. 무엇이 잘못인지는 그들 스스로 알고 있다.

우리는 기본적 인권을 무시하는 외교 정책을 끝장내야 한다. 우리는 무기 제조와 판매를 중단해야 한다. 무기 제조와 판매는 미국과 유엔 안보리의 다른 상임이사국들의 가장 수지맞는 사업이다.(아이러니 이게도 바로 이 나라들이 [국제] 평화와 안전을 책임지고 있다.)

우리는 미국에게 이라크 국민을 상대로 한 전쟁을 끝내라고 요구해야 한다. 암살의 합법화, 여론 조작과 왜곡, 이익에 눈먼 노골적인 군사 공격 등을 중단하라고 요구해야 한다. 이 전쟁을 저지하지 못한다면, 미국이 중동에서 벌이는 또 다른 전쟁은 그 지역 모든 사람에게 완전한 재앙이 될 것이다.

자료

이라크 경제 제재 중단을 요구하는 단체들

American Friends Service
   Committee
1501 Cherry Street
Philadelphia, PA 19102-1429
Phone: 215-241-7170
Fax: 215-241-7177
askaboutiraq@afsc.org
www.afsc.org/iraq

American-Arab
   Anti-Discrimination
   Committee
4201 Connecticut Avenue NW,
   Suite 300
Washington, DC 20008-1158
Phone: 202-244-2990
Fax: 202-244-3196
adc@adc.org
www.adc.org

Boston Mobilization
971 Commonwealth Avenue,
   Suite 20
Boston, MA 02215-1305
Phone: 617-782-2313
Fax: 617-354-2146
bostoncan@hotmail.com
www.bostonmobilization.org/

Campaign Against Sanctions on
   Iraq (CASI)
Cambridge University Students'
Union
11-12 Trumpington Street
Cambridge CB2 1QA UK
info@casi.org.uk
http://welcome.to/casi/

Canadian Network to End
   Sanctions on Iraq
c/o Kairos (Canadian
   Ecumenical Justice
   Initiatives)
947 Queen Street E., Suite 205
Toronto, ON M4M 1J9
   Canada
canesi@canesi.org
www.canesi.org

Citizens Concerned for the
   People of Iraq
c/o Western Washington
   Fellowship of
   Reconcilliation
225 North 70th Street
Seattle, WA 98103-5003
Phone: (206) 789-5565
info@endiraqsanctions.org
www.scn.org/ccpi

Education for Peace in Iraq
   Center (EPIC)
1101 Pennsylvania Avenue SE
Washington, DC 20003-2229
Phone: 202-543-6176
Fax: 202-543-0725
epicenter@igc.org
epic-usa.org

Fellowship of Reconciliation
PO Box 271
Nyack, NY 10960-0271
Phone: 845-358-4601
Fax: 845-358-4924
iraq@forusa.org
www.forusa.org

International Socialist
   Organization
PO Box 16085
Chicago, IL 60616-0085
Phone: 773-583-5069
Fax: 773-583-6144
contact@internationalsocialist.org
www.internationalsocialist.org

Iraq Action Coalition
7309 Haymarket Lane
Raleigh, NC 27615-5432
Phone: 919-604-7777
Fax: 919-846.7422
iac@leb.net
www.iraqaction.org

Iraq Resource Information Site
   (IRIS)
iris_author@yahoo.com

www.geocities.com/iraqinfo

Iraq Sanctions Challenge
International Action Center
39 West 14th Street, Room
   206
New York, NY 10011-7489
Phone: 212-633-6646
Fax: 212-633-2889
iacenter@action-mail.org
www.iacenter.org

Iraq Speaker's Bureau
Education for Peace in Iraq
   Center (EPIC)
1101 Pennsylvania Avenue SE
Washington, DC 20003-2229
Phone: 202-543-6176
Fax: 202-543-0725
isb@igc.org
iraqspeakers.org/

Labour Against the War
PO Box 2378
London E5 9QU UK
Phone: (011-44)1208-985-6597
Fax: (011-44) 1208-985-6785
latw@gn.apc.org
www.labouragainstthewar.org.uk

Mennonite Central Committee
PO Box 500
Akron, PA 17501-0500
Phone: 717-859-1151
mailbox@mcc.org
www.mcc.org/areaserv/
   middleeast/iraq/

National Gulf War Resource
   Center
8605 Cameron Street,
   Suite 400
Silver Spring, MD 20910-3718

Phone: 800-882-1316 x162
Fax: 202-628-5880
hq@ngwrc.org
www.ngwrc.org/

National Network to End the
   War on Iraq
457 Kingsley Avenue
Palo Alto, CA 94301-3222
nnewai1@yahoo.com
www.endthewar.org

Pax Christi USA
National Catholic Peace
   Movement
532 West Eighth Street
Erie, PA 16502-1343
Phone: 814-453-4955
Fax: 814-452-4784
info@paxchristiusa.org
www.paxchristiusa.org

Peace Action
1819 H Street NW, Suite 420
Washington, DC 20006-3603
Phone: 202-862-9740 x3002
Fax: 202-862-9762
vgosse@peace-action.org
www.peace-action.org/home/
   iraq/getactive.html

Quaker Friends General
   Conference
1216 Arch Street, Suite 2B
Philadelphia, PA 19107-2835
Phone: 215-561-1700
Fax: 215-561-0759
friends@fgc.quaker.org
www.fgcquaker.org

Voices in the Wilderness
1460 West Carmen Avenue
Chicago, IL 60640-2813

Phone: 773-784-8065
Fax: 773-784-8837
info@vitw.org
www.nonviolence.org/vitw

Voices in the Wilderness UK
5 Caledonian Road
King's Cross, London N1 9DX
   UK
Phone: (011-44)
   1-845-458-2564
voices@viwuk.freeserve.co.uk
www.viwuk.freeserve.co.uk/

Women's International League
   for Peace and Freedom
1213 Race Street
Philadelphia, PA 19107-1691
Phone: 215-563-7110
Fax: 215-563-5527
wilpf@wilpf.org
www.wilpf.org

언론 · 방송

Alternative Radio
David Barsamian
PO Box 551
Boulder, CO 80306-0551
Phone: 800-444-1977
Fax: 303-546-0592
ar@orci.com
www.alternativeradio.org

Democracy Now!
87 Lafayette Street - Second
   Floor
New York, NY 10005-3902
Phone: 212-209-2999
Fax: 212-219-0128
mail@democracynow.org
www.democracynow.org

Foreign Policy In Focus
Institute for Policy Studies
733 15th Street NW, Suite 1020
Washington, DC 20005-2112
Phone: 202-234-9382
Fax: 202-387-7915
fpif@ips-dc.org
www.foreignpolicy-infocus.org

Global Policy Forum
777 United Nations Plaza,
  Suite 7G
New York, NY 10017-3521
Phone: 212-557-3161
Fax: 212-557-3165
globalpolicy@globalpolicy.org
www.globalpolicy.org

"Greetings From Missile Street"
  Video
Joe Public Films
PO Box 1295-1295
Dover, NH 03821
coffeeanon@yahoo.com
www.joepublicfilms.com

International Socialist Review
PO Box 258082
Chicago, IL 60625-8082
Phone: 773-583-7884
Fax: 773-583-6144
info@isreview.org
www.isreview.org

Middle East Report
Middle East Research and
  Information Project
  (MERIP)
1500 Massachusetts Avenue
  NW, Suite 119
Washington, DC 20005-1814
Phone: 202-223-3677
Fax: 202-223-3604

ctoensing@merip.org.
www.merip.org

New Internationalist
55 Rectory Road
Oxford OX4 1BW UK
Phone: (011-44)
  1-865-728-181
Fax: (011-44) 1-865-793-152
www.newint.org/

No War Collective
worker-nowar@lists.tao.ca
www.nowarcollective.com

"Paying the Price: Killing the
  Children of Iraq" Video
Bullfrog Films
PO Box 149
Oley, PA 19547-0149
Phone: 610-779-8226
Fax: 610-370-1978
www.bullfrogfilms.com/catalog/
  pay.html

The Progressive
409 East Main Street
Madison, WI 53703-2863
Phone: 608-257-4626
Fax: 608-257-3373
editorial@progressive.org
www.progressive.org

Socialist Worker
PO Box 16085
Chicago, IL 60616-0085
Phone: 773-583-5069
Fax: 773-583-6144
letters@socialistworker.org
socialistworker.org

War Times
1230 Market Street, PMB 409

San Francisco, CA 94102-4801
Phone: 510-869-5156
editorial@war-times.org
www.war-times.org

Z Magazine
18 Millfield Street
Woods Hole, MA 02543-1122
Phone: 508-548-9063
Fax: 508-457-0626
lydia.sargent@zmag.org
www.zmag.org

Z Net Iraq Watch
18 Millfield Street
Woods Hole, MA 02543-1122
Phone: 508-548-9063
Fax: 508-457-0626
sysop@zmag.org
www.zmag.org

저자 소개

알리 아부니마 Ali Abunimah

미디어 분석가이자 활동가이며 팔레스타인과 중동 문제를 다루는 평론가이기도 하다. 아부니마는 시카고에 본부를 둔 사회 봉사 및 권익 옹호 단체인 '아랍계 미국인 행동 네트워크'의 부책임자이자 웹사이트 '전자 인티파다'(electronicintifada.net)의 공동 창립자이다.

후다 아마쉬 박사 Dr. Huda S. Ammash

아마쉬는 바그다드 대학의 환경 생물학자이자 교수이며, 이라크 과학 아카데미의 연구원이다. 미주리 대학에서 박사 학위를 받은 그녀는 경제 제재가 환경과 생물에 끼치는 영향을 폭넓게 연구했으며 이를 바탕으로 여러 편의 과학 논문을 발표했다.

앤서니 아노브 Anthony Arnove

'사우스 엔드 출판사'에서 7년간 편집자로 일하다가 프리랜서 편집자이자 작가가 됐다. 아노브는 <Z넷>의 정기 기고자이며, 그의 글은 <네이션>, <인터내셔날 소셜리스트 리뷰>, <먼슬리 리뷰>, <소셜리스트 워커>, <Z매거진>, <인 디즈 타임즈>, <파이낸셜 타임즈> 및 기타의 출판물들에 실렸다. 뉴욕의 브룩클린에서 활동하는 그는 국제 사회주의자조직(ISO)과 전국작가조합의 회원이다. 그는 ≪팔레스타인을 위한 투쟁≫(헤이마켓 출판사)을 썼고, 하워드 진과 한 인터뷰들을 모은 ≪테러리즘과 전쟁≫(세븐 스토리즈 출판사)을 편집했다. 현재 <인터내셔널 소셜리스트 리뷰>의 편집자이고 <이라크 변호 위원회>의 회원이기도 하다.

나세르 아루리 Naseer Aruri

아루리는 다트머스에 있는 매사추세츠 대학의 명예 정치학 교수이며, 범아랍 연구소(Trans-Arab Research Institute)의 임원이다. 그의 새 책 ≪부정직한 중개인; 미국, 이스라엘, 그리고 팔레스타인≫은 곧 사우스 엔드 출판사에서 나올 예정이다. 그는 중동의 정치와 역사에 관해 많은 강연과 저술 활동을 벌였다. 그는 또한 ≪팔레스타인 난민: 귀환권≫(플루토)의 편집자였고, ≪문화를 바꾸기, 평화를 다시 만들기: 에드워드 사이드의 영향≫(인터링크)의 공동 편집자였다.

바바라 님리 아지즈 Barbara Nimri Aziz

인류학자이자 언론인인 아지즈는 1989년 처음 이라크를 방문한 이래 이라크에 대한 많은 글을 썼다. 그녀의 글들은 <크리스천 사이언스 모니터>, <투워드 프리덤> 같은 잡지뿐 아니라 ≪우리 할아버지를 위한 식량≫(사우스 엔드 출판사)을 포함한 여러 책들에 실렸다. 그녀는 국제행동센터에서 출판된 ≪치욕스런 금속≫(1999)과 ≪경제 제재에 의한 대학살≫(1998)에 글을 싣기도 했다. 아지즈는 현재 뉴욕의 파시피카 WBAI 라디오에서 주간 시사프로를 진행하고 있다. 또한 그녀는 아랍계 미국인 작가 모임의 책임자이기도 하다.

데이비드 바사미안 David Barsamian

바사미안은 콜로라도 보울더에 살고 있으며, 수상 경력이 있는 라

디오 프로그램인 <얼터너티브 라디오>의 제작자이다. <프로그래시>
와 <Z 매거진>에 정기 기고자이고, ≪에크발 아마드: 제국에 맞서기
≫(사우스 엔드/플루토)와 ≪프로파간다와 여론; 노엄 촘스키와의 인
터뷰 모음≫(사우스 엔드/플루토)의 편집자이며, ≪공영 방송의 쇠퇴
와 몰락≫(사우스 엔드)의 저자이다.

필리스 베니스 Phyllis Bennis

베니스는 워싱턴에 있는 정책연구소(IPS)의 연구원이다. 그녀는 20
년간 유엔과 중동 문제에 대한 글을 발표해 왔다. 그녀는 최근에 ≪부
려먹기: 오늘날 워싱턴은 어떻게 유엔을 지배하고 있는가, 2판≫(올리
버 브랜치 출판사)와 ≪앞과 뒤: 미국의 외교 정책과 9·11 위기≫(올
리버 브랜치 출판사)를 발표했다. 그녀는 또한 ≪폭풍을 넘어: 걸프 위
기 선집≫을 공동으로 편집했다.

조지 카파치오 George Capaccio

카파치오는 매사추세츠 앨링턴에 살고 있는 작가, 동화 작가이자
교사이다. 그는 경제 제재 정책의 영향을 기록하기 위해 이라크를 여
덟 번 방문했다. 카파치오는 <프로그래시브>와 기타 출판물들에 이
라크에 대한 글을 기고해 왔다. 그의 시집인 ≪아직 불빛이 흔들릴 때
≫는 1999년 아칸소 대학이 수여하는 평화문학상을 받았다. 카파치오
는 현재 '황야의 목소리'의 회원이다.

노엄 촘스키 Noam Chomsky

촘스키는 MIT의 언어학 및 철학 교수이다. 그는 사우스 엔드 출판
사에서 ≪불량국가: 외교관계에서의 무력의 법칙≫과 ≪프로파간다와
여론≫을 포함해 열세 권의 책을 출판했다.

로버트 피스크 Robert Fisk

피스크는 런던에 있는 <인디펜던트>(www.independent.co.uk) 지의 기자로서 수상 경력이 있다. 그는 1976년에서 1987년까지는 <타임(런던)>에서, 1987년 이후로는 <인디펜던트>에서 중동 특파원으로 활약해 왔다. 피스크는 1998년에 영국 국제사면위원회 출판상을 받았다. 그는 올해의 영국 국제 특파원상을 일곱 차례나 수상한 경력이 있다(가장 최근에는 1995년과 1996년에 수상). 피스크는 현재 베이루트에 살고 있다. 그는 <네이션>, <인디펜던트> 및 기타 출판물들에 기고해 왔다. 이제는 고전이 된 그의 책 ≪불쌍한 국가≫의 문고판은 2001년 옥스퍼드 문고에서 3판이 발간되었다.

데니스 핼리데이 Denis J. Halliday

1997년 유엔 사무총장 코피 아난은 핼리데이를 유엔 구호담당 조정관으로 임명했다. 그러나 1998년 가을 핼리데이는 경제 제재에 대한 항의 표시로 그 직책을 사퇴했다. 그 전에 그는 유엔개발계획의 인적 자원관리 총책임자와 인사부 책임자 자리를 포함해 35년간 유엔에서 일했다.

캐시 켈리 Kathy Kelly

일리노이주 시카고에 살고 있는 활동가 켈리는 이라크 경제 제재 철폐 운동 단체인 '황야의 목소리'를 창설하는 활동을 도왔다. 경제 제재 정책을 공개적으로 위반하기 위해 의료품과 장난감을 이라크에 가져간 결과, 그녀와 다른 활동가들은 이 단체에 대한 16만 3천 달러의 벌금과 12년형을 선고하겠다는 통보를 받았다. 켈리는 이라크를 몇 차례 방문한 바 있다. 그녀는 1974년부터 시카고 지역의 대학과 고등학교에서 가르쳐 왔으며, 가톨릭 노동자 운동에서 활동하고 있다.

라니아 마스리 Rania Masri

마스리는 인권변호사, 작가이고 연구원이며 환경과학자이다. 라니아는 남부연구소에 새로 설립된 남부평화연구 및 교육센터의 책임자이다. 라니아는 노스캐롤라이나 주립대학에서 박사학위를 받았다. 그녀는 '평화행동'의 중앙위원이고 '아랍 여성 연대회의'의 유엔 대표이자 '이라크행동연합'의 조직자다. 그녀는 ≪팔레스타인을 위한 투쟁≫(헤이마켓 출판사)에 글을 기고하기도 했다.

피터 펠렛 박사 Dr. Peter L. Pellett

펠렛은 애머스트의 매사추세츠 대학 영양학과 명예교수이다. 그는 유엔 식량·농업기구의 일원으로 네 차례 이라크를 방문했다. 그는 세계보건기구, 유니세프, 미 농무부, 세계식량프로그램과 전국 과학아카데미의 자문으로 활동해 왔다. 펠렛은 '개발도상국 국제영양재단'의 위원이다. 그는 ≪식량과 영양의 생태학≫의 최고 편집자이고도 하다.

존 필저 John Pilger

필저는 다큐멘터리 제작자, 기자이자 작가이다. 그는 영국 최고 기자상과 올해의 기자상을 두 번 수상했다. 그는 올해의 국제기자로 지명된 적이 있고, 그의 다큐멘터리들은 미국과 영국의 아카데미 영화상을 수상했다. 런던에 있는 <독립 텔레비전(ITV)>에서 가장 최근에 방영된 그의 다큐멘터리는 <경제 제재의 대가: 어린이들의 죽음>과 <팔레스타인은 아직도 논쟁 중>이었다. 필저의 다큐멘터리 <민족의 죽음: 티모르 음모>는 전 세계에서 상영되었다. 그는 <가디언>과 <뉴 스테이츠먼트>의 정기 기고자이고, ≪숨겨진 비망록 (뉴 출판사)≫, ≪영웅들(사우스 엔드 출판사)≫과 ≪세계의 새로운 지배자(버소)≫의 저자이다.

샤론 스미스 Sharon Smith

스미스는 경제 제재 중단을 위한 서명 및 광고 캠페인의 전국 조직자다. 그녀는 시카고의 국제사회주의조직의 주도적 활동가이며, 1991년 걸프전 당시 반전운동 건설에 적극적으로 간여했다. 전국작가조합의 회원으로, 그녀는 <소셜리스트 워커>의 정기 기고자이자 <인터내셔널 소셜리스트 리뷰>의 기고자이다. 그녀는 곧 발간될 ≪아메리칸 드림의 종말(헤이마켓)>의 저자이기도 하다.

황야의 목소리 Voices in the Wilderness

1996년 3월 이래 '황야의 목소리'는 경제 제재가 부과한 틀을 깨고, 이라크에 있는 병원과 치료실을 방문해 왔다. 황야의 목소리는 사회변화를 위한 수단으로써 비폭력을 옹호한다. 이 조직은 핵무기, 생화학무기, 경제 무기, 그 종류를 불문하고 모든 대량 살상 무기의 개발 및 저장과 사용에 반대한다.

하워드 진 Howard Zinn

진은 보스톤 대학의 명예교수이다. 그는 ≪미국 민중사≫, ≪하워드 진 선집≫과 ≪달리는 기차 위에 중립은 없다≫를 포함한 많은 책들과 연극 ≪엠마≫와 ≪마르크스, 소호에 오다≫의 극본을 썼다. 그는 현재 아내 로잘린과 함께 매사추세츠에 살면서 역사와 정치 강연 활동을 폭넓게 벌이고 있다.

찾아보기

인명